中国社会经济史新探索丛书

民国时期贵州
公路建设与社会变迁

严丹 ◎ 著

厦门大学出版社
XIAMEN UNIVERSITY PRESS
国家一级出版社
全国百佳图书出版单位

图书在版编目（CIP）数据

民国时期贵州公路建设与社会变迁 / 严丹著. -- 厦
门：厦门大学出版社，2023.12
　（中国社会经济史新探索丛书）
　ISBN 978-7-5615-9215-1

　Ⅰ. ①民… Ⅱ. ①严… Ⅲ. ①公路-道路建设-研究
-贵州-民国②社会变迁-研究-贵州-民国 Ⅳ.
①F542.3②K297.3

中国版本图书馆CIP数据核字(2023)第228768号

责任编辑　韩轲轲
美术编辑　蒋卓群
技术编辑　朱　楷

出版发行　厦门大学出版社
社　　址　厦门市软件园二期望海路 39 号
邮政编码　361008
总　　机　0592-2181111　　0592-2181406(传真)
营销中心　0592-2184458　　0592-2181365
网　　址　http://www.xmupress.com
邮　　箱　xmup@xmupress.com
印　　刷　厦门集大印刷有限公司

开　本　720 mm×1 000 mm　1/16
印　张　18
字　数　307 千字
版　次　2023 年 12 月第 1 版
印　次　2023 年 12 月第 1 次印刷
定　价　78.00 元

厦门大学出版社
微信二维码

厦门大学出版社
微博二维码

序

　　严丹的博士学位论文《民国时期贵州公路建设与社会变迁》即将付梓。严丹是我招收的第一个对口支援博士生。作为她的指导老师,我对论文的出版感到非常欣慰。我的信箱里还保留着她提交的不同版本的初稿与定稿。我在电脑里翻阅这些文稿,往事历历在目,回想起了严丹在厦大的学习和写作过程。

　　2006年3月,厦门大学在教育部"对口支援西部地区高等学校计划"政策指引下,与贵州师范大学建立了对口支援关系,全力支持贵州师范大学的学科建设、师资培养。"同舟共济兄弟情,山海风流写春秋"。2016年,时值厦大与贵师大确立对口支援关系10周年,严丹由"山国"而"滨海",来到历史系攻读中国近现代史专业的博士学位。入学后,我和她讨论博士论文选题时,大方向确定为研究贵州的区域社会经济史。就逻辑而言比较简单:其一,严丹毕业后的既定目标是回到贵师大工作,博士论文研究"在地化"问题,便于后续深化或拓展学术资源和研究空间;其二,区域社会经济史是厦门大学的优势研究领域,积淀深厚,便于她尽快掌握学术脉络,开展新的研究;其三,当时贵州的清水江地区发现并出版大量的民间文书,如继续开展田野调查,可能会发现较为系统的文献资料,为论文提供扎实的基础。

　　2017年,在博士一年级假期里,严丹开始到贵阳、安顺等地收集和整理地方文献和民间资料,但资料较为零散,难以形成较为理想的论文选题。这是博士生刚刚进入研究阶段的常有现象,学生很容易因此失去学术信心,产生学业上的困境与迷茫。2018年,从博士二年级开始,严丹调整了工作重心,利用在厦门脱产学习的假期以及回校复职后的周末时间,到贵州省档案馆、贵阳市档案馆查阅、抄录民国档案。贵州省在 20 世纪 30 年代建立了规范的档案管理制度后,各级档案馆保存了较为完整的档案资料,如贵州省档案馆的馆藏民国时期档案共 127 个全宗,183066 卷。进入档案馆,严丹一开始关注的是贵阳商会等经济组织和中国银行等金融机构。学界对商会、银行等已有大量的研究成果,博士论文创新难度较大。因此,如何缩小议题并确定论文选题,是严丹完成学业的关键,也是我们讨论的核心内容。

　　贵州多山多石,"地无三尺平",境内山地约占 87%,丘陵约占 10%,平地只有 3%。明朝正德三年(1508),王阳明被贬谪贵州,初识黔道之难,写下一段话:"天下之山,萃于云贵;连亘万里,际天无极。行旅之往来,攀缘下上于穷崖绝壑之间,虽雅有泉石之癖者,一入云贵之途,莫不困踣烦厌,非复夙好。"(《重修月潭寺公馆记》)。民国公路建设初见成效,施蛰存在《西行日记》仍描述了走不完的山路:"中国之山,皆在黔中,此昔人之言也。车入贵州境后,即终日行崇山峻岭中,纡回曲折,忽然在危崖之巅,俯瞰深溪,千寻莫止,忽焉在盘谷之中,顾瞻群峰,百计难出。险峨之状,心目交栗。"(1937 年 9 月 22 日)李长之则在《西南纪行》中描述了最为惊险的路段,"今天经过'二十四之字拐'叫人惊绝。所谓'二十四之字拐'者就是汽车爬一高山,像之字样的开上去,一共连着二十四次。真不能不叫人胆战心惊!"(1938 年 6 月 1 日)"二十四之字拐"也称"二十四道拐",位于贵州晴隆县,始建于 1935 年。路段全长 3.7 公里,从山脚到山顶直线距离 350 米,垂直高度 266 米,坡度约 60 度。太平洋战争爆发后,1943 年秋,驻华美军后勤司令部为解决每月 15000 吨战略物资的运输需求,特派援华美军 1880 航空工程技术部队移驻晴隆沙子岭,将"二十四道拐"改造为"史迪威公路"的重要通道。1945 年 3 月 26 日,美国随军记者约翰·阿尔贝特在此拍摄了一张照片,发表在美国《国家地理》杂志。在照片里,长长的美军 GMC 十轮大卡车沿着"S"状弯道的狭长而陡峭的公路,从谷底向山地缓慢爬行,非常壮观。由此可见,在贵州作为抗战后方的特殊时空条件下,道路工程技术的进步和公路交通网络的建构,使"现代国家"深入贵州腹地,居住于深山的族群也被纳入国家治理范围之内。贵州省建设厅、贵州省公路局等机构档案保存了大量抗战时期公路建设与运营的卷宗，因此，严丹将博士论文选题定为"民国时期贵州公路建设与社会变迁"。

博士学位论文写作是智力和精神的双重考验。选题是博士学位论文的写作起点，只是万里长征的第一步。从博士生成为博士，必须学会自己提出研究方案，形成自己解决问题的本领。真正下笔才懂得博士论文写作的艰辛，从资料收集到谋篇布局，无一不充满了困难和挑战。从 2018 年到 2021 年，严丹每走出一步，都花费了大量心血。从电脑里记录的大纲、初稿、二稿、三稿、四稿、定稿的时间看：论文从大纲初拟到大纲确定，多次调整修订，经历了大半年时间；论文从撰写样章到开始全文写作，经历了半年时间。从完成初稿到第二稿，章—节—目结构又经历了大幅度调整，花费了半年多时间。而后四易其稿，才最终提交答辩并得以通过。严丹的论文经过了数次的修改，每次都是点拨一次，稍有顿悟，继续修改，再批评点拨，再继续修改，经历 N 次的被否定—修改—再否定—再修改。功夫不负有心人，论文答辩后，还经历了 3 年的修改。如今论文定稿出版，我大略从研究方法和学术观点归纳出创新点如下：

第一，借鉴人类学研究的"路学"理论，将公路交通视为技术和经济现象，而且强调交通作为文化载体的多元特征，以"公路建设与民众精神生活""公路建设与国家认同"等命题论证了交通如何改变人们的日常生活和思想观念，进而探讨民国贵州公路建设与整个区域社会、经济、文化和生态等各方面的关系。第二，借鉴社会科学的"空间转向"，认为贵州公路交通及其网络的形成是空间与权力互动的结果，是国家治理技术向地方的延伸，是国家一体化进程的重要基础。钱理群指出："来自遥远地方的人和遥远地方的信息，拓宽了贵州人的视野和想象空间，一个全新的'大地域'即'国家意识'就这样充满诗意地萌生在中国边地小城年轻一代的心中。"

陈平原说，博士只是一张入场券。学术是一场修行，学无止境。严丹的书稿一定还存在着这样或那样的缺陷。作为她的导师，期待学界同人提出宝贵的批评意见，帮助她在学术道路继续前进，茁壮成长。

张侃

2023 年 12 月

目　录

绪　论

一、选题缘由

交通是国家发展的命脉,是国民经济发展的重要组成部分,物资流通、人员往来、信息交流均依赖交通,交通畅阻关系到社会发展、国家稳定和民众日常生活,"国之于交通,犹鱼之于水也。民之需要,当与衣食住并而为四"①。无论是传统时期的驿道修筑,还是现代社会海陆空交通形式及新时代信息网络的建设,都为加强社会沟通,维护国家安全,促进地区经济文化发展起到了积极作用。正如严耕望先生所言:

> 交通为空间发展之首要条件,盖无论政令推行,政情沟通,军事进退,经济开发,物资流通,与夫文化宗教之传播,民族感情之融合,国际关系之亲睦,皆受交通畅阻之影响,故交通发展为一切政治经济文化发展之基础,交通建设亦居诸般建设之首位。……交通之畅阻对于国家之盛衰,地方之开发,与民生之调剂,皆具有莫大之作用。②

本书所讨论的道路包含两层意思:一是实实在在的地理空间;二是将道路作为社会空间。正如列斐伏尔提出的,空间是可以被生产出来的,它可以是一

---

① 叶恭绰:《交通救国论》,上海:商务印书馆,1924 年,第 3 页。
② 严耕望:《唐代交通图考》(第 1 卷·序言),上海:上海古籍出版社,2007 年,第 1~2 页。

种社会产品,不同的社会关系在这一空间中得到展现。[①] 所以,本书所关注的贵州公路将作为一种空间的利用形式,去理解在特定时期和特定的地理空间下的贵州社会。而政府对公路的控制和利用,则体现了国家与地方社会的互动关系。

长期以来,交通不发达是贵州社会经济文化发展滞后的重要因素。贵州是典型的山区型交通省份,境内多山,江河航运能力极其有限。

> 吾黔僻处万山之中,既无江河以照舟楫之利,又无铁道以通陆路之车,东至湖湘,南赴两粤,北出川,西入滇,行旅每苦于跋涉,计程则皆逾千里,外省人则视为边荒,本省人则几如坐井,以致产业不兴,民智闭塞,文化无从灌输,矿藏莫由开发。[②]

元明清时期驿道修筑虽促进了贵州与中原地区的来往交流及地方经济发展,但从根本上看,各王朝均将贵州作为实现和推进中央王权对边疆地区治理的通道。在近代贵州发展过程中,驿道系统被逐渐废弃,铁路、公路的建设起步较晚,复杂的地形地势及落后的经济文化增加了贵州交通运输的难度系数,各地区之间的联系极为不便,极大地限制了商品流通,阻碍了贵州区域市场的形成,同时各地区在文化交流与民族融合上也未达到广泛深入的交融。薄弱的交通基础设施成为贵州发展的瓶颈,直至今天,发展交通仍是开发贵州、促进贵州社会经济发展、疏通贵州经济动脉的关键,将贵州建设成为"西南重要陆路交通枢纽"是目前国家对贵州建设的战略定位。[③]

从历史上看,贵州长期处于欠发达和"被帮扶"的地位,但抗战时期却是贵州社会经济文化发展的一个高峰时期,而交通建设是此时期一个突出方面。战争时期交通发展关乎国家命运,"后方交通,国际联络,于军事运输及通讯应

---

① [法]亨利·列斐伏尔著,李春译:《空间与政治》,上海:上海人民出版社,2015 年。

② 《贵州全省公路计划》,《贵州省政府公报》,1931 年第 81 期。

③ 《国务院关于进一步促进贵州经济社会又好又快发展的若干意见(国发〔2012〕2 号)》,http://www.gov.cn/zwgk/2012-01/16/content_2045519.htm。

用,所关尤重",①"交通动员实为军事动员、财政动员与产业动员的基础"。②
抗战时期,贵州的战略地位因抗战形势及国民政府迁都倍显重要。国民政府
将西南作为"抗战建国"与民族复兴的根据地,贵州作为陪都重庆的南方屏障
及缩毂西南的交通中心,是云南、四川、重庆、湖南、广西等地互通必须穿越之
地,尤其在空中交通运输不发达的情况下,贵州公路交通的重要性更为明显。
国民政府不断加强对贵州公路交通的建设和管理,公路修筑里程增加,公路质
量有一定的提高,公路交通管理、公路运输等都得到发展,逐渐形成公路交通
运输网络,为抗战的胜利发挥了巨大作用。同时,这一时期贵州公路的发展不
仅使贵州成为人员物资往来和我国进出口物资的中转中心,而且改变了过去
贵州经济"离散型"的发展状态,周边地区人员、物资向黔中汇集,有利于形成
以贵阳为中心的区域市场,从而带动贵州城市、社会经济、文化的发展与民族
融合,贵州进入战时经济圈和文化圈。

　　交通的发展需要资金、技术、人才的支持,贵州无这些储备,加之受地形地
势等自然环境的限制,无舟楫之利,铁路、空运发展又尤为困难,相较而言,"公
路则选线较易,随时有改善可能"。③ 特别是在资金、人员都相对缺乏的情况
下,修筑公路是发展战时交通、增强战时运力的有效途径。因为公路建设所需
资金少,筑路时间短,与铁路、机场的修筑相较而言事简易行,不受材料运输与
工程的限制,而且公路不易被空袭,易于修理。④ 修筑公路比修筑铁路更适合
贵州的地形地貌及需求。此外,贵州的公路可以在传统驿道基础上修筑,短时
间内可见效。因此,修筑公路成为改善贵州交通的主要发展方向。

　　道路与国家稳定密切相关,国家权力借助于道路的延伸在地方发挥效力。
战时贵州公路的修筑,是在特殊的时代背景下展开的,兼具民族生存及国家权
力深入地方的双重功用。国民政府中央通过道路将国家意识注入少数民族地
区,向少数民族地区宣扬中央德意,沟通中国核心区与西南地区的来往与交

---

① 韦以拔:《西南交通建设与长期抗战》,《抗战与交通》,1939 年第 1 期。
② 蔡次薛:《开发西南与交通建设》,《东方杂志》,1940 年第 37 卷第 3 号。
③ 凌鸿勋:《中国对日抗战八年的交通艰苦建设》,出版单位、时间不详,第 296 页。
④ 蔡次薛:《开发西南与交通建设》,《东方杂志》,1940 年第 37 卷第 3 号。

流,从而增强少数民族群体的国家认同意识和中华民族认同。因此,民国时期贵州公路建设既促进了贵州地方社会发展,也是国家权力进入地方社会的有效路径。

二、学术史回顾

新式交通进入中国后,改变了人们的行为、观念,对现代交通及其知识的学习认识逐渐兴起和加深,学界从经济史、交通史、交通社会史等角度对近代交通进行研究,不仅取得了丰硕成果,而且形成了相对稳定的研究团队。[①]

1.交通史的相关研究

中国交通史研究开始于 20 世纪二三十年代。1923 年王㒜编写的《交通史》由商务印书馆刊行,全书分为古代交通史、中世交通史、近世交通史三编,论述了中国历代交通及中西之间的交流。袁得宣的《交通史略》梳理了晚清至1927 年的铁路、邮电、航政、航空等内容。之后出现了一批交通史著作,如葛绥成的《中国之交通》(中华书局,1927 年),张心澂的《中国现代交通史》(上海良友图书公司,1931 年),1935 至 1936 年相继刊出的由交通铁道部编写的《交通史路政篇》《交通史航政篇》《交通史邮政篇》《交通史电政篇》《交通史总务篇》,金家凤的《中国交通之发展及其趋向》(正中书局,1937 年)等。而白寿彝的《中国交通史》是我国第一部全面综合地研究中国历代交通史的著作,全书分为五篇,对先秦至现代全国的交通沿革进行了整体性介绍,对不同时期的交通区域、交通路线、交通设施工具及管理等方面均进行了论述。该书的出版发行使中国交通史作为一个学科分支正式奠立。[②] 龚学遂的《中国战时交通史》对抗战时期的公路、铁路、驿运、水运、航空等方面的状况及管理机构进行系统梳理。

在对新式交通的研究上,以铁路研究最为突出。首先,铁路对区域经济的

---

① 马长伟、马陵合:《中国近代交通体系构建与社会经济变迁——第四届中国近代交通社会史学术研讨会综述》,《民国研究》,2017 年春季号,总第 31 辑。
② 王子今:《中国交通史研究一百年》,《历史研究》,2002 年第 2 期。

影响。铁路进入中国虽是为了方便西方国家对中国的经济掠夺,但客观上促进了中国现代化进程,经济结构、生产方式、运输贸易形式及范围等都发生了明显变化,从而促进了区域经济发展。① 其次,铁路对城市发展的影响。铁路改变了传统的运输方式,传统商路及城镇因铁路建设而衰落,而位于铁路沿线的城镇因路而兴,城镇网络改变,地域空间扩大。② 再次,铁路与民众的社会生活。随着研究的深入,学者关注到了铁路对民众社会生活、思想观念等方面的影响。③ 近年来对铁路的研究更加细化,视野也更开阔。如车站的选址、车厢社会的研究、铁路工人的收入等等。④ 这些选题更加突出了铁路研究的社会性,关注到了铁路对民众生活的影响。铁路、公路同为陆路交通方式,学界对铁路的研究成果无疑为本研究提供了借鉴。

此外,学界对公路、航运、航空、邮政、电政、城市公共交通等方面的关注也在逐渐增加,涌现出一批研究成果。总之,交通史的研究不仅内容和视角呈现多样性,而且引入了其他学科的研究方法,既关注到了现代交通对近代中国经济社会发展的影响,也关注到了具体交通设施的建设发展,交通史的研究呈现纵深发展趋势。

---

① 朱从兵:《铁路与社会经济——广西铁路研究(1885—1965)》,桂林:广西师范大学出版社,1999 年;马义平:《近代铁路与中原地区农业经济发展研究探讨——以 1906—1937 年间河南农业经济作物种植及贸易为例》,《郑州大学学报(哲学社会科学版)》,2010 年第 2 期;马义平:《近代铁路与华北内陆农村经济的分化与重组——以 1906 年—1937 年间豫北地区为中心的分析》,《郑州大学学报(哲学社会科学版)》,2012 年第 1 期;张学见:《交通体系与近代中国区域社会变动——胶济铁路与沿线烟草业的发展(1913—1937)》,《华南农业大学学报(社会科学版)》,2011 年第 1 期;等等。

② 江沛、熊亚平:《铁路与石家庄城市的崛起(1905—1937)》,《近代史研究》,2005 年第 3 期;熊亚平:《铁路与沿线地区城乡经济关系的重构——以 1888—1937 年间的石家庄、郑州、天津为例》,《安徽史学》,2009 年第 3 期;秦熠:《铁路与近代济南城市的空间变迁(1904—1937)》,《历史教学》,2015 年第 5 期;等等。

③ 丁贤勇:《新式交通与社会变迁——以民国浙江为中心》,北京:中国社会科学出版社,2007 年;车辚:《滇越铁路与近代云南社会观念变迁》,《云南师范大学学报(哲学社会科学版)》,2007 年第 3 期;等等。

④ 马长伟、马陵合:《中国近代交通体系构建与社会经济变迁——第四届中国近代交通社会史学术研讨会综述》,《民国研究》,2017 年春季号,总第 31 辑。

2.公路交通史研究

对于公路交通的研究一方面是以综合性研究成果出现,如上文所述的交通史研究著作大多有涉及,另一方面是专门以公路交通为研究对象。如李灵芝的《战时公路交通》对公路工程、车辆编制、运输管理、交通统制等进行阐述,①其作为公路交通管理人员,对战时公路交通进行的记录可作为研究战时公路交通的资料。周一士编著的《中华公路史》首先对公路的意思、功能、公路与国家社会的关系及研究方法做了论述,后分篇章对黄帝至国民党败退台湾后各时期公路建设、管理及制度等进行论述。② 其中关于民国时期公路交通的论述有助于笔者了解当时全国公路交通状况。1980 年由交通部组织成立中国公路交通史编审委员会,设《中国公路史》及《中国公路运输史》两个编写组,各地交通部门积极响应,先后成立机构编写地方公路交通史,最终编写出版了"中国公路交通史丛书"。《中国公路史》是丛书之一,全面叙述了中国公路发展历程,第一册中关于民国时期国民政府路政机构及西南公路干线的论述,为本文的写作提供了参考。陆士井主编的《中国公路运输史》叙述了中国公路运输的发展概况,该书第一册论述了新中国成立以前中国公路运输在各阶段的发展情况,对历史阶段公路运输的发展变化、运输组织管理和业务技术的演变等都进行了叙述,抗战时期公路运输发挥的重要作用则是该书论述的重点。这类研究以全国的视角进行论述,具有整体性特点,利于读者对全国公路发展及公路运输状况进行整体性的把握。③ 杨聪的《中国少数民族地区交通运输史略》对西部少数民族聚居地区的交通运输进行论述,其中公路运输部分,可能是由于涉及地区范围较广,所论述内容比较简略。

除了对公路交通发展史进行研究外,学界还关注到了公路与社会的关系,并从多个角度进行研究,主要集中在以下几个方面:

(1)公路建设对地方经济社会的影响。

公路运输作为一种灵活的交通方式,它的建设和发展必然会对地方经济

---

① 李灵芝:《战时公路交通》,国防书店,1938 年。
② 周一士:《中华公路史》,台北:台湾商务印书馆,1984 年。
③ 陆士井主编:《中国公路运输史》(第 1 册),北京:人民交通出版社,1990 年。

活动产生极大影响。近代公路的修筑范围广、发展快,国道、省道、县道及乡村道路的修筑可延伸到小范围的地理单元,可以通过不断形成的公路网络使更大的范围连成一个通达的区域网络,从而促进地区经济、城乡经济的联系与发展以及人们思想观念的变化。[①] 学者在研究某一地区交通建设或某一具体公路线建设时,大都会论及公路建设对当地经济发展的积极作用,著述较多,不一一赘述。

(2)推动和影响公路建设的因素。

学界认为推动公路建设的主要原因是政治军事因素和经济发展,产生分歧之处在于二者之中谁占据主要地位。胡霖峰认为南昌地区的公路建设的根本动力是经济发展,政治和军事斗争在公路建设中具有推动作用,同时公路的修筑改变了民众的社会生活和市场物资的流通,促进了社会的近代化。[②] 王凯的看法与之有不同之处,他分析了 20 世纪 30 年代江西公路建设的背景、公路修建组织、经费筹措、路网布局及实际效用,探讨路网建设的历史过程,认为江西的公路修筑是在军事及政治因素驱动下的“应激”行为,是为军事运输服务的,并不是市场自发和政府合理引导的行为。[③] 邱丛强认为西北公路发展缓慢的主要原因是西北地区经济落后。[④] 容岚考察了抗战时期的西北交通,认为抗战时期西北公路交通建设是由于抗日的需要。[⑤] 余晓峰分析了民国时期四川公路建设由于政局动荡、军阀混战、烟毒泛滥、经济凋敝等原因而发展

①　谭刚:《抗战时期大后方交通与西部经济开发》,北京:中国社会科学出版社,2013 年;陈自芳:《民国时期浙江陆上交通与区域经济发展——兼论中国近代陆上交通发展曲折缓慢的原因》,《杭州师范学院学报(社会科学版)》,2003 年第 6 期;胡霖峰:《民国至建国初期南昌地区公路建设与社会变迁》,南昌大学硕士学位论文,2007 年;王煜:《民国时期安徽公路建设研究(1920—1949)》,安徽大学硕士学位论文,2012 年;等等。

②　胡霖峰:《民国至建国初期南昌地区公路建设与社会变迁》,南昌大学硕士学位论文,2007 年。

③　王凯:《民国时期江西公路修筑及路网研究(1911—1936)》,南昌大学硕士学位论文,2017 年。

④　邱丛强:《抗战前西北公路建设》,《青海社会科学》,2002 年第 4 期。

⑤　容岚:《抗战时期(1931—1945)国民政府开发西北交通问题研究》,西北工业大学硕士学位论文,2004 年。

缓慢,迟滞了四川的近代化进程。① 那绍彬、赵守仁对抗战前国民政府公路建设的军事性质进行了论述,认为抗战前国民政府兴筑的公路大部分是为配合"交通剿共"和"碉堡战术"的军事目的服务的。②

(3)交通法规及公路运输管理研究。

谭刚考察了抗战时期国民政府的交通立法与交通管理,这些法规形成了国民政府比较完整的交通法规体系,体现了国民政府在交通统制、军需优先、提倡节俭和地方协作上的特点,但在实际的交通管理过程中也存在诸多问题,导致颁布的法规并未达到预期效果。③ 贾国雄认为抗战爆发后,国民政府组织和动员有限的交通运输力量以满足抗战需求,设置了一套战时交通运输管理体制,显现出明显的过渡性特征。④ 赖伟从管理体制、营运管理、车辆管理、机务、运输监管等方面考察了抗战时期四川的公路运输管理情况,从中可以看到国民政府管控社会经济的努力及派系斗争和中央地方矛盾对经济政策的影响。⑤ 这一研究角度主要集中在抗战时期,这是由于抗战时期交通运输确属重要部门,但对抗战前和抗战后的交通管理缺乏研究确也遗憾。孙丽娜以浙江省公路局为中心考察了民国时期浙江公路交通管理的历史演变,肯定了浙江公路管理取得的成绩,对存在的问题也有概括,⑥但缺乏对问题产生的原因分析。

(4)对具体公路线的研究。

张黎波对京滇公路与京滇公路周览团进行考察,认为京滇公路的修筑在统一西南、建设西南为抗战后方根据地、加强西南国防、发展云南经济等方面

---

① 余晓峰:《论民国时期(1913—1934 年)四川的公路建设》,《西南交通大学学报(社会科学版)》,2006 年第 5 期。

② 那绍彬、赵守仁:《抗战前南京国民政府公路建设及其军事性质述论》,《社会科学辑刊》,1994 年第 2 期。

③ 谭刚:《抗战时期国民政府的交通立法与交通管理》,《抗日战争研究》,2007 年第 3 期。

④ 贾国雄:《论国民政府抗战时期的交通运输管理体制》,《西南师范大学学报(人文社会科学版)》,2005 年第 4 期。

⑤ 赖伟:《论抗战时期四川的公路运输管理》,《内江师范学院学报》,2014 年第 1 期。

⑥ 孙丽娜:《民国浙江公路交通管理——以浙江省公路局为中心》,浙江大学硕士学位论文,2008 年。

具有积极作用。京滇公路周览团的活动在一定程度上改善了南京政府与西南地方实力派的关系,为西南各省成为抗战的有力支持者和稳定大后方奠定了坚实的基础,同时推动了内地与西南边疆的文化交流以及沿途闭塞地区社会风气的开通,推进了学术发展,加深了国人对西南的认识。[①] 韦丹凤以科学技术视角,从工程建设和道路营运两方面对滇缅公路进行研究,认为滇缅公路的修筑使中国在战时公路工程建设方面积累了修筑经验,在营运管理上也是中国近代公路管理能力的一次重要提升,这些经验为战时中国公路网构建发挥了重要作用。战时公路修建的社会环境复杂,战时公路的兴建与中国社会变迁交织在一起,公路的兴建也是西南社会经济开发、商业中心转移和社会阶层变化的过程。[②] 尚晴对川湘公路的修筑进行考察,认为公路的修筑有利于国家权力向西南地区渗透,民众参与到公共设施的建设中,有利于民众国家认同意识的构建,同时对湘西地区社会经济发展有深远影响。[③] 赵峥以乐西公路的修筑为切入点,讨论了抗战时期西康彝族在修路过程中的作用,进而说明国民政府对西南少数民族的政策并非只是"同化"、否认民族差异,而是在某种程度上承认西南少数民族的政治地位。[④] 抗战时期西部地区公路建设离不开少数民族群体的参与,对乐西公路的这一研究视角为笔者分析民族关系与国民政府民族政策提供了借鉴。

(5)公路建设与城市空间及城市近代化。

城市在区域交通网络中的位置与城市兴衰有密切关联。近代中国道路交通建设近代化始于租界,租界内的筑路也刺激了华界士绅与政治精英对城市现代化建设的兴趣,普通居民的传统观念受到冲击,从而产生公共意识和城市

---

① 张黎波:《连通中心与边陲:京滇公路与京滇公路周览团研究》,云南大学博士学位论文,2012年。

② 韦丹凤:《滇缅公路研究(1937—1942)——基于战时公路工程史的视角》,北京科技大学博士学位论文,2018年。

③ 尚晴:《湘川公路修筑及其社会影响研究》,吉首大学硕士学位论文,2015年;尚晴:《国家建设与民族整合——以1930年代湘川公路为例》,《民族论坛》,2017年第1期。

④ 赵峥:《国民政府对西南少数民族政策之转变:以抗战时期动员西康彝族修筑乐西公路为中心点的讨论》,《抗日战争研究》,2014年第1期。

自治的理念。^① 抗战时期国家重心西移,西南成为"抗战建国"根据地,在多种因素共同作用下西南城市得到快速发展,其中交通发展是重要因素之一,何一民教授在对抗战时期西南大后方城市的研究中也强调了交通的作用。^② 李沛霖考察了抗战前南京的城市公共交通,指出城市道路建设是公共汽车发展的原因,公共交通促进了城市的近代化。^③ 方秋梅以《道路月刊》为切入点,考察了道路协会的市政参与对城市近代化做出的特殊贡献。^④ 马梦迎论述了重庆城市空间及城市近代化过程中,近代交通方式变革的关键性作用和地位。^⑤ 王永飞在论述民国时期西北地区城镇近代化进程中也讨论了以公路交通运输为主体的交通运输网对西北地区城镇近代化的影响。^⑥

3.贵州公路交通研究

学界对贵州公路交通的研究在时段上集中在民国时期。林辛对贵州近代驿道、河运、邮运、电信、公路、航空、铁路等交通形式做了全方位的考察,分别阐述了上述交通方式的发展演变,勾画了近代贵州交通发展概况,并提出民国时期贵州公路交通呈"低—高—低"马鞍式的发展特点。^⑦ 贵州省交通厅交通史志编审委员会编写的《贵州公路史》和《贵州公路运输史》为"中国公路交通史丛书"之组成。《贵州公路史》按时间顺序将贵州公路的发展概况进行记述,其中第一册重点记述了民国时期贵州重要公路线的修筑整理情况,同时介绍了路政机构及公路养护管理,对研究者理清贵州公路发展史很有裨益。《贵州

---

① [法]安克强著,张培德译:《1927—1937年的上海:市政权、地方性和现代化》,上海:上海古籍出版社,2004年。

② 何一民主编:《抗战时期西南大后方城市发展变迁研究》,重庆:重庆出版社,2015年。

③ 李沛霖:《抗战前南京城市公共交通研究(1907—1937)》,南京师范大学博士学位论文,2012年。

④ 方秋梅:《中华全国道路建设协会的市政参与及其对近代中国城市化的影响——一个以〈道路月刊〉为中心的考察》,《江汉大学学报(社会科学版)》,2014年第6期。

⑤ 马梦迎:《近代重庆的交通建设与城市空间研究(清末—1949)》,重庆大学硕士学位论文,2017年。

⑥ 王永飞:《民国时期西北地区城镇近代化研究——历史地理学视角》,陕西师范大学博士学位论文,2012年。

⑦ 林辛:《贵州近代交通史略》,贵阳:贵州人民出版社,1985年,第166页。

公路运输史》也以时间顺序对贵州公路运输发展进行论述,第一册对民国时期贵州公路运输的开创与兴衰历程及管理机构进行论述,其中对抗战时期贵州公路运输在战时发挥的作用进行了较为详细的叙述。此外,一些综合性著作也涉及了对贵州公路交通的研究。如周春元的《贵州近代史》、熊大宽的《贵州抗战时期经济史》、《贵州通史》编委会编的《贵州通史》(第 4 卷)、《贵州六百年经济史》编委会编的《贵州六百年经济史》等著作都有涉及。

在专题论文研究上,顾文栋通过列举、对比及定量的方法对国民政府时期贵州公路运输的组织机构、营运车辆、运量、运价等问题进行了分析,认为解放前贵州公路运输发展相当艰难。[①] 林建曾认为贵州近代交通运输业经历了三次发展,分别是 1926 年至 1933 年,此时期政府"重建轻运",汽车运输发展缓慢;1935 年前后,国民政府中央主政贵州,公路运输虽收归公营,但发展很一般;抗战期间由于抗战需求,贵州近代交通体系基本建立,公路运输也呈现前所未有的繁荣景象,同时指出贵州三次交通运输发展主要是由于政治原因而非经济因素,贵州商品经济的不发达严重制约着贵州交通运输的发展。[②] 廖光珍认为抗战时期贵州公路干线和支线的修筑建立起了一个连接省内外的交通网络,使贵州成为连接后方与前线的重要通道,加强了贵州与周边省份的经济文化交流,促进了贵州社会经济的发展。[③] 韩继伟认为在抗战的不同阶段,贵州公路一直承担着通过滇缅公路、"驼峰"航线及中印公路等国际大通道进入中国的援华战略物资运输的重要任务,发挥着大后方与抗日前线军需民用物资运输的"转接"作用。[④] 刘博杰从贵州的自然社会环境入手,分析了影响贵州公路交通发展的因素,并对民国时期贵州公路交通的发展及管理进行了

①　顾文栋:《解放前贵州的公路运输》,《贵州文史丛刊》,1982 年第 5 期。

②　林建曾:《贵州近代交通运输业的三次发展》,贵州省社会科学院历史研究所编:《近代黔中经济发展研究·贵州经济发展历史论证讨论文集之一》,出版单位不详,1986 年。

③　廖光珍:《抗战时期贵州公路建设对经济发展的推动作用》,《贵州大学学报(社会科学版)》,2010 年第 6 期。

④　韩继伟:《贵州公路运输在抗战中的"转接"作用》,《曲靖师范学院学报》,2013 年第 1 期;韩继伟:《"二战"期间滇缅战场贵州作用探析》,《贵阳学院学报(社会科学版)》,2012 年第 5 期;韩继伟:《史迪威公路与战时美援物资运输》,《中共贵州省委党校学报》,2012 年第 5 期。

梳理,认为公路交通的建设和管理机构职能的扩大及相关制度的建立,推动了贵州公路交通运输业及相关产业的繁荣,保障了抗战期间工厂、物资、人员的顺利内迁及战略物资的转运,有效地支援了抗战。① 该文对贵州公路交通发展因素的分析强调了政府的倡导和民众的配合,但对影响贵州公路修筑的军事因素没有进行说明。作者对贵州公路作用的分析突出了对相关行业的促进作用及对抗战的支援,但没有突出贵州公路在西南交通格局中的地位。王璟以时间为线索对元至民国时期贵州交通路线沿革、交通布局以及抗战时期贵州交通区位的凸显进行探讨,阐释以贵州为中心的西南交通格局在民国时期西南社会历史进程中发挥的作用。② 该文以贵州交通为研究对象,公路只是其研究对象之一,在对公路研究的广度和深度上均有欠缺。王肇磊在论述抗战时期黔东南民族地区城市发展时指出,此时期城镇的发展由沿地形、河流的布局转向沿公路发展,公路线成为助推城镇发展的新动力。③

　　学界对贵州交通史的研究以公路为重点,这是由于自然地理环境决定了贵州是典型的山地型交通,公路交通在贵州交通发展史上占据主要地位,这也是本文选择公路作为研究对象的原因之一。

4.人类学视域下的道路研究

　　人类学对道路的研究源于高速公路大规模的修筑,政府的筑路政策使道路里程数不断增长,同时筑路给沿线社会带来了巨大改变。人类学视域下的道路研究将"路"视为一个物质实体和象征符号,道路不仅是看得见的路,也是具有隐喻意义的路,从而去考察道路与社会的关系。学界对于民族走廊、通道及驿道的研究"都是以过去的道路系统为基础的,然后再延伸出民族文化、社会及族群迁徙"的问题,④对它们的分析为当前的道路研究提供

---

① 刘博杰:《民国时期贵州公路交通研究(1927—1945)》,广西师范大学硕士学位论文,2017年。

② 王璟:《民国时期贵州交通路网建设研究》,云南大学硕士学位论文,2016年。

③ 王肇磊:《抗战时期黔东南民族地区城市发展特点略论》,《江汉大学学报(社会科学版)》,2014年第6期。

④ 周恩宇:《道路、发展与权力——中国西南的黔滇古驿道及其功能转变的人类学研究》,中国农业大学博士学位论文,2014年,第38页。

了借鉴。近年来,随着学界对道路的关注不断扩大和加深,逐渐形成了一个新的研究领域。

(1)道路研究与"路学"。

翁乃群主编的《南昆八村》是一部调查报告性质的书,考察了南昆铁路建设对广西、贵州、云南沿线村落社会文化变迁的影响。该书是一部较早从社会科学角度考察道路建设对沿线社会影响的著作。① 刘文杰等人对我国各时期道路的分类、管理、变迁与文化传承的梳理,阐述了现代道路的特点和分类,并阐释了路与政治、军事、经济、生活、文学艺术、景观、生态等方面的联系,强调路作为文化载体的多元性,②对路文化的含义、特征及价值取向均做了阐述,但所述内容并不深刻,符合该书"文化读物"的定位。由周永明教授提出的"路学"研究近年来逐渐兴起,其主编的《路学:道路、空间与文化》收录了多篇论文,从历史学、社会学、人类学、地理学、文化研究及城市规划等多个学科角度对"路"进行了讨论,体现了"路学"研究的开放性和跨学科性。周永明强调"路学"研究是"一门从跨学科的角度对道路的修建、使用和影响进行综合研究的学科",并提出了道路史、道路的生态环境影响、道路与社会文化变化、道路与生态弹持四个方面的研究框架,③"从跨学科的角度对道路与整个区域社会、经济、文化和生态等各方面的影响做全面综合的深入探讨"。④ 周恩宇则从观念的优先性、空间的文化表达及空间的力三个方面去构建另一种道路研究的人类学框架。他认为道路的修筑"核心在于人所具有的主观能动性和将观念意识付诸空间实体加以执行的行为取向与本能"。由于道路被附加了意识,因此道路在空间形态上出现了不同意识主导下的文化表达形态,而道路作为空间物质实体,且有一定观念支撑,必然会对人、社会和文化产生影响,道路作为

---

① 翁乃群主编:《南昆八村》,北京:民族出版社,2001 年。
② 刘文杰主编:《路文化》,北京:人民交通出版社,2009 年。
③ 周永明主编:《路学:道路、空间与文化》,重庆:重庆大学出版社,2016 年。
④ 周永明:《聚落与交通:"路学"视域下中国城乡社会结构变迁》,《广东社会科学》,2018年第 1 期。

"空间的力"得以表现出来。①

（2）道路空间与权力。

道路被视为一种空间，被赋予权力控制和文化影响，反映同时期下各社会主体之间的关系，将道路视为权力运行的基础，探讨筑路主体的目的和意图。斯科特在《国家的视角》一书中对巴黎城市道路布局成为政府权力控制城市每个地方的重要部分进行了论述。② Penny Harvey 和 Hannah Knox 以秘鲁的道路建设为研究对象，论述了道路在秘鲁的现代化建设过程中有"魔力"作用。③ 台湾学者蔡龙保对日据时期的台湾道路和汽车运输业进行了深入研究，指出道路在日本对台湾地区的殖民统治中是一项基础工程，"对台湾政治、经济、社会、文化面之影响渐进而日益深化"。④ 周恩宇以道路的社会属性及空间权力特征对湘黔驿道进行研究，认为湘黔驿道是中央王权权力控制的表现，进而探究道路从传统的空间形态及权力关系转变到现代的空间形态及观念，在不同时期，道路带动了社会的发展和人的观念的转变，同时也可能给社会带来失控的风险。⑤ 赵旭东、周恩宇探讨了在特定的时空背景下，滇黔驿道的修筑对贵州社会、文化与族群关系的形塑，从而说明观念优先性、空间形态的文化表达及空间影响力在国家向地方渗透过程中如何使国家获取统治正当性。⑥

（3）道路建设与国家认同。

这一研究主要关注民族地区道路建设与国家一体化进程之间的关系。孙

---

① 周恩宇：《道路研究的人类学框架》，《北方民族大学学报（哲学社会科学版）》，2016 年第 3 期。
② ［美］詹姆斯·C.斯科特著，王晓毅译：《国家的视角：那些试图改善人类状况的项目是如何失败的》，北京：社会科学文献出版社，2004 年，第 74～79 页。
③ Penny Harvey and Hannah Knox，"The Enchantments of Infrastructure"，*Mobilities*，2012，Vol.7，No.4.
④ 蔡龙保：《殖民统治之基础工程："日治"时期台湾道路事业之研究（1895—1945）》，台北：台湾师范大学历史学系，2008 年。
⑤ 周恩宇：《道路、发展与权力——中国西南的黔滇古驿道及其功能转变的人类学研究》，中国农业大学博士学位论文，2014 年。
⑥ 赵旭东、周恩宇：《道路、发展与族群关系的"一体多元"——黔滇驿道的社会、文化与族群关系的型塑》，《北方民族大学学报（哲学社会科学版）》，2013 年第 6 期。

兆霞等人认为通道的修筑是国家行为,沿通道进入西南边疆社会的国家政策和措施及二者之间的互动构建了西南地区新的民族关系,强调国家力量对西南"多元一体"民族关系构建的关键作用。① 杨志强通过"古苗疆走廊"的形成过程,探讨了国家力量、汉族移民及文化对西南边疆地区及社会带来的冲击,及其对明清时期西南边疆社会的国家化进程和民族关系的构建产生的重要影响。② 廖惟春回顾了滇藏公路修筑历史,从国家和地方视角探究了滇藏公路在构建统一多民族国家进程中的作用。③ 胡倩以奔子栏村为观察点,探讨了在不同的筑路理念下滇藏公路的建设对奔子栏村的影响,不同时期滇藏公路具有翻身之路、资源通道、发展之路的不同内涵,进而指出道路建设形塑了少数民族社会的国家认同,同时道路对周围民众生计及社会关系的影响也使民众对国家认同的程度表现出差异。④

　　道路的修筑必然会对当地人群的生计、社会文化、社会关系、生态环境等方面带来一定的影响。人类学对道路的研究提供了一种新的研究视角,将路作为"物"而关注到其与人的关系,进而探究生活在周边的人,试图通过道路民族志的书写探究一种适合于道路研究的人类学方法。⑤ 但是,从人类学对于道路的研究来看,其对驿道、走廊及对当下高速公路的修建更为关注,忽略了现代公路在中国兴起初期的原因及对中国社会的影响。就贵州而言,学界在湘黔滇的驿道及"古苗疆走廊"的研究上成果较为丰富,驿道的修筑确实成为贵州与外界沟通的重要渠道,贵州也因此得到了一次发展机会,但是现代公路在贵州兴起修筑后,贵州的发展超越了历史上任何一个时期,特别是抗战时期

① 孙兆霞、金燕:《"通道"与贵州明清时期民族关系的建构与反思》,《思想战线》,2010 年第 3 期。

② 杨志强:《"国家化"视野下的中国西南地域与民族社会——以"古苗疆走廊"为中心》,《广西民族大学学报(哲学社会科学版)》,2014 年第 3 期。

③ 廖惟春:《统一多民族国家视野下的滇藏公路建设》,云南大学硕士学位论文,2013 年。

④ 胡倩:《道路、互动与认同——基于云南藏区奔子栏村的研究》,云南大学硕士学位论文,2018 年;李志农、胡倩:《道路、生计与国家认同——基于云南藏区奔子栏村的调查》,《北方民族大学学报(哲学社会科学版)》,2018 年第 3 期。

⑤ 周恩宇:《道路研究的人类学框架》,《北方民族大学学报(哲学社会科学版)》,2016 年第 3 期。

因"抗战建国"需要,贵州公路的发展更是迅速和重要。学界对于民国时期贵州交通或贵州公路的研究梳理及其在抗战时期发挥的作用的论述较为清楚和丰富,也论述了公路发展对贵州社会经济产生的积极作用。但是,现代公路在贵州的修筑主要是政府行为,特别是国民政府主政贵州后,公路修筑成为现代国家治理技术向边地社会渗入的重要方式,公路发展对物资运销路线、族群关系及民众日常生活等方面的影响均是需要去探讨的问题。本书试图对上述问题进行探讨,以说明在战时环境下国家权力是怎样通过公路的修筑与管理对地方进行统合,公路对贵州区域市场的改变产生了怎样的影响,战时国家实行物资运销的统制政策与公路交通的关系,国家怎样通过同业公会将国家意识渗透进行业,作为行业代表的汽车业公会在行业利益与国家利益冲突时又怎样平衡二者。此外,公路建设对民众日常生活及国家认同观念的培养和形成有怎样的作用,从而说明在特殊历史条件下,国家通过道路怎样实现国家一体化的进程。

在道路与国家化的关系问题的研究上,学界也取得了一些成果,①这些研究基本上讨论的是传统时期国家力量怎样通过驿道或走廊渗透到地方社会,对地方族群社会产生冲击而实现国家化的进程,从而突出驿道或走廊在国家化进程中的作用。这些研究讨论的虽是传统时期道路与国家化的关系,但研究的视角和路径对本书分析公路交通在贵州地方社会被纳入国家化进程中的作用和影响均有借鉴和启发。

---

① 陆邹、杨亭:《"巴盐古道"在"国家化"进程中的历史地位》,《成都大学学报(社会科学版)》,2014年第5期;杨志强:《"国家化"视野下的中国西南地域与民族社会——以"古苗疆走廊"为中心》,《广西民族大学学报(哲学社会科学版)》,2014年第3期;穆鲁臣、潘彩虹:《"驿路"与"国家化"——论明代"海西东水陆城站"丝绸古道》,《广西民族大学学报(哲学社会科学版)》,2017年第5期;等等。

第一章　民国时期贵州交通格局的转型

贵州位于云贵高原东部,境内群山耸立,层峦叠嶂。由于自然地理原因,贵州的交通素不发达,省内无通航能力强之江河,物资运送,官宦商旅往来皆以陆路为主。元明清时期贵州从三省交界之地成为独立行省,是其战略地位显现的结果。贵州作为连接西南与中原的边际通道,封建中央王权在贵州修筑驿道,设置驿站,驻扎屯军,保证王权对西南地区的管理,直至近代,驿道仍是贵州交通的主要形式。民国时期贵州交通格局发生变化,特别是全面抗战时期,贵州作为西南大后方之一,战略地位凸显,内迁人员促进了贵州社会经济文化的发展,贵州进入战时经济圈和文化圈。发展公路交通成为贵州交通建设的主要方向,并形成了连接东西、贯通南北的公路交通网络,贵州交通发展也因公路的修筑进入了现代交通进程中。

第一节　元明清的区域开发与边际通道地位的形成

一、元朝时期的三省交界与交通发展

在元以前,贵州与中央政权的联系较为松散,大多时候处于"遥领"状态。①

---

① 张幼琪、史继忠、王䭲幸子:《贵州:开发引出的考量》,贵阳:贵州人民出版社,2008年,第12页。

　　元时西南地区被纳入中央政权的政治版图,在云南、四川、湖广设立行省,当时的贵州处于三省交界之地。元朝在全国大修驿道,广设"站赤","以通达边情,布宣号令"。① 为加强对西南边疆地区的管理和控制,元政府不仅设立云南行省,且在西南地区修建驿道和设站赤,黔中地区作为连接云南与中原最为便捷的路线,其战略地位日益显现,逐渐演变成西南交通中心和战略要地。为加强对云、贵、川、桂大片地区及驿道的控制,至元十五年(1278)元王朝招抚西南诸番,至元二十年(1283)设亦奚不薛宣慰司"设官抚之",至元二十一年(1284)设置八番宣慰司,②至元二十七年(1290)设罗甸宣慰司,三宣慰司集中在湖广、云南与四川行省交界地,即今天贵州中西部地区。此后,元政府对该区域行政归属反复进行调整,时而将其划归四川行省,时而又为湖广行省。至元二十九年(1292)将亦奚不薛隶湖广,罗甸隶云南,并八番入顺元,改置为八番顺元等处宣慰司兼都元帅府,建立顺元城(今贵阳)。八番顺元等处宣慰司兼都元帅府辖境西界乌撒路,北界永宁路与播州宣抚司,东界播州宣抚司与新添葛蛮安抚司,南界普安路、普定路和庆远南丹安抚司。③ 湖广、四川、云南三省交界地区的行政归属至此基本调整结束,八番顺元宣慰司都元帅府存至元末。

　　元中央政府对贵州行政管理机构的设置及其归属的不断调整,表明中央政府对该区域的重视。贵州虽为三省交界地,但作为中原通往滇、粤的通道,自然成为连通中央与边疆的交通要塞。元朝对西南地区加强控制,积极经营云贵地区并广收赋税,将云南从四川行省中分离出来,建立行省,推行适合当地特点的土官制度,使中央王权深入云贵地区,④并以云南为中心,建立了西南地区的交通驿道系统,其中有两条驿道经由贵州与中原地区发生联系。一是至元二十八年(1291)开通中庆(今昆明)经普安达黄平道,大致路线由今昆

① 《元史》卷 101《志第四十九·兵四》,余大钧标点,长春:吉林人民出版社,1995 年,第 1601 页。
② 八番分别为程番、韦番、方番、洪番、龙番、金石番、罗番、卢番。参见《贵州通史》编委会编:《贵州通史》(第 1 卷),北京:当代中国出版社,2003 年,第 456 页。
③ 周春元:《贵州古代史》,贵阳:贵州人民出版社,1982 年,第 155 页。
④ 方铁:《方略与施治:历朝对西南边疆的经营》,北京:社会科学文献出版社,2015 年,第 15 页。

明、曲靖、普安、安顺、贵阳、黄平至镇远,到达镇远后,可利用水路进入长江中下游地区,因此,元政府在镇远至岳阳的沅江水道上设置了水站,以满足来往官员的需求,这条驿道成为中原至云南的交通要衢。明清时期该条驿道成为西南与内地来往联系的主要交通要道,近代修筑的滇黔公路与铁路也基本上沿袭了此条驿道的走向。可以说该条路线的开通"奠定了此后西南地区交通格局之基础"。^① 二是至元三十年(1293)开通中庆经乌撒(今威宁)达泸州道,大致路线为从昆明经嵩明、曲靖、宣慰,入贵州威宁、赫章、毕节,过叙永、纳溪达泸州,抵达泸州后往西北可至成都,往东可至重庆。

元中央王朝加强对西南地区的治理,在贵州建顺元城,设置宣慰司都元帅府,贵州的政治地位得到提高,成为中央王权统治的"内地",特别是元廷开通了中庆经普安至黄平道及中庆经乌撒到达泸州两条驿道,进一步连通了西南边疆与内地,为官民行走、商旅往来提供了极大的便利。同时,也改变了移民原来从四川进入西南的路线和习惯。从湖广经贵州进入西南的路线成为另一条迁移通道,而该条线路成为元代以后西南地区特别是云南与内地联系的首选官道。交通的发展增强了边疆地区与中原地区的联系和交往,包括贵州的西南广大地区的社会经济文化也得到了较大开发。正如《元史·地理一》载:"盖岭北、辽阳和甘肃、四川、云南、湖广之边,唐所谓羁縻之州,往往在是,今皆赋役之,比于内地。"^②贵州因处湖广、四川、云南交通连接处,"地接八番,与播州相去二百余里,乃湖广、四川、云南喉衿之地"。^③

二、明代贵州建省与驿道交通的完善

明朝是贵州发展史上一个重要时期,首先是贵州从一个三省交界地区演

---

① 杨永福:《中国西南边疆古代交通格局变迁研究——以滇川黔毗邻地区为中心》,昆明:云南教育出版社,2014年,第137页。
② 《元史》卷58《志第一○·地理一》,余大钧标点,长春:吉林人民出版社,1995年,第845~846页。
③ 《元史》卷63《志第一五·地理六》,余大钧标点,长春:吉林人民出版社,1995年,第1601页。

变成独立省份；其次在明代贵州的交通有了进一步发展，驿道交通系统更为健全。

明朝建立后，朱元璋将视线移向了西南地区，集中精力经营云南及两广。贵州是进入云南的必经之地，将贵州纳入中央王权统治成为经营云南的第一要务。明初，元朝梁王把匝剌瓦尔密盘踞云南，自恃云南路远地险，与明朝继续对抗。朱元璋在稳定全国局势后，决定武力统一云南。从中原进入云南的路线中，从湖广经贵州是最优路线。在朱元璋制订的统一云南的计划中，他认为从贵州进兵云南是最有效的路线。在给傅友德的上谕中，他指出：

> 云南僻在遐荒，行师之际，当知其山川形势，朕尝览舆图，咨询于众，得其厄塞。取之之计，当自永宁先遣骁将别率一军以向乌撒，大军继自辰、沅以入普定，分据要害，乃进兵曲靖。①

乌撒大部、普定均属贵州，可见，贵州在朱元璋的进兵云南的计划中是相当重要的。在取得云南后，朱元璋认识到要将云南纳入中央王权的统治中，贵州也是必不可少的重要环节。中央距云南尚远，对云南的统治需设置都司统率诸军，设置布政司及府、州、县治理土民，"其乌撒、乌蒙、东川、芒部、建昌之地，更宜约束其酋长，留兵守御，禁其民毋挟兵刃。至如蔼翠辈不尽服之，虽有云南，不能守也"。② 为确保中央朝廷对云南的统治，明中央王权在进入云南的驿道设立卫所，保证驿道畅通。贵阳为西南重镇，对云南尤其重要，"一旦有警，则滇南隔绝便成异域，故议者每以贵阳为滇南门户，欲得滇南，未有不先从事贵阳者"。③ 明代贵州的卫所数量多于邻省，遍设卫所的目的，是加强对西南地区军事控制，确保云南边疆的稳定，使西南各省信息相通，同时可以钳制西南地区土司，加强统治。④ 在明王朝用兵云南的过程中，贵州战略位置的重要性是显而易见的。

---

① 贵州省民族研究所编：《明实录贵州资料辑录》，贵阳：贵州人民出版社，1983 年，第 20 页。

② 贵州省民族研究所编：《明实录贵州资料辑录》，贵阳：贵州人民出版社，1983 年，第 24 页。

③ （清）顾祖禹：《读史方舆纪要》卷 121《贵州二》，光绪本，第 2 页。

④ 《贵州通史》编委会编：《贵州通史》（第 2 卷），北京：当代中国出版社，2003 年，第 100 页。

明初贵州仍分属湖广、四川、云南三布政司,洪武十五年(1382)设贵州都指挥使司,负责贵州军事,这是贵州首次建立省一级的军事管理机构,共领17个卫、8个千户所。军事上虽由贵州都指挥使司管理,但在行政、民事上仍归属湖广、四川、云南三省。永乐十一年(1413)中央置贵州承宣布政使司,领原分属四川、湖广、云南三省的思南、思州、铜仁、石阡、镇远、黎平、乌罗、新华8府,[①]贵州成为明朝十三布政使司之一。永乐十二年(1414)明廷废除思南、思州两宣慰司,直接派流官治理思州、镇远、石阡等府,又先后设置普安、永宁、镇宁、安顺四州,普定、新添、平越、龙里、都匀、毕节、安庄、清平、平坝、安南、赤水、永宁、兴隆、乌撒、威清15卫,金筑安抚司,统归布政使司管辖。其时贵州省境北达乌江,与当时四川属的播州相连;西至普安,与云南接界;西南至南笼,与云南、广西接壤;东南至黎平,与湖广、广西相接;东至铜仁,与湖南、四川相接。贵州成为独立的行省,是明中央王权对贵州在西南地区政治、军事地位重要性的肯定,贵州建省是为了"开一线以通云南",沟通云南与中央王朝的往来及加强信息流通。明代贵州被确定为独立行省与通道地位密不可分,贵州建省一个重要目的也是要保护湖广通往云南的驿道畅通,明代在贵州所设立的卫所多沿该线路设置。因为"黔者,滇之门户,黔有梗,则入滇者无途之冲矣"。[②]

明朝对贵州的交通驿站较为重视,其设置一方面是沿袭了元代开通的驿道,另一方面是开通新驿道。主要省际驿道有:湖广经贵州至云南的湘黔滇驿道,该条驿道是进出贵州的最主要通道,明朝在这条驿道上设有驿21个,铺92个。[③] 贵阳府至遵义府的驿道,该条驿道从贵阳出发,经札佐驿、底寨驿、养龙坑驿至遵义府,是由黔入川的一条通道。云南昆明经毕节、赤水至四川永宁、泸州的川黔滇驿道,该条驿道设有驿13个,站14个,铺47个。[④] 洪武二十一年(1388)开通黎平至湖广五开卫的驿道,该条驿道是当时黔东南唯一的驿道,在这条驿道上设有黄团驿、铜鼓驿、铁炉驿、江团驿、三里坪驿、西楼驿、石

①　(清)田雯:《黔书》卷1,罗书勤等点校,贵阳:贵州人民出版社,1992年,第1页。

②　(明)闵洪学:《请开粤路疏》,刘文征:(天启)《滇志》,卷23。

③　陆丽雯:《明代贵州田野景观的分析》,复旦大学硕士学位论文,2010年,第7页。

④　陆丽雯:《明代贵州田野景观的分析》,复旦大学硕士学位论文,2010年,第8～9页。

家驿、永平驿 8 个驿站。① 洪武十七年（1384）彝族首领奢香修龙场九驿，②在九驿沿线设置 18 个站，可从贵阳至毕节，经毕节北可达四川，南可到云南，是连接贵州、四川、云南的另一条通道，将云贵川三省进一步连接起来，对三地的政治、经济、社会文化和民族关系均产生深远影响。龙场九驿的开通对于明朝加强对贵州及西南地区的治理所产生的作用是相当重要的。第一，龙场九驿的开通是少数民族首领主动提出的，中央王权通过少数民族首领加强了对该地区少数民族的治理，同时起到了稳定其他少数民族首领的作用。奢香领导下的水西土司是当时西南地区领地及势力较为广泛的地区，它北靠永宁、播州，西连乌撒、乌蒙，东接水东、金筑。取得水西土司的臣服，防范其他彝族部落的联盟，对明朝在西南的治理来说，可以减少很多军事活动，节省财政支出。第二，开通龙场九驿，连接了川滇黔与湘滇黔驿道，不仅方便军事物资的运输，还畅通了地方与中央信息的传达，正如清人田雯所言：

> 由于山川之险阻，财力之富饶，则莫若置驿以通之，且困之。通之而险失矣，困之而志驯矣，然后为我所制而无难，此胜算亦远犹也。③

第三，龙场九驿的开通为儒家文化传入西南少数民族地区开辟了新的通道。通道的开通带来的是人员物资的流动，其中包含了不同人群之间文化的交流。儒家文化通过不同阶层的交流沟通向西南少数民族地区传播，促进了不同类型文化的交流与融合。

明朝在贵州开设、修整驿道，设置运输机构甚多，姜建国对明朝贵州驿道

---

① 姜建国：《明代贵州驿道交通变迁及其原因》，中国地理学会历史地理专业委员会《历史地理》编辑委员会：《历史地理》第 37 辑，上海：复旦大学出版社，2018 年，第 142 页。

② 龙场九驿：龙场驿（今修文县城）、陆广驿（今修文六广镇）、谷里驿（今黔西谷里镇）、水西驿（今黔西县城）、奢香驿（今黔西大渡桥侧）、金鸡驿（今大方县城南）、阁鸦驿（今大方县西北）、归化驿（今大方归化镇）、毕节驿（今毕节市）。

③ （清）田雯：《黔书》卷 3，罗书勤等点校，贵阳：贵州人民出版社，1992 年，第 64 页。

上设置的运输机构进行了统计,认为这些机构多设置于洪武年间。^① 驿道系统的完备成为中央王权加强对西南边疆治理的有效工具,也方便了官员、商旅的往来。如王阳明被贬谪贵州时从湖广进入贵州,走的就是湘黔驿道,他也记述了进入贵州后看到的景象和感受。到平溪卫时,他写道:

> 山城寥落闭黄昏,灯火人家隔水村。
> 清世独便吾职易,穷途还赖此心存。[2]

到兴隆卫时他又写道:

> 山城高下见楼台,野戍参差暮角摧。
> 贵竹路从峰顶入,夜郎人自日边来。
> 莺花夹道惊春老,雉堞连云向晚开。
> 尺素屡题还屡掷,衡南那有雁飞回?[3]

而徐霞客从广西南丹进入贵州时,所行走的路线基本上是沿黔桂线到达贵阳府,出贵阳后经由青岩转至平坝,后沿滇黔线西行至云南。

三、清代贵州水陆交通的发展

清代对贵州的治理基本上延续明代,康、雍两朝对贵州行政建置进行了调整。康熙时期裁卫并县,对部分地区改土归流。雍正时期为进一步划清省区职责,结合改土归流对省区做了调整。雍正五年(1727)清朝将原属四川的遵

---

① 姜建国:《明代贵州驿道交通变迁及其原因》,中国地理学会历史地理专业委员会《历史地理》编辑委员会:《历史地理》第37辑,上海:复旦大学出版社,2018年,第139页。

② 王阳明:《平溪馆次王文济韵》,陈明、王正、谷继明等注释,陈明审校:《王阳明全集(诗赋·墓志·祭文)》,武汉:华中科技大学出版社,2015年,第52页。

③ 王阳明:《兴隆卫书壁》,陈明、王正、谷继明等注释,陈明审校:《王阳明全集(诗赋·墓志·祭文)》,武汉:华中科技大学出版社,2015年,第53页。

义府改隶贵州,遵义从此成为贵州省重要区域之一。乾隆时期贵州省界基本确定,地界东至湖南辰州,西至云南曲靖,南至广西南丹,北至四川重庆,东南至广西西隆,西北至云南东川,①全省面积达17万多平方公里,比明朝时增加5.7万余平方公里,扩大约1/3。② 贵州地理面积虽然扩大,但在中央王朝看来,其扮演的角色未得到根本改变,仍是巩固云南边防,沟通四川、湖广与广西的重要通道。此外,西南地区的矿产资源,如云南的铜、贵州的铅和木材等都是皇朝需要的物资,西南矿产物资的外运是促使清朝政府加强对贵州及西南地区交通建设的一个重要原因。

在陆路交通上,滇黔驿道仍是东西走向最重要的交通干线,清代对该驿道几经改易,最后在贵州境内自东向西有平溪、青溪、镇远、偏桥、兴隆、重安江、清平、杨老、酉阳、新添、龙里、贵阳、清镇、平坝、普利、安庄、坡贡、郎岱、阿都田、白沙、上寨、刘官屯、亦资孔等驿站。③ 光绪十六年(1890)春郑珍迁任云南时,从该路线入滇,他行至郎岱时写道:

> 路若壁挂百盘肠,人行如狗尽日忙。
> 落日盘江出脚底,仰视早行鼻尖耳。
> 我投旅宿惫欲死,担丁舁夫更可以。④

可见路程的艰辛,道路的艰难。关索岭为滇黔锁钥,地势险要,"为黔山峻险第一,路如之字,盘折而上"。⑤ 清开通安顺至关索岭的驿道,"行者必穿石峡中而过"。⑥ 鸟居龙藏1902年至1903年对中国西南进行调查,进入贵州的路线也是从湖南新晃进入贵州玉屏,沿湘黔驿道至贵阳、安顺,后通过胜境关到云

---

① (清)爱必达:《黔南识略》卷1,杜文铎等点校,贵阳:贵州人民出版社,1992年,第18页。

② 《贵州通史》编委会编:《贵州通史》(第3卷),北京:当代中国出版社,2003年,第81页。

③ 斯信强:《七百年滇黔道考》,《贵阳文史丛刊》,2009年第4期。

④ 郑珍:《巢经巢诗文集》,上海:上海古籍出版社,2016年,第48页。

⑤ 陈鼎:《黔游记》,《黔南丛书》(第2集第2册),贵阳:文通书局,时间不详,第13页。

⑥ (清)爱必达:《黔南识略》卷4,杜文铎等点校,贵阳:贵州人民出版社,1992年,第54页。

南,在贵州共旅行 40 天。[①] 乾隆十三年(1748)清政府在贵州西北部修建了驿站系统,[②]以方便铜、锌的输出。清代后期,贵州省内驿道在元明时期修筑的道路上继续修建,主要有 14 条:贵阳至罗斛、贵阳至广顺、都匀经八寨至丹江、八寨经都江至古州、贵阳至开州、镇远经平远至乌西、遵义至正安、湄潭经瓮安至平越、务川经石阡至偏桥、花江经贞丰至兴义、松桃至三家桥、黔西至遵义、思南至松桃、遵义经湄潭至思南。[③] 整个清代,贵州有省际驿干道 9 条,省内大道 30 条,[④]形成了一张较为完善的驿道交通网。

　　清代贵州的水运有较大发展,这与清廷对贵州有通航能力的河道的疏浚密不可分。顺治十六年(1659),贵州巡抚卞三元“伐险凿石漕,楚米万石达黄平城下”。雍正四年(1726),知县沈遴复再次疏浚,黄平河疏通,“黔楚货棉靛烟布诸物,鳞集旧州,来樯去橹如织”。通过黄平由㵲水进入沅江再转运长江,“路近而费省”。[⑤] 雍正七年(1729),鄂尔泰和张广泗疏浚都匀至黔阳的清江,“复有舟楫之利”,商人买卖清平(今凯里)的铅可以从此条水道到汉阳。[⑥] 乾隆三年(1738)贵州总督张广泗奏称:

> 黔省地方,镇远以上,自昔不通舟楫。查自都匀府起,由旧施秉通清水江,至楚属黔阳县,直达常德;又由独山州属之三脚屯达来牛、古州,抵粤西属之怀远县,直达粤东,乃天地自然之利。请在各处修治河道,凿开纤路,以资挽运而济商民。[⑦]

希望通过疏浚河道,利用水路加强与外界联系。

---

① 黄才贵:《日本学者鸟居龙藏对我国西南民族的调查研究》,《贵州民族研究》,1993 年第 4 期。
② 《清高宗实录》,卷 322,第 32 页。
③ 范同寿:《清末贵州交通的发展》,《贵州文史丛刊》,1997 年第 4 期。
④ 贵州省地方志编纂委员会:《贵州省志·交通志》,贵阳:贵州人民出版社,1991 年,第 14～15 页。
⑤ (清)吴振棫:《黔语》卷上,第 5 页。
⑥ (清)吴振棫:《黔语》卷上,第 3 页。
⑦ 《清高宗实录》,卷 74,第 25～26 页。

川黔交界的赤水河、乌江是两省水路运输的主要航道,茅台、仁怀可通过赤水河达四川。贞丰可通过白层河达广西境内。湖南常德水路至镇远,再"溯五溪直达潕水,逆流牵挽,层累而上,计程仅千二百余里,然滩多石险,一月方达"。① 镇远是贵州东线交通要冲、云贵物资出口的要道:

> 滇货所出,水陆之会。滇产如铜锡,斤只值钱三十文,外省乃二三倍其值者。由滇至镇远二十余站,皆肩挑与马羸之负也。镇远则从舟下沅江,其至武陵又二十余站。②

元明清时期修筑的驿道加强了贵州与外界的往来,并使贵州成为西南通往中原的重要通道,其通道特征进一步显现。通道的作用是方便人员物资流动,但贵州的发展面临许多尴尬,在西南地区的人口流动中,南来北往的人口迁移经过贵州去往目的地,而只有极少部分会留驻贵州,对他们而言,贵州只是过路站而非目的地,因此,贵州的城市发展受到限制。

> 当大量外来人口进入城市时,城市则呈现出短暂的繁荣,可一旦人口迁徙到其他地方,城市则很快处于萧条状况,而且,由于通道城市所具有的驿站功能,使得城市定位于消费城市的性质,制约了城市生产能力的提升,无法形成城市长期稳定发展的持续动力,阻碍着区域经济中心城市的形成。③

因此,长期以来,贵州扮演着中央王权治理西南地区的一个缓冲地带和连接通道的角色,而中央王权也多从军事角度考虑加强对贵州的治理,希望通过稳定贵州来达到稳定西南地区的目的。朱元璋多次向征南将士告诫稳定贵州是平定云南的首要任务,否则"虽有云南,不能守也","开一线以通云南"就是贵州

---

① (清)许缵曾:《滇行纪程》,康熙年间刻本,第15页。
② (明)王士性:《黔志》,《黔南丛书》(第2集第2册),贵阳:文通书局,时间不详,第5页。
③ 敖以深:《外力植入与内生发展:抗战时期贵阳城市早期现代化研究》,北京:中国知识出版社,2014年,第57页。

通道地位的有力说明。

第二节 大后方动员与贵州战略地位的凸显

一、民族复兴的后方基础

1.各方对贵州战略地位的认识

蒋介石借"围剿"红军之机,希望以贵州为突破口解决西南问题,先将贵州纳入中央管理,再图解决西南其他各省。因为"贵州最容易建设,也最应迅速建设成为民族复兴的一个基础,再找不到了比贵州还好的地方"①。在出席贵州新省政府各委员的就职典礼上,他指出希望贵州通过几年的建设"能真正造成一个复兴民族的基础"。② 1935 年夏,蒋派何应钦胞弟何辑五以特派员身份赴黔,指明他的两项任务,一是"转变摇摆不定的贵州局势,使它真正纳入国民政府的指挥之下",二是"督修京黔公路未通部分",③并指出:

> 贵州的战略位置,是绾毂西南诸省的中枢,国家多难,将来西南各省
> 是我们国家抵抗敌人,复兴建国的基地,你此行的更大任务,是督促各方
> 面负责完成以贵阳为中心的公路交通网。④

可见,蒋将贵州作为中央管控西南的跳板,欲统一西南,先统一贵州,建设贵州

---

① 高素兰:《蒋中正"总统"档案·事略稿本》(第 31 卷),台北"国史馆"印行,2008 年,第 29 页。

② 高素兰:《蒋中正"总统"档案·事略稿本》(第 31 卷),台北"国史馆"印行,2008 年,第 27 页。

③ 何辑五:《贵州政坛忆往》,台北:中外图书出版社,1982 年,第 16 页。

④ 何辑五:《贵州政坛忆往》,台北:中外图书出版社,1982 年,第 17 页。

公路交通网,发挥贵州在"复兴建国"过程中的基础作用。蒋在 1935 年 8 月
11 日的峨眉军官训练团上做《川滇黔三省的革命历史与本团团员的责任》讲
话,指出:

> 川滇黔要作我们革命党革命建国与复兴民族最后的最重要的根据
> 地……我们本部十八省,哪怕失去了十五省,只要川滇黔三省能够巩固无
> 恙,一定可以战胜任何的强敌,恢复一切的失地,复兴国家,完成革命。①

蒋对川、滇、黔三省作为大后方的重视,也凸显了贵州的战略地位的重要性。
蒋明确指出西南是抗战的核心,"对日应以长江以南与平汉铁路以西地区为主
要阵线,以洛阳、襄阳、荆州、宜昌、常德为最后阵线,而以四川、贵州、陕西三省
为核心,甘肃、云南为后方"。② 据潘洵研究,"除在峨眉军官训练团的 22 次讲
话外,蒋在不同场合,针对不同对象,做了 49 次不同内容的演讲和训示。除
'围剿'红军和统一政令外,他讲得最多的主题便是西南各省重要的战略地位
和如何加强建设",③其主旨为"将整个西南打成一片,才能成为复兴我中华民
族的根据地"。④

　　除了领导人及政府对西南战略地位的强调外,一些有识之士也对西南大
后方地位进行了清晰的阐释。尽管经济较发达的沿海省份已为沦陷区,但西
南地区有土地、人口和丰富的资源,"建设西南可以说是抗战建国的主要关
键"。⑤ 而且贵州处在川湘滇桂之间,地势又高,"所以在军事上讲,实是我国
西南部的枢纽。其形势北面向四川为缓倾斜,南面向广西为急倾斜,川桂向贵
州仰攻困难,而贵州对南北俯控容易,所以贵州在地理形势上,对于国家统一,

---

① 高素兰:《蒋中正"总统"档案·事略稿本》(第 32 卷),台北"国史馆"印行,2008 年,第
　211~213 页。
② 薛光前:《八年对日抗战中之国民政府》,台北:商务印书馆,1978 年,第 59 页。
③ 潘洵:《从西北到西南:抗战大后方战略地位的形成与演变》,《红岩春秋》,2011 年第 4 期。
④ 王伯群:《抗战建国与西南交通》,《东方杂志》,1938 年第 35 卷第 16 期。
⑤ 祝世康:《建设西南与抗战前途》,《血路》,1938 年第 31 期。

是很有关系的"。[1] 1938 年 12 月,郑鹤声在《中华民族之复兴与西南》一文中指出:

> 自倭寇侵扰,中原板荡,西南诸省,遂为中华民族复兴之根据地。其位置之重要,使命之艰巨,较之东晋南宋之于江左,更有过之。[2]

西南各省是"抗战建国"的"永久根据地",而"贵阳位居西南黔桂川滇湘数省之中部,为此数省以及通达西康新疆数省交通之枢纽,尤应积极建设"。[3]

2.内迁机构及人员的重要接收地

全面抗战爆发后,内迁到贵州的机关单位与人员众多,内迁的机构有学校、兵工厂、政府机关、工商企业。

(1)迁黔学校。

抗战爆发后,贵州是中东部大、中学校及军事院校接收地之一,迁入的学校也促进了贵州社会经济和科学文化事业的发展。抗战时期内迁到贵州的高校有 9 所,内迁和在贵州新成立的国立中学有 19 所。[4] 迁入贵州的军事院校有 12 所。[5] 各类各级学校的迁入不仅促进了贵州教育的发展,也为"抗战建国"培养了大批人才。以往对内迁的高校及中学论述较多,而对军事院校在贵州的办学及贡献叙述较少。军事院校迁入贵州后,在艰苦的条件下办学,且办学时间都较长,有的长达 10 年以上,大部分学校在抗战胜利后迁出贵州。这些学校培养了大批军事人才,为抗战胜利提供了一定的人才基础。如陆军大学 1939 年至 1940 年期间,开办特别班一、四期,正则班 15 期,参谋班第三期,在遵义招收一期将官班和正则班先后毕业。[6] 陆军步兵学校在遵义期间开办

---

① 徐鸿涛:《西南东北》,杭州:大风社,1935 年,第 5 页。
② 郑鹤声:《西南导报》,第 2 卷第 2、3 期合刊,1939 年 1 月 20 日;国民出版社编:《飞跃中的西南建设》,国民出版社,1939 年,第 1 页。
③ 袁国荫:《建设西南应以建设贵阳为先》,《贵阳市政》,1941 年第 1 卷第 6 期。
④ 孔令中主编:《贵州教育史》,贵阳:贵州教育出版社,2004 年,第 382 页。
⑤ 孔令中主编:《贵州教育史》,贵阳:贵州教育出版社,2004 年,第 423 页。
⑥ 孔令中主编:《贵州教育史》,贵阳:贵州教育出版社,2004 年,第 423 页。

多个班次,毕业学员 2300 多人。陆军炮兵学校在都匀办学期间,举办 4 期短期班,学生 1200 多人;高等科第二期,学员 10 人;普通科 4 期,学员 160 多人;为中央军校带训学生 14 期,共 4300 人;为防空学校带训学生 250 人,毕业生总数达到 5630 人。陆军通讯兵学校 1937 至 1947 年共培训学员 3000 余人。[①]迁黔的军事院校除了为部队培养军事人员外,也促进了贵州教育的发展。如1942 年陆军炮兵学校在都匀时,创办了中正中学,包括小学、初中、高中,共有学生一千余人,生源除了炮兵学校子弟外,也招收当地群众子弟。

(2)迁黔兵工厂。

迁黔的兵工厂主要有国民政府军政部兵工署第四十一兵工厂、第四十二兵工厂、第四十四兵工厂、航空发动机制造厂。第四十一兵工厂前身是陈济棠在两广独立时创建的广东石林兵器厂,1938 年迁往广西融县,在筹建时因日本侵略加剧于 1938 年迁入桐梓,1939 年初正式投入生产,主要生产的是步枪和轻机枪。1946 年回迁,在贵州生产达 7 年之久。第四十二兵工厂原为广州一家私营小厂,主要生产防毒面具,抗战爆发后由军政部接管,1938 年内迁到遵义,并扩建为兵工厂。其生产任务是制造防毒面具,以对付日军的毒气战,抗战胜利后,该厂宣布停办。[②] 第四十四兵工厂原为中央修械所,1939 年迁入贵阳,每月可修机枪 1000 挺、大炮 4 门及步马枪 4000 支,1944 年第四十三兵工厂迁贵阳后,与之合并。1939 年国民政府航空委员会决定创建一个航空发动机制造厂,最先选址在昆明,因日军空袭,制造厂筹备处三次被炸,1940 年11 月航空委员会决定将筹备处移驻大定(今大方)县羊场坝创建航空发动机制造厂,经过全厂员工努力,在 1945 年至 1946 年间成功地制造出我国第一批航空发动机。[③]

(3)迁入或设立的政府机构。

国民政府中央势力于 1935 年掌握贵州政权后,对贵州省政府进行改组,

---

① 孔令中主编:《贵州教育史》,贵阳:贵州教育出版社,2004 年,第 425、427 页。

② 中国政治协商会议西南地区文史资料协作会议:《抗战时期内迁西南的工商企业》,昆明:云南人民出版社,1989 年,第 152~154 页。

③ 大方县政协文史办:《大定航空发动机制造厂见闻录》,《大方文史资料选辑》(第 6 辑),1991 年,第 62 页。

并设立一系列政治军事机关,逐步加强对贵州地区的管理。抗战时期为适应战时需要,特别是迁都重庆后,贵州地理区位重要性进一步提升,国民政府在贵州设置了大批重要机构,主要包括党务、行政、司法、宣传、军事、监察、税务、禁烟、交通、实业等机关,负责贵州甚或西南地区相关事务。[①] 贵州作为战时西南交通运输的重要枢纽,国民政府先后成立西南交通运输管理部门,许多交通管理部门在贵州设置或成立办事处,负责西南地区交通运输及海外物资往来事宜。国民政府为加强西南的公路交通管理,于1938年7月在贵阳成立西南公路运输管理局,以黔、川、滇、湘、桂五省"办理联运",[②]管理五省行旅往来及各公路工程和运输业务。1939年8月在贵阳成立川桂公路运输局,接管西南公路运输管理局业务,负责除川滇东路以外的业务。1940年初中国运输股份有限公司接管川桂公路运输局相关业务,并在贵阳设立营业区。随着战势发展,西南公路地位更加重要,1942年国民政府在贵阳设立直属于军事委员会的西南公路运输局,负责管制和组织社会车辆,以满足战时运输需要。1944年8月在贵阳成立西南进出口物资委员会,负责公商车辆管制和美国援华物资的西南线路的运输。

(4)内迁的工商企业。

由于经济不发达,交通不便,抗战前贵州的工商业发展均处低位,工业种类只有20种,并且以手工制造业为主。[③] 抗战爆发后,沿海地区工商企业纷纷内迁,抗战时期迁入贵州的工业厂商有101家。[④] 迁入贵州的厂商中,纱布百货店16家,餐馆16家,汽车材料81家,五金7家,图书文具26家,杂业291家。贵阳的行业数从1930年的56个发展到战时的80多个。工商业组织在1937年为31个,到1945年增加至45个。[⑤] 迁入的工商企业增加了贵州经济

---

① 敖以深:《外力植入与内生发展:抗战时期贵阳城市早期现代化研究》,北京:知识产权出版社,2014年,第85~86页。

② 中国航空建设协会贵州分会《航建旬刊》编辑部:《贵阳指南》,贵阳:文通书局,1938年,第5页。

③ 贵州省人民政府财经委员会编:《贵州财经资料汇编》,出版单位不详,1950年,第59页。

④ 贵州省人民政府财经委员会编:《贵州财经资料汇编》,出版单位不详,1950年,第57页。

⑤ 《贵州通史》编委会编:《贵州通史》(第4卷),北京:当代中国出版社,2003年,第342页。

的活力,带动了贵州经济的发展。

3.兵员的重要补给地

抗战时期,贵州作为西南抗战大后方的重要组成部分,黔籍部队不仅开赴前线抗击日寇,贵州也是兵员的重要补给地。抗日战争中,投入抗战的黔籍部队有 11 个师,陆续补入中央军的征兵数 639631 人,全省在抗战期间出兵参战总人数近 80 万人。[①] 在淞沪会战中,黔军参战部队有 3 个师和 1 个独立团,[②] 以"忼慷捐躯,前仆后继"的精神保家卫国,其表现不逊于其他任何一支部队。以原贵州 25 军为基础改编的第 140 师在抗战爆发后扩编为三旅六团,并派员到贵州招募兵员,从 1937 年 9 月至 11 月招募新兵二千五六百人。后该部队奉调到潼关和豫西陕州、灵宝一带防守黄河,并派出一部渡河赴晋南中条山地区阻击日寇,还参加了台儿庄战役、徐州会战、武汉保卫战等。[③] 140 师在台儿庄战役中阵亡 2000 多人,经忻口战役,85 师贵州籍的指战员几乎全部殉国,103 师参加南京保卫战,几乎全师阵亡,幸存五六百人,经由贵州征兵补充后,与 121 师合编成第 86 军,在武汉保卫战中又减员三分之二以上。[④]

作为兵员的重要补给地,1937 年 6 月贵州奉令成立师管区筹备处,筹办兵役事宜,此后各部队在黔自行征募的单位有 60 多个。1938 年 3 月贵州军管区司令部成立,主管全省征训工作,省政府主席吴鼎昌兼任司令,省政府委员何辑五兼任参谋长,1939 年元月,韩文焕接任军管区参谋长。军管区下辖贵兴、镇远两师管区及贵阳、毕节、安顺、兴仁、独山、镇远、遵义、思南团管区和水城、榕江、铜仁、仁怀等征兵事务所,各县设兵役科或兵役股。在社会军训方面,省政府最初沿"公路地区贵阳、遵义等二十县成立社训总队,着手试办,再

---

① 周继厚:《徽章铭记黔军抗战历史功勋》,《云南档案》,2015 年第 3 期,第 42 页。

② 参加淞沪会战的贵州部队主要是柏辉章的第 102 师、何知重的第 103 师、吴剑平的第
    121 师(该师由黔军第 25 军第 3 师改编而成)和罗启疆的独立第 34 旅。参见沈建忠:
    《贵州部队与淞沪抗战》,《抗战史料研究》,2012 年第 2 期。

③ 李祖明:《第 140 师在贵州募兵扩编部队参加抗日》,独山县文史资料研究委员会编:
    《独山文史资料选辑》(第 10 辑),1991 年,第 7~8 页。

④ 张兴智:《四万兵员上前线》,黔西南州委员会文史资料委员会编:《黔西南州文史资料》
    (第 12 辑),1995 年,第 6 页。

陆续扩充,至 1938 年春,全省八十二县市完全组成"。[1] 遵务师管区在抗战期间,接送辖区内 20 多县的子弟兵前赴后继,奔赴各战区前线浴血奋战,达 76.5 万多人,壮烈牺牲者 58000 多人。[2] 贵州省政府很重视征兵工作,吴鼎昌也认为抗战"最要紧的还是兵役",[3]因此,贵州的征兵工作用吴鼎昌的话说是"如期如数",1938 年至 1942 年贵州征兵实征数总计 457278 名。[4]

　　太平洋战争爆发后,中国组织远征军,贵州也是远征军兵员补充的重要地区。1942 年 10 月,中国远征军入缅作战的第 5 军、第 6 军、第 66 军受到重大损失,急需补充兵员,贵州奉令成立 4 个壮丁队协助补充团接训新兵。1940 年 4 月至 9 月,第 5 军在安兴师管区整训,当年所征兵员 6000 多人,多数调入该军,该军于 1942 年入缅作战时兵力达 42000 人,撤出战场时仅有 20000 人。第 6 军于 1941 年 4 月至 12 月在兴仁整补后入缅作战时有 30000 多人,由缅撤回滇南时仅余 6000 多人。[5] 在 1944 年远征军反攻中,主要由贵州子弟组成的第 8 军(军长为兴义人何绍周[6])在松山战役中与日军展开了三个月的拉锯战,以伤亡 7000 余人的代价全歼日军第 113 联队拉孟守备队。参加松山战役的新 28 师由黄埔军校三期毕业生刘伯龙(贵州龙里人)在四川组建并任师长,驻黔后补征 3000 多贵州子弟,1942 年该师编入第 66 军并远征缅甸,后编

---

①　杨文璇:《贵州兵役军训概述》,《贵州征训月刊》(创刊号),1940 年 8 月。

②　裴遐昌:《抗日战争时期的遵务师管区》,《遵义文史资料》(第 18 辑),1991 年,第 181 页。

③　吴鼎昌:《建国在建军,建军在兵役——二十九年十月二日在贵州军官区司令部兵役训练班开学典礼讲》,《贵州征训月刊》,1940 年 12 月第 2 期。

④　吴鼎昌:《黔政五年》,出版单位不详,1943 年,第 140 页。贵州省 1938 年至 1942 年征兵情况如下:1938 年应征额 47000 名,实征额为 45471 名;1939 年应征额为 84000 名,实征额为 72592 名;1940 年应征额为 92000,实征额为 109222 名;1941 年应征额为 72000 名,实征额为 80408 名;1942 年应征额为 7200 名,实征额为 66733 名,共计实际征兵额为 374426 名,再加上师管区筹备处实征之 58239 名与省保安团征之 24611 名,总计 457276 名。

⑤　张兴智:《四万兵员上前线》,黔西南州委员会文史资料委员会编:《黔西南州文史资料》(第 12 辑),1995 年,第 6 页。

⑥　何绍周,何应钦侄子,黄埔军校一期、日本陆军士官学校第十五期炮兵科、陆军大学第十期毕业生。曾参加淞沪会战、武汉会战,于 1940 年 9 月任第 8 军副军长兼 103 师师长,1943 年 1 月任军长。

入 71 军参加第二次远征军。松山战役打破了滇西战役僵局,为最终打破日军切断滇缅公路的计划奠定了基础,该战役前期以第 71 军的新 28 师为主、后期以第 8 军为主,可以说该战役的胜利基本上是由黔军取得的。[①] 为纪念印缅战场上中国远征军黔籍部队,在云南腾冲来凤山国家森林公园为参战的将士英雄竖立了"中国远征军黔籍抗日殉国将士纪念碑"。

二、陪都重庆的南方屏障

1.阻止日军从南面进攻重庆

"八一三"事变后,日军步步紧逼,国民政府首都南京的安全受到严重威胁,岌岌可危。1937 年 10 月 29 日,蒋介石发表《国民政府迁都重庆与抗战前途》的讲话,提出将战时首都迁往重庆,以备长期抗战。同年 11 月 20 日,国民政府发表迁都宣言:

> 自卢沟桥事变以来,平津沦陷,战事蔓延,国民政府鉴于暴日无止境之侵略,爰决定抗战自卫,全国民众,敌忾同仇,全体将士,忠勇奋发,被侵各省,均有极急剧之奋斗,极壮烈之牺牲,而淞沪一隅,抗战至于三月,各地将士,闻义赴难,朝命夕至。……国民政府兹为适应战况,统筹全局长期抗战起见,本日移驻重庆。此后将以最广大之规模,从事更持久之战斗。[②]

重庆凭借长江航运、三峡天险和天府之国的富庶,成为战时政治中心。国民政府迁都重庆,保存抗战中枢,坚持长期抗战主旨,打破日军速战速决的企图。

贵州在地理位置上处于四川的南面,自然成为重庆的南方屏障。这从 1944 年 11 月发生的"黔南事变"即可看出。1944 年 11 月,日军经广西进犯贵州,分兵三路向贵州境内的荔波、三都、独山、都匀等地进犯。国民政府派何应

---

① 龙长启:《漫话参加滇西抗战的"黔军"》,《贵州政协报》,2017 年 3 月 10 日 A03 版,第 2 页。
② 《国民政府迁重庆》,《申报》,1937 年 11 月 21 日第 2 版。

钦、汤恩伯进行阻击，12 月在独山深河桥与日军进行激战，阻止日军继续北犯。这场战斗被称为"抗战起死回生的重要阶段"，"抗战史上划时代的重要事变"。① 该战之后，日军迅速退出贵州。"黔南事变"在贵州抗战史上是一个重要事件，日军进犯黔南，造成了贵阳及重庆的恐慌，国民中央政府及贵州省政府的应对迫使日军退出贵州，保证了重庆的安全。可见，贵州对重庆及整个西南地区而言战略地位极其重要，是阻止日军进逼重庆、四川的南方军事屏障。

2.川、渝地区南下西出的必经之地

在王朝时代，贵州就是西南地区驿道交通的重要节点，四川要南下两广、西出云南，贵州是必经之地。川黔公路、滇黔公路、川滇东路、桂黔公路就是四川、重庆南下西出的重要通道。在抗战期间，特别是长江航运遭日军阻断后，大量军需民用物资经滇黔线、黔桂线、川黔线及川滇东路进行输送，保障了重庆及四川军需民用物资的供应。在军需民用物资及土特产品的外销需从越南、缅甸进出口期间，贵州成为连接中越、中缅国际通道的重要交通节点。重庆可以经贵州、广西南下与越南联系，也可以经贵州到云南西出与缅甸等地连接，从而与东南亚地区相连，形成中越、中缅国际交通运输线。正如何辑五所言：

> 以陪都重庆为中心作观点，在借道海防为出入港的时期，黔川桂的地位，更具枢纽的重要；在借道仰光为出入港的时期，而在川滇东西两路未筑通以前黔滇段与黔川段之重要性，也居于枢纽的地位。②

三、贵州进入战时经济圈和文化圈

从贵州发展历史来看，其一直处于开发的边缘地带，无论是明清以前的三省交界地带，还是明清时期"不内不边"的处境，与其相邻的云南、广西、四川、湖南等地相较而言，贵州似乎从未进入主流的经济圈和文化圈。与云南、广西

---

① 何毓昌：《黔南之战》，贵阳：独山黔南文艺社，1945 年。
② 何辑五：《贵州政坛忆往》，台北：中外图书出版社，1982 年，第 30 页。

相比,贵州无地缘优势,是一个不靠海、不靠江、不靠边的"三不靠"内陆省区,不像云南、广西与缅甸、老挝、印度、越南等国接壤,缺乏与东南亚国际市场和香港市场的密切联系。贵州没有直接的出海口和通商口岸,进出口贸易发展程度受到制约,不能有效带动商品贸易发展及资源开发。与四川相比,贵州不是主要的农业生产区,也没有通过长江水运与中下游城镇进行商贸往来和人员交往的便利。贵州的水运运程短、运力小、航运季节性强,制约了贵州与外地大规模长距离的商贸活动,城市发展也受到限制,无法形成区域中心市场,工商业发展滞后。与湖南相比,湖南境内有澧水、沅江、湘江、资江、洞庭湖等水资源,且这些河流湖泊流域面积广泛,省内有发达的水运交通运输网,特别是洞庭湖可与长江联运,方便了湖南与外界的联系与商贸往来。贵州作为典型的"三不靠"省份,没有直接的进出口通道。辛亥革命后的军阀时期,先后上台的军阀囿于利益及势力范围,也未进行积极的对外联系。从贵州历史上的商贸往来来看,贵州没有出现大的商帮,国内外的重要信息传播长期滞后于其他地区,民众长期处于封闭落后状态,文化思想远落后于周边省份。但是这一状态在抗战时期有所改变,抗战时期成为贵州社会发展的一个重要阶段。

1.贵州进入战时经济圈

抗战爆发后,随着战局的发展,贵州因特殊的地理区位逐渐被中央政府重视并被国人认识。国民政府加强对贵州的治理与开发,内迁的机构及人员为贵州开发带来资金与技术,贵州的资源开发与经济发展上升了一个台阶,与川、滇、桂共同支撑着战时西南地区经济发展。

(1)工业。

抗战前贵州省内工业有 20 种,90％以上为消费品的粗制手工业,60％左右集中在贵阳。[①] 抗战时期大量的工厂企业内迁,部分工厂企业或内迁到贵州,或将资本转移到贵州重建工厂。1938 年至 1939 年,外省迁黔工厂有 101

---

① 贵州省人民政府财政经济委员会编:《贵州财经资料汇编》,出版单位不详,1950 年,第59 页。

家,占当时省内 711 家厂商的 14％,[1]印刷、橡胶、制革、卷烟、机器等行业都是机械化或半机械化的生产方式。内迁的工厂企业及资本刺激了贵州工业经济的发展。贵州本土工业发展的标志性事件是 1939 年 6 月成立的贵州企业股份有限公司,资本额为 600 万元,至 1942 年发展至鼎盛,下属 29 个生产单位,员工 4480 余人,生产设备总值达 7.08 亿元,资本总额占全省工业资本总额的 52％以上,是贵州历史上最大的近代企业集团。[2] 私营工业随着抗战的转变也兴盛起来,1943 年贵州省私营工业有 97 家,其中化工业最多,为 38 家。[3]贵州在抗战前无机器工业,直至 1938 年新生事业公司来黔筹办新生铁厂和新生五金厂,贵州才有机器工业。后因抗战关系,沿海沿江各种工厂内迁,机械修配装置所需甚多,贵州的机器工业蓬勃发展。

> 当时设在本省之国营民营大小机器工厂等已有三百余家之多,他如酒精、橡胶、面粉、卷烟、水泥、印刷、造纸、酿造、陶瓷、化工等工厂亦不下数百家,一时本省形成为后方一有力之工业生产重心,而手工业以事实与环境之需要乘势兴起者有如雨后春笋。技术上、品质上以及生产率,均有长足之改良与进步。[4]

(2)商业。

贵州的物资交流受交通运输条件的限制,农村集市贸易规模不大,少数民族地区除食盐、棉布等少量工业品外,大多数生活用品都是自给自足。军阀时期省内商品生产基本属于手工小作坊,销往外地的商品主要是农副产品、手工业品和烟土。抗战时期,大量公私机关、厂矿企业及人员纷纷迁入黔省,贵阳市人口由不足 10 万激增到 30 万左右,激增的人口大大提高消费需求,商业活

---

[1] 贵州省地方志编纂委员会:《贵州省志·商业志》,贵阳:贵州人民出版社,1990 年,第 14 页。

[2] 贵州省档案馆编:《贵州企业股份有限公司》,贵阳:贵州人民出版社,2003 年,第 19 页。

[3] 贵州省人民政府财政经济委员会编:《贵州财经资料汇编》,出版单位不详,1950 年,第 118 页。

[4] 何辑五:《十年来贵州经济建设》,南京:南京印书馆,1947 年,第 55 页。

动日渐活跃。据统计,1937 年贵阳市工商业为 1420 户,1943 年为 4239 户,1944 年为 4931 户,1945 年增加到 5422 户。[①] 商业组织是商业发展的一个标志。1905 年贵阳筹办商会事务,为官督商办性质。1906 年成立贵州商务总会,是为贵州商会组织的开始,行业仅涉及汇号、当商、盐业、花纱布、烟帮、绸缎帮、通草帮等 7 个。[②] 1916 年根据北洋政府颁发的商会法进行改组,成立贵州省城总商会,有行会 40 余个,绸缎、百货等商帮 12 个,米、盐等商行 12 个,竹木、制革等手工业组织 16 个,饮食、钟表、铁器等行业也有自己的组织。[③] 商会组织、功能及办理事务均较贵州商务总会有所增加。根据国民政府颁发的商会法及工商同业公会法,1930 年秋冬时节将原有商帮改组成同业公会,商会依法改组成立贵阳县商会,参加行业有绸缎、质、药、钱、盐、栈、苏裱、酱油、华洋杂货、山货、颜料扎货、磁、菜油、纱布、丝、米、棉花、卷烟、铁、纸、糖食海味、首饰、图书、印刷、屠宰、煤炭、车运、竹木等 28 个同业公会。[④] 1937 年,贵阳市工商业团体进一步扩大,有贵阳市商会、绸缎业、纱布业、盐业等 31 类。到 1945 年,同业公会共 45 类,较 1937 年增加 45%。[⑤] 从贵阳市商会发展历程来看,商会的成立发展与政府的制度有紧密关系,同时也是商业发展的一个体现。1931 年国民政府颁布的商会法规定,某一区域商家达到 7 户以上应组织同业公会,同业公会必须是商会成员。遵义是黔北重镇,也是贵州省内商业较为发达的地区,在 1913 年成立遵义县商会时,已有的同业商业组织有盐帮、匹头杂货帮、旅栈帮、山货帮等。1942 年经登记许可的商会会员有 1571 名。[⑥] 抗战期间迁入的企业、商人增多,行业种类及数量增加,商业贸易及物资交流发展迅速,为贵州省商会联合会的成立提供了基础。1942 年 11 月贵州省商会联合会在贵阳成立,来自省内的各县代表 110 余人参加。大会宣布《贵州省

---

① 贵州省地方志编纂委员会:《贵州省志·商业志》,贵阳:贵州人民出版社,1990 年,第 14 页。

② 《贵阳市商会之沿革》,贵阳市档案馆:43-1-62。

③ 贵阳市工商业联合会编:《贵阳市工商联商会志》,贵阳:贵州人民出版社,2012 年,第 9 页。

④ 《贵州市商会之沿革》,贵阳市档案馆:43-1-62。

⑤ 熊大宽:《贵州抗战时期经济史》,贵阳:贵州人民出版社,1996 年,第 60 页。

⑥ 遵义县商业志编纂委员会:《遵义县商业志》,出版单位不详,1992 年,第 253 页。

商会联合会章程》《贵州省商会联合行动工作纲要》等文件。贵州省商会联合会将全省工商从业者联合起来,增进了全省工商业者的联系,增强了贵州商业组织的力量。

（3）银行业。

贵州因工商业经济不发达,银行业也处于欠发达状态,现代银行屈指可数。在民国以前,贵州金融机构仅贵州官钱局一家。军阀时期,贵州银行是唯一的金融机构,但该行只不过是变相的官钱管理机构。1935年贵州有中央、中国农民两家银行。抗战爆发后,大量资本向内地转移,贵州的银行业也借此机会得到了发展,除了公营银行在贵州成立机构外,部分省份地方银行及私立银行也在贵州成立。1939年,中国银行、交通银行在贵州成立分行,并在交通要道及主要城镇成立分支机构,省内重点县城成立合作金库。1942年抗战形势更趋激烈,工商业密集后方,黔省为西南运输孔道,商业日趋繁荣,银行存放业务均有发展,湖南、广西、广东、四川、云南等地方银行相继在贵州建立分行或办事处,上海商业储蓄银行、金城银行、中国国货银行也陆续在贵阳、安顺、遵义等地设分行。此外还出现了本土私立银行,著名的有刘熙乙、刘玩泉创办的聚康银行;由王伯群、帅灿章、伍效高、刘熙乙、赖永初等人出资创办的怡兴昌银号。1943年至1945年省内各地公私银行共100多家,[1]贵阳市有国家行、局和地方银行、商业银行26家。[2]战时各类银行多在贵阳设立分支机构,随着数量的增加,为加强各银行之间的联系与沟通,促进银行业的发展,贵阳银行业同业公会于1941年在科学路成立,处理银行业的有关事务。

工商业及银行业是经济发展中的重要组成部分,从这三个行业的发展可以看出,抗战前贵州的经济虽有发展,但增长是缓慢的。抗战期间,贵州成为西南大后方的重要部分,是沿海沿江工厂企业及资本内迁的省区,而国民政府也将贵州列入模范省建设的计划中,在内外因素下贵州经济呈飞跃式发展,且

---

[1]　贵州省人民政府财政经济委员会编:《贵州财经资料汇编》,出版单位不详,1950年,第433页。

[2]　钱存诰:《贵州金融市场发展简史》,贵州金融学会、贵州钱币学会编:《贵州金融货币史论丛》,贵州中国人民银行金融研究所《银行与经济》编辑部发行,1989年,第69页。

成为国民政府战时经济重要组成部分。

2.贵州进入战时文化圈

历史上由于经济的不发达及交通不便,贵州的文化教育长期落后于其他省区,但抗战时期国民政府对边疆教育的重视及迁入贵州的高校及知识分子带动了贵州文化教育的发展,贵州成为新思想传播及战时文化繁荣的地区之一。

首先是民众教育发展迅速,中小学、高等教育及社会教育都有明显进步。抗战以前,贵州的教育"尚在萌芽时代,学校很少,学生亦稀,精神和课程方面都不见有什么长处"。[①] 吴鼎昌任贵州省主席后,多次强调要发展贵州国民教育,并将其作为县政建设的一个重要方面,要求各县县长、各区乡镇保长在"每乡镇设中心学校一所,每保设国民学校一所"。[②] 在中小学教育上,不仅有省政府创办的学校,也有教育部、交通部及内迁高校创办的学校。1939 年全省有小学 3905 所,短期小学 1015 所。1945 年全省共有小学 10577 所。[③] 在中学教育方面,1938 年,全省有公立、私立中学共 33 所,在校学生 12155 名;[④] 1939 年全省有中学 43 所,在校生 13786 名学生;1940 年增加到 51 所,14587 名学生;1941 年增加到 78 所,学生 18991 名;1942 年为 92 所,21335 名学生;[⑤]1943 年增加到 115 所,学生 25711 名;抗战结束时学校增加到 128 所,学生人数为 29522 人。[⑥] 除省政府加大建设力度外,为缓解内迁失学子弟就读问题,1938 年教育部在铜仁、江口创办国立第三中学。同年交通部在毕节创办扶轮中学。1941 年教育部在清镇、都匀、桐梓、兴仁、黔西、平越(今福泉)创办 6 所中山中学。内迁高校也创办附属学校,吸收内迁失学子弟及当地学生就读。经抗战时期发展,贵州省中学学校数比抗战前增加了 4 倍,学生人数增加一倍多。迁入贵州的学校带动了地方学习风气,正如遵义一士绅所说,浙江

①　于曙峦:《贵阳社会的状况》,《东方杂志》,1924 年第 21 卷第 6 期。

②　吴鼎昌:《黔政五年》,出版单位不详,1943 年,第 72 页。

③　史继忠:《文化西迁到贵州》,贵阳:贵州人民出版社,2017 年,第 5 页。

④　何长凤:《吴鼎昌与贵州》,贵阳:贵州人民出版社,2010 年,第 43 页。

⑤　《贵州教育·中学教育》,出版单位不详,1943 年,第 57 页。

⑥　何长凤:《吴鼎昌与贵州》,贵阳:贵州人民出版社,2010 年,第 44 页。

大学迁入遵义后,带动了当地学子良好的学习风气,连他的小孙子也喜爱读书了。浙大师生诚朴的严谨学风,对当地学风产生深刻影响。许多学生家长都十分钦佩浙大学生刻苦学习的精神,鼓励子女求学上进。长期以来,遵义青年以经商、当兵、做小职员为前途,自此也发生了变化,读书风气渐浓,大学生和中学生的人数有了很大增加。①

抗战前夕,贵州没有一所正规高等学校,抗战爆发后,迁入贵州的高校有国立浙江大学、私立大夏大学、国立湘雅医学院、国立交通大学唐山工学院、私立之江大学工学院、华北乡镇学院、国立中正医学院、国立广西大学、国立桂林师范学院等高校。在内迁高校及学者的帮助下,贵州还成立了贵阳医学院、贵阳师范学院、贵州农工学院等高校。如贵阳医学院的成立是由北平协和医学院教授、著名的热带病学专家李宗恩,妇婴卫生专家杨崇瑞和公共卫生学专家朱章庚组成筹备委员会,于1938年3月正式成立,1941年秋创办附属医院。贵阳医学院是当时全国仅有的九所国立医学院之一。该院的成立不仅为流亡学生提供了继续学习的机会,而且也促进了贵州及西南地区医学的发展和人才的培养。1940年1月,经教育部同意,贵州省建立国立贵州农工学院(今贵州大学)。1941年10月,在大夏大学支持下,成立了贵州省第一所师范类高校贵阳师范学院(今贵州师范大学)。高等院校的创办,不仅方便本省学生报考就读,也为内迁学生提供了继续求学的机会,同时对贵州社会经济、文化、教育事业发展产生深远影响,也为"抗战建国"培养了人才。

在社会教育方面,为适应战时人口迅速增长及服务"抗战建国"的需要,各地民众教育馆充分发挥职能,利用馆内设施为所在市县民众服务,如放映抗战、防空等电影,举办各种展览。抗战时期国民政府对贵州教育的重视及内迁的文化学者改变了"贵州教育的落后面貌,形成了大学、中学、小学及职业教育、师范教育、边疆教育、社会教育的完整体系,是贵州教育史上一次历史性变迁"。②

---

① 贵州省遵义地区地方志编纂委员会编:《浙江大学在遵义》,杭州:浙江大学出版社,1990年,第38页。

② 史继忠:《文化西迁到贵州》,贵阳:贵州人民出版社,2017年,第4页。

在教育发展的同时,新闻出版也呈现勃勃生机。抗战期间,在贵州先后成立的通讯社有 26 家,[①]各县市创办和发行的报纸有 130 多种,[②]创办的报刊达到 184 种之多。[③] 出版的报纸杂志门类之多,涉及面之广,是贵州历史上所未有的。各种文化团体及各类报纸杂志,通过各种形式宣传抗日主张,传递各类文化信息,不断提高民众智识,丰富民众文化生活。贵州省民众教育馆利用巡回施教车,对公路沿线市镇民众进行施教,为当地民众所欢迎。

抗战时期有许多著名学者选择留居贵州,如吴泽霖、陈国钧、谢六逸等。他们在贵州继续从事科学研究,将所取得的成果向普通民众进行宣传,推动了贵州社会文化及科学技术的发展。此外,学者对贵州少数民族文化的研究揭开了它的神秘面纱。大夏大学社会研究部在吴泽霖、陈国钧两位先生的带领下对贵州的少数民族进行了大量研究,或将研究成果汇报政府,为政府制定政策提供依据,或将成果公开发表,让读者了解贵州少数民族文化,还将一些研究成果汇编成《贵州苗夷社会研究》,成为研究贵州少数民族文化的重要资料。

国民政府和大批工商企业及人员的内迁,是一次经济、文化、科技的内迁。中东部地区的人员、资本迁入贵州,给贵州带来了新的生产技术、思想观念、社会风俗和文化因子,对贵州社会经济文化发展和社会生活的改变产生了重要影响,贵州进入了战时经济圈和文化圈。一方面,贵州在经济、文化方面得到了迅猛发展,是"抗战建国"的大后方之一,为其提供人力、物力上的保障;另一方面,国民政府对贵州的开发及内迁学者对贵州的研究,使国人对贵州的认识更加客观和清晰,贵州逐渐进入国人视野。

---

① 马骏骐:《贵州文化六百年》,贵阳:贵州人民出版社,2014 年,第 433 页。
② 马骏骐:《贵州文化六百年》,贵阳:贵州人民出版社,2014 年,第 435 页。
③ 马骏骐:《贵州文化六百年》,贵阳:贵州人民出版社,2014 年,第 436 页。

第三节　公路网络的形成与绾毂西南的
　　　　交通枢纽地位

一、西南地区公路交通运输中心

交通运输是战争的补给线,也是后方民众生产生活的运输线,交通环境的好坏对战争胜败具有重要意义。正如时任交通部部长张嘉璈指出:"全面抗战以来,交通的重要性,随着军事的发展而益加增进;几使一般人相信,'抗战'与'交通',相为表里,不可或分";"抗战固以交通为命脉,而交通的维系,更以抗战的前途为依归",①"交通的便利与否,是战争胜败的一大因素"。②

对于贵州交通建设,曾任交通部长的王伯群认为贵州是西南交通建设的中心,贵州有"天然的地理,是在于西南各省的中心",因为贵州到西南各省的距离大致相差不远,利用这一地理中心,将贵州建成交通中心,这样在"管理上可以得到平均的便利",在时间和空间上能取得最好效能。贵州是一个待开发的地区,有丰富的资源,贵州的资源可以为抗战提供原料。资源的开发,交通的建设,无形中使贵州人口增加而成为交通网的中心。通过交通建设把生活在贵州的少数民族团结起来,提高他们的文化水平,改善他们的生活,使他们能为国家尽当兵杀敌的义务,王伯群呼吁"要整个西南打成一片,才能成为复兴我中华民族的根据地,所以贵州为交通中心是势所必然"。以贵州为西南交通中心的建设完成后,"百业繁荣,生产增加,那末可以尽量供给前方的消耗,使我们的国防基础确立起来,而对于抗战能够持久下去,最后的胜利才有把握"。③ 王伯群以贵州作为西南交通建设中心的论述考虑到了贵州的地理区

---

① 李占才、张劲:《超载——抗战与交通》,桂林:广西师范大学出版社,1996 年,第 3 页。
② 王伯群:《抗战建国与西南交通》,《东方杂志》,1938 年第 35 卷第 16 期。
③ 王伯群:《抗战建国与西南交通》,《东方杂志》,1938 年第 35 卷第 16 期。

位,看到了贵州在西南地区"内联外拓"的功能。

抗战时期,贵州省内公路建设迅速开展,首先是将军阀时期修筑的黔川、黔滇、黔桂、黔湘四大干线重新修整。

> 未完成者沟通之,已坍塌者修理之,其间有坡度过于险峻湾转过于急,不合于工程标准者,则悉为根本之改造,于是公路运输四通八达。[①]

军阀时期虽修筑了四大干线,但由于军阀割据思想的限制,四大干线未能与周边省份连通,如黔川路只修筑到桐梓。国民政府中央入黔后,由行营参谋团参谋陈克明主持续修,拨款 10 万多元,修通桐梓至松坎和崇溪河路段,黔川路才算连通。其他各路也在国民政府中央督促下陆续修筑整理,与周边省份连通。四大干线的修筑是在古驿道的基础上修建而成的,这些干线是"西南国家公路的一部分",[②]它们的修整连通,大大提高了贵州通往周边省份的公路运输能力,成为南来北往,贯通东西的重要交通运输线。其次对省内多条干线公路进行整修和新筑,1935 年至 1945 年修筑的主要公路里程约为 5712 公里,[③]为整个民国时期修筑公路里程数最多时期。

整理修筑的各条干线与新修的各主要支线形成了省内公路交通运输网,共同构建了战时贵州公路运输的交通网络,成为连接全省主要区域及西南地区的运输动脉,为抗战前线的军需兵员运输及后方人员物资运送的主要交通线路。

贵州公路交通网的建设完善,不仅方便了省内的交流沟通,更成为西南运输的主力军,这可以从战时西南地区公路运输量中来看(见表 1-3-1)。表格中统计虽是西南地区的公路运输量,但贵州是西南地区公路交通运输重要枢纽和连接点,可以从侧面说明贵州在战时西南地区公路运输中的重要作用。

---

① 中国航空建设协会贵州分会《航建旬刊》编辑部:《贵阳指南》,贵阳:文通书局,1938年,第 5 页。
② 何辑五:《贵州政坛忆往》,台北:中外图书出版社,1982 年,第 36 页。
③ 贵州省人民政府财政经济委员会编:《贵州财经资料汇编》,出版单位不详,1950 年,第 668～699 页。

表 1-3-1　西南公路历年客货运量统计表

年份	客货运总计（延吨公里）	客运		货运	
		人数	延人公里	吨数	延吨公里
1938—1939 年	32520203.549	962729	174334474	23417.277	11766099.499
1940 年	21043103.639	541636	61246763	19742.645	13751822.331
1941 年	23991069.95	508826	74343536	27750.6	15140649
1942 年	21691424.38	417958	58146752	30818.75	14769192
1943 年	16181466.743	324375	28040917	29085.093	12843262.280
1944 年	21085890.160	182952	25681787	45024.053	17719612.630
1945 年	29809001.299	63711	25922484	84879.479	27254961.299
1946 年	33832364.680	110095	80038786	41165.880	21147527.680
1947 年	22192633.890	44744	31672898	40347360	18179133.330
1948 年	11404451.623	37019	12558256	29401400	9928271.623
总计	233751609.913	3194046	571986659	371632.537	162500331.732

资料来源：《第十运输处三十七年度重要统计资料汇编》，贵州省档案馆：M12-4-1334。

　　贵州是西南地区交通枢纽的另一个重要表现是重要交通机构的设置。抗战时期，中央为加强西南地区的公路交通管理，设立了由中央直接管理的交通运输机构：交通部公路总局、中国运输公司、西南公路运输局、川滇东路运输局、西南公路管理局、西南进出口物资运输委员会、战时运输局等。

　　贵州省际公路的修建加强了贵州与外界的联系，省内各公路线的修筑也密切了省内各地之间的联系，使贵州成为贯通东西南北的重要交通枢纽，成为西南公路交通运输网络中重要节点，巩固了贵州在西南大后方的地位。湘黔、滇黔公路是京滇公路的一段，正如何辑五所言：

　　　　从首都南京为中心作观点，那京滇公路的黔境段是居枢纽的地位，以陪都重庆为中心作观点,在借道海防为出入港的时期,黔川桂的地位更具枢纽的重要,在借道仰光为出入港的时期,而在川滇东西两路未筑通以前,黔滇段与黔川段之重要性,也居于枢纽的地位。①

二、国际交通运输线的重要组成部分

1.国际交通运输线中贵州公路的连接作用

在抗日战争中,中国的国力落后于日本,国民政府意识到抗战除了要动员本国力量外,也需要国际社会的支持,特别是军事战略物资的获取,因此,"如何维持国际运输路线,乃有关中国存亡之问题,亦为我运输同仁以全力争取并达成之主要任务"。② 在日军封锁我国沿海各大港口,切断长江航运后,我国的物资进出口线路主要有两条:一是经黔桂公路运至广西,再经桂越公路到达越南海防,该路线在日军占领越南前是我国物资进出口的主要通道。二是经滇黔公路运至云南,再从云南进出口。在海防为日军切断后,云南成为物资进出口最为重要的出入境地点。国际交通运输线的通畅与否成为关乎抗战全局的重要问题,战时"国内运输最重要者,为接通国际路线之联络线",③无论是从桂越公路还是滇缅公路运输物资,贵州境内公路都在其中起到重要作用,贵州也成为国际运输路线中连贯东西南北的重要枢纽。

1940 年 6 月,日军攻占南宁,桂越公路被切断。为防止日军阻断广西与后方联系,国民政府于 1941 年初恢复修建沙八公路,④于 1943 年 2 月建成。该路开通后,大大缩减了广西到贵州路程,"由海防所吸收之国防民生物资的向内运输能量,自此大增"。⑤ 从云南运往广西的大部分物资通过该路运至黔桂交界地八渡,再运往广西抗日前线,可见这一路线开通对抗战的重要性。在

---

① 何辑五:《贵州政坛忆往》,台北:中外图书出版社,1982 年,第 30 页。

② 交通部秘书厅:《十五年来之交通概况》,出版单位不详,1946 年,第 69 页。

③ 交通部秘书厅:《十五年来之交通概况》,出版单位不详,1946 年,第 27 页。

④ 沙八公路:起于贵州晴隆沙子岭,经兴仁、安龙、册亨至黔桂交界处八渡入广西,全长266 公里,为连接黔西南至广西百色的干道。

⑤ 何辑五:《贵州政坛忆往》,台北:中外图书出版社,1982 年,第 30 页。

修建沙八公路的同时,由贵州省建设厅拨款补助,兴义、安龙两县自筹资金修建安龙县城至兴义顶效镇的安顶公路,全长 52 公里,于 1943 年建成通车。该线虽不长,但该线路的建成使云南经贵州兴义与广西等地的抗战物资及贸易物资运输,不必再经兴仁,而直接从兴义下安八路,由此而减少运输里程,缩短运输时间,提高运输效率。

滇缅公路是抗战时期重要的国际交通运输线。滇缅公路通车后,来往车辆及人员川流不息,"昼夜不停地抢运物资,形成分秒必争的极为少有的紧张运输局面"。[①] 对于滇缅公路的研究,学者对云南境内的公路线路研究较多,对于贵州境内的公路线路研究较少。但滇缅公路作为抗战时期我国重要的国际交通运输线,不仅是滇境路段与缅甸连接显得重要,黔境路段作为连接缅越、重庆及抗战前线同样非常重要。滇缅公路修通后与桂越线成为中国两大国际运输线,但由于越南政府对日本态度时表怯弱,只能转运普通货物,军品运输实际上仅滇缅路一线。[②] 滇缅公路的修建可以"摆脱日军对我国的封锁,外通缅甸的腊戌、曼德勒(瓦城)、仰光;内联川、康、黔、桂四省,成为我国大西南的重要国际交通命脉"。[③] 作为抗战后方交通运输枢纽的贵州,在滇缅战场及整个二战中默默发挥着作用。

1942 年日军攻占缅甸,中国的国际交通生命线被切断,为继续支持中国抗战,盟军开辟了从印度北部至中国境内的"驼峰"航线和中印公路。无论是中印公路还是"驼峰"航线,物资运送到昆明后,都必须经过滇黔线向重庆和抗战前线运输,黔省公路的运输枢纽地位更加凸显,物资运送到贵阳后,通过川黔线、川滇东路运送到重庆及其他抗战后方,通过湘黔线、黔桂线、黔桂西路运送到抗战前线。贵州公路在整个抗日战争期间承担着运输援华物资、运送远征军和国内土产外销的重要任务,成为连接国际战场与中国战场、抗战前线与抗战大后方的重要桥梁和纽带。

2.援华物资及远征军运输

贵州作为国际交通枢纽重要组成部分还可以从贵州公路上运输的进出口

---

① 李松:《天堑通途:中缅印抗战生命线》,哈尔滨:北方文艺出版社,2015 年,第 69 页。

② 广东省档案馆:《西南运输总处战时运输史》,《档案与史学》,1996 年第 5 期。

③ 杨实主编:《抗战时期西南的交通》,昆明:云南人民出版社,1992 年,第 88 页。

物资及远征军人数来进一步证明。

在越南被日军占领前,援华物资及我国的进出口贸易很大一部分是通过海防经滇越线和桂越线进行的。物资由香港运至海防,可由滇越铁路经河内、老街口达昆明,或由海防经河内以汽车运至镇南关后到南宁。从全面抗战开始至 1939 年 11 月,通过越桂公路运入国内的汽油、器材等约 444000 吨。[①]桂越公路在港粤通道中断后成为国际援华物资的重要通道,是"抗战输血管"。

滇缅公路是我国物资进出口及援华物资运输的交通要道,特别是军品之运输"实仅有滇缅一线"。[②]滇缅路开通后,进口物资数量陆续增加,1939 年11 个月的运入量为 27980 吨,1940 年为 61394 吨,1941 年为 132193 吨。[③] 据当时日本参谋本部的推测,从 1939 年 9 月至 1940 年间,滇缅公路每月运入的军用物资已达一万吨。[④] 通过滇越铁路、滇缅公路运至昆明的物资以及存放在蔗放、芒市、保山的战略物资都要用汽车通过滇黔路及贵州省其他公路转运至大后方和抗战前线。[⑤] 1939 年至 1941 年,从滇缅线运入的物资共 369161吨,其中油类占 1/3,为所运物资中的首位。[⑥]

太平洋战争爆发后,中国远征军进入印缅配合盟军作战,大量中国军人进入印缅战场。贵州不仅是远征军的补给地,也是远征军进入印缅战场的必经之地。1943 年 11 月至 1944 年 4 月中旬,西南公路运输局运输远征军累计发车 1042 辆,累计人数 26520 人。[⑦]

---

① 广西壮族自治区公路运输管理局:《广西公路运输史》,南宁:广西人民出版社,1990年,第 134 页。

② 龚学遂:《中国战时交通史》,上海:商务印书馆,1947 年,第 93 页。

③ 黄菊艳:《战时西南运输档案史料》,《档案与史学》,1996 年第 5 期。

④ 日本国籍政治学会太平洋战争原因研究部:《通向太平洋战争的道路(进入南方)》,东京:日本朝日新闻社,1963 年,第 187 页,转引自韩继伟:《贵州公路运输在抗战重大的"转接"作用》,《曲靖师范学院学报》,2013 年第 1 期。

⑤ 韩继伟:《从滇缅公路运输的三个阶段看中英美日等国际关系》,《广西社会科学》,2012年第 5 期。

⑥ 龚学遂:《中国战时交通史》,上海:商务印书馆,1947 年,第 99 页。

⑦ 《西南公路运输局 32 年 11 月至 33 年 4 月中旬止运输远征军运量运费统计表》,贵州省档案馆:M12-4-4397。

表 1-3-2　西南区 1943 年 9 月至 12 月运量表

月份	项别							
	军运人数				军品吨数			
	渝筑线	曲筑线	金筑线	湘筑线	渝筑线	曲筑线	金筑线	湘筑线
9 月	无	717	无	无	1286.5	2998.25	2798.5	472
10 月	无	6637	无	无	1775.25	4159.75	3071.298	600.21
11 月	无	5258	无	无	1752.5	3664.25	2980	536
12 月	无	10956	无	无	2504.31	4190.796	3514.664	379
合计	23568				36683.278			

资料来源:《西南区 32 年 9—12 月运量表》,贵州省档案馆:M12-4-5357。

从表 1-3-2 可以看出,贵阳是西南地区人员物资运输的枢纽中心,1943 年 9 月至 12 月四大干线运送部队人数为 23568 人,均由曲筑线运输,军品运送吨数为 36683.278 吨,其中曲筑线运送军品吨数最多,为 15013.046 吨,是物资运输的主要干线,占据了四大干线运输量的 41%。湘黔线的运输量在四大干线中是最少的,这主要是由于日军控制该地区,截断运输线路。此外,从贵阳公商车辆调配所与曲靖调配所关于部队运量的往来文件中看到,1944 年在贵州补充的兵员及运送人次共 43593 人,总计发出车 1089 辆次。[①]

贵州是西南交通的重要孔道,古为西南地区驿道的重要连接点,在抗战时期更为西南公路交通重要枢纽,以湘黔、滇黔公路为重要组成部分的京滇公路是西南地区连接南京与西南的唯一公路干线。同时,贵州也是沟通四川、广西与国际的重要渠道。物资到达云南后沿滇黔线、川滇东路或川黔线经贵阳到达重庆、成都,运往广西的物资可以通过黔桂西路运至广西百色,再进入广西其他地区。抗战时期,大量的军需民用物资运往后方和前线,难民经各公路线迁移到后方,而公路也是军队前往前线的重要线路。1938 年广州武汉沦陷,

---

[①] 《部队运量(1944 年)》,贵州省档案馆:M12-4-4346、M12-4-6335、M12-4-6349、M12-4-6352。

长江运输被日军切断,东南沿海也相继沦陷,军需民用物资的进口、土特产品的出口都需要通过国际交通通道运输,中缅、中越交通运输线愈趋重要。贵州因与云南、广西毗连,其特殊的地理区位成为四川、重庆南下入广西经越南到达东南亚,西出经过云南到达印缅的国际通道的连接点。曾任贵阳市市长的何辑五对贵州连接东南西北的战略地位做了比较完整的总结:

> 第一,旧时贵阳对外的交通,都只靠着几条人行的大道,而在抗日战争发生之前,这些大路,都改成公路。本人在前面贵州公路发展的经过中,曾有详细的叙述,黔人所谓四大公路,就是西南国家公路的一部分,而且都是相交于贵阳。第二,抗战期间西南各省地来往,贵阳成为必经的孔道。例如长江下游至陪都重庆的路线,自宜昌沦陷以后,大多数的客运与货运,都取道湘西的公路经由贵阳,当时粤汉铁路北段尚能畅通,粤汉路并自衡阳建筑湘桂铁路,向西南延伸,经由桂省西北而至黔南的都匀,客货运也有经此而达重庆,贵阳仍为必经的孔道。第三,南部沦陷后,香港仍为走私商人的目标,其陆上的终点,是香港对岸的沙鱼甬,经过一段艰辛的运输路线而到达桂省,也是取道贵阳而至陪都。第四,缅甸未沦陷时,仰光为我国的客货出入口咽喉,滇缅公路筑通后,昆明成为客货集中地区,转输至陪都,贵阳仍然是必经路线之一。[①]

小　结

在元代修筑驿道以前,贵州不仅远离政治中心,且处于四川、云南、湖广三省的边际交界地,在行政建置上时而归属湖广,时而划属四川。元中央王权为加强对西南地区的治理,修建驿道,特别是开通湖广至云南的驿道,贵州的战略地位显现。明代贵州建省,"以一线通云南"。元明清时期贵州驿道系统的

---

①　何辑五:《贵州政坛忆往》,台北:中外图书出版社,1982年,第36~37页。

建设及完善，使贵州成为西南地区的重要通道，加强了贵州与外界的联系，但是通道地位的形成也使贵州成为过路站而非目的地。贵州战略地位尽管重要，但也只是中央王权进一步加强西南地区治理的通道。贵州既不靠近内地（如四川、湖广），又不临靠边疆（如云南、广西），既无内地的经济文化优势，又无边疆的地理优势，地位十分尴尬，在发展过程中长期处于后进地位。

随着国民政府政治中心西移，贵州成为"抗战建国"的后方基础、陪都重庆的南方屏障及绾毂西南交通的枢纽。不断建设和完善的现代公路交通运输网在战时发挥重要作用，湘黔、黔桂、滇黔、川黔、川滇东路、黔桂西路及省内县道使贵州成为绾毂西南的公路交通运输中心和国际交通运输线的重要组成部分，从内地进入西南转到重庆、成都、昆明都须经过贵州，从缅甸仰光、越南河内输入的国际援华物资也要通过贵州公路转运至抗战前线和其他地区，贵州成为西南公路运输的枢纽。同时，贵州也是沿海沿江工厂企业、金融资本等内迁的接收地，工商业经济得到较大发展，贵州进入"战时经济圈"。各类学校及知识分子迁到贵州，贵州也创办了一批大中专院校及中学，成为抗战时期文化活动的大舞台而进入"战时文化圈"。贵州社会各方面呈现飞跃式发展，而在交通建设上，贵州的公路交通发展呈突变式推进，并发挥着重要作用。

第二章　筑路工程的技术标准、 施工费用与民工管理

　　公路修筑是国家权力在实践上的运用，通过政策、技术标准的制定、筑路经费的筹集与管理来实现。公路建设是一项国家行为，但它离不开地方政府及民众的支持。本章从公路修筑计划与技术标准、施工费用及民工管理等方面探析政府的筑路行为，及在筑路过程中对地方社会的管理与控制。

第一节　公路修筑计划与技术标准

一、国家政策与计划制订

1.军阀时期贵州筑路计划

　　贵州的公路修筑是在周西成主持下起步的，筑路政策与修筑计划具有明显的军阀色彩。周西成主政时期开始修筑公路，其修筑公路一是受邻省影响；二是他希望发展贵州经济，加强其在贵州的统治。① 因此，他制定了"通江达海"的筑路方针，发展贵州的公路交通。毛光翔、王家烈时期的筑路方向基本承袭周西成的计划，为抗战时期贵州的公路建设打下了一定基础。1926 年 7

---

① 　林辛:《贵州近代交通史》,贵阳:贵州人民出版社,1985 年,第 99 页。

月,周西成将贵阳市政公所改组为贵州省路政局,并制定《贵州省全省马路计划大纲》,作为全省公路建设的指导性文件,指出"整顿交通,实为吾黔今日先务之急也";"以贵州山路之崎岖,河道之浅狭,航轮固难通行,铁道亦敷设不易。因地制宜,工简用宏,则修筑长途汽车路,通行汽车,实为贵州陆上交通最适当之工具"。① 《大纲》将公路分为干路和支路,干路分东西南北四条,以贵阳为中心,连接四川、湖南、广西、云南四省。支路分别以各干线为经线,沿干线上重要市镇修筑,同时修筑两条道路为纬线,以达到"路线交错往来,形如蛛网"。《大纲》还对四大干线的起讫地点及沿途经过主要地区均做了规定,计划修筑全省公路 13620 公里,并对道路的设计、筑路的先后顺序、路工、经费及督修机关均做了明确规定。同时还对贵阳修筑环城马路进行了说明和规划。环城马路的筑修"以应新都市计划之壮观","以应市区范围之扩张","更以谋市民交通之便利"。② 环城马路修好后,四大干线可与之相连,实现贵州省内交通干线与省城交通的连接贯通。

军阀时期贵州公路修筑除黔桂路于 1934 年春连接广西外,其余东西北三条省际干线均未与湘、滇、川等省连通。该时期贵州公路的修筑体现了军阀思想的局限性和狭隘性,周西成、毛光翔、王家烈修筑公路,其首要出发点是巩固自身统治。如周西成主政时期贵州公路修筑均未与周边省份连接;毛光翔时期致电川、桂、滇等省政府,希望与各省选择合适地点作为省际道路的衔接点,但始终没有修筑贯通;王家烈主政时督促修通黔桂线,但其目的是加强与广西陈济棠、李宗仁的联系,共同抵抗蒋介石。

1935 年国民政府主政贵州后,加强了对贵州公路的建设,这是因为:一方面,在"围剿"红军的过程中,国民政府深感贵州交通的落后,不利于"公路协剿"政策的实行;另一方面,国民政府中央对贵州有了实际的管理权,就能控制整个西南地区局势,"果黔局解决,则西南形势大变,积极消极皆可制某方死命",要求曾养甫与薛岳"切取联络"。③ 在国民政府的督促下,改组贵州省公

---

① 《贵州全省马路计划大纲》,贵州省档案馆:M86-1-437。

② 《贵州全省马路计划大纲》,贵州省档案馆:M86-1-437。

③ 袁惠常:《蒋中正"总统"档案·事略稿本》(第 30 卷),台北:"国史馆"印行,2007 年,第490 页。

路局,并划拨经费,于1935年修通了贵阳经甘粑哨、鲇鱼铺至湖南晃县的黔湘公路和从贵阳经遵义、桐梓至重庆的川黔公路。至抗战爆发前修通了从贵阳经安顺、盘县、胜境关至昆明的滇黔公路。至此,先后修通了贵州通往邻省的干路。四大干线使贵州与周边省份的联系得到加强,也成为战时西南公路交通的重要运输线。

2.抗战时期国民政府对贵州公路的改善和修筑

抗战全面爆发后,国民政府迁都重庆,贵阳作为缩毂西南的交通中心,又是陪都重庆的南方屏障,加强贵州的公路建设,完善公路交通运输网,以适应抗战需要,沟通省内外物资流通及人员交流,支援前方抗战,是抗战时期国民政府加强贵州公路建设的首要目的和任务。

(1)改善四大干线。

抗战爆发前,贵州四大干线公路基本筑成,而战时运输的激增,使原有道路难以满足需要,急需加以修整。表现在:第一,贵州与湘、桂、滇、川四省相连,是后方物资送往前方的必经之地,也是国际援华物资和贸易进出的中转中心,"各方车辆均集于斯,运输频繁"。[1] 这使得经过黔地的车辆迅速增加,增加了对公路的损坏。四大干线成为"交通命脉,举凡物资之供应,人口之异动,咸惟斯四大干线是赖,每日通行车辆,由二三十辆突增至二三百辆,每车载重,亦由一二吨增至三四吨,更有特种车辆,载重达十三吨以上者"。[2] 第二,贵州公路在修建时,因资金、技术、地势等因素,工程质量受到影响,一些工程及危险路段尚需完善。如川黔线在修筑时工程多不符合标准,"急弯陡坡,随处皆是,尤其乌江两岸以及遵桐间之娄山关,铜松间之凉风垭、花秋坪、掌子岩等地,曲折高耸,最为危险"。[3] 第三,渡口的运输能力低下。如乌江渡口、重安江等,车辆行驶至此,需要渡船过江,费时费力,严重影响运输效能。乌江渡口如果遇见涨水,待渡的车辆需等候10~20小时。这些情况不仅影响公路运输

---

① 中国第二历史档案馆编:《中华民国史档案资料汇编·第五辑第二编·财政经济(十)》,南京:江苏古籍出版社,1997年,第68页。

② 何辑五:《十年来贵州经济建设》,南京:南京印书馆,1947年,第16页。

③ 贵州省人民政府财政经济委员会编:《贵州财经资料汇编》,出版单位不详,1950年,第670页。

能力,对乘客及运送物资都造成一定危险。因此,国民政府首先对四大干线进行改善,一是改善路面通行情况,对坡度较高、弯度较大的地段重新测量;二是重新修筑重要桥梁及涵洞。

(2)新修重要干线。

在改善四大干线的同时,国民政府决定新修川滇东路、桂穗公路、玉秀公路、黔桂公路四条战略公路,以加强黔省与邻省公路的连接,增强运输效能。川滇东路由四川隆昌,经泸州、纳溪、江门、叙永,过赤水河入黔境,经毕节、赫章、威宁、哲觉,经杉木箐入云南宣威、沾益、曲靖达昆明,全长974.7公里。川滇东路为当时由昆明入川的捷径,该路修通后,来往云南、四川的人员物资可不用绕道贵阳,减少里程233公里。川滇东路的修通"一面沟通西南西北两国际路线,一面完成西南公路路线网",[①]是战时一条重要的运输路线,据1943年该路管理处处长马轶群报告,由该路运输的军品物资达五万吨。[②] 玉秀公路由贵州玉屏起,经铜仁、松桃至四川秀山的石耶司,全长187公里。该路北接川湘公路,南连黔湘公路,是川黔湘三省边区要道。该路的修筑可以便利对湖南的军需供应,增进铜仁汞矿的出口。桂穗公路由贵州三穗经湖南靖县至广西桂林,该线可通过三穗至玉屏段与玉秀公路相连,形成与重庆、贵阳、柳州线平行的另一条干线。黔桂西路由广西百色经贵州安龙、兴义至云南罗平,是连接滇缅公路的一条战略要道,特别是日军进犯广西后,为支援广西前线,该线的修筑更为迫切。该线修筑后,由昆明运往广西的物资不必经黔滇路、黔桂路,直接通过安八路运至前线。

(3)发动筑路竞赛,修筑县乡道,将省内重要城镇连接起来,成为抗战和战时贵州经济发展的重要基础。[③]

为完善贵州公路交通网,"以利军运而固国防",同时省政府考虑到贵州各县"民力实有未逮,概由政府补助,又非力所能及",制定了《贵州省政府补助县道特工经费暂行办法》,斟酌各县情形及拟修筑各县道之轻重缓急,酌予补助

---

① 周健民:《川滇东路之管理与运输》,《交通建设》,1943年第1卷第11期。

② 夏润泉主编:《贵州公路史》(第1册),北京:人民交通出版社,1989年,第153页。

③ 贵州省人民政府财政经济委员会编:《贵州财经资料汇编》,出版单位不详,1950年,第668～669页。

特工经费。补助原则为:①该县道为本省大宗出口产物之运销要道;②该县道为与邻省水陆运输之联络线道;③该县道为本省公路干线与邻省干线相衔接之支线;④该县道为国际运输线道之一部分;⑤该县道为军事上必需之要道。① 1942 年起,省政府发动筑路竞赛,要求各县筑修县乡道,将其作为各县建设工作之一,并制定《三十一年度各县修筑县乡道竞赛办法》,规定按各县壮丁数量,分别修筑县道和乡道至少三十公里。同时颁布《贵州省乡村道路工程设计》,对县乡道路修筑进行指导和规划。道路的修筑标准分为甲乙两种,甲种可通行汽车、马车、板车,路基宽 5 米,路面 2.5 米,最大纵坡度 15％;乙种能行驶马车、板车与人力车,路基宽 3 米,路面宽 1.5 米,最大纵坡度 18％。在经费上,除少数特工巨大工程由省政府"酌予补助外",其余采取"多用民力少用民财"的原则修筑道路,这虽节约了财政支出、减少了人民负担,但也降低了道路修筑的质量。县道的修筑希望达到的目标有三:一是与干道连接,使干道附近的县份能与干道衔接;二是加强县与县之间的联络与往来;三是使县城与重要乡镇连接。② 各县乡在省政府与各县政府筑路竞赛思想的指导下掀起了筑路高潮,县乡道路修筑里程数参见表 2-1-1。

表 2-1-1　1942—1948 年年筑成县乡道路里程统计表　　单位:公里

年度	乡道	县道	合计
1942 年	5337.641	1804.740	7142.381
1943 年	4440.500	1773.250	6213.750
1944 年	856.930	182.100	1039.030
1945 年	2766.980	1229.305	3996.285
1946 年	2767	853.613	3620.613

① 《制定贵州省政府补助县道特工经费暂行办法公布实施》,《贵州省政府公报》,1938 年第 7 期。
② 何辑五:《十年来贵州经济建设》,南京:南京印书馆,1947 年,第 32 页。

续表

年度	乡道	县道	合计
1948 年	743	637	1380
总计	16912.051	6480.008	23392.064

资料来源：贵州省人民政府财政经济委员会编：《贵州财经资料汇编》，出版单位不详，1950 年，第 728 页。

省道、县乡道路建成不仅密切了贵州与周边省份的联系，也加强了省内各县之间的往来。如遵义经湄潭、凤冈、德江属的煎茶溪到思南县城的遵思路，全长 210 公里。遵义是黔北重镇，地处黔川路咽喉，湄潭、凤冈与邻近的印江、铜仁、沿河等县与川、湘两省相邻，川、湘两省如遇战争须仰赖湄潭、凤冈等县补给。沿线所产木材、茶叶、桐油等也可运销四川、湖南等地。省、县公路的修通既满足了战争需要，加强各县之间经济物资及人员往来交流，同时也使政府权力深入到县镇，强化对基层社会的治理。但需要指出的是所修的县乡道路在质量上存在较为严重的问题，使政府试图将各县乡道路与干线连接，加强各县之间、县镇之间的联系与往来的意愿打了折扣。因为省政府将修筑道路的多少作为考核业绩的一个标准，为完成目标，各县大都敷衍塞责，工程标准极为简陋，完成后又缺乏养护工作，路面桥梁日渐残破，路基容易松陷，遇雨天不能行走，经营数年的县乡道等于只完成了初步的土方工程。①

国民政府主政时期，贵州的公路建设得到快速发展，具有明显特点。第一，以政府为主导，动员全民参与。此时期贵州公路建设一般以委员长行营或公路运输管理机构，或省政府的行政指令指挥修筑，经费由政府出资或筹集，成立公路工程建设指挥机构。如在修筑安八公路时成立"黔桂西路贵州省安八路总段工程处"，负责指挥公路修筑。工人多为沿途各县征集的民工，自带工具与口粮，政府只发给少许补贴，如在整修湘黔路时征集民工 57900 人，川

---

① 贵州省人民政府财政经济委员会编：《贵州财经资料汇编》，出版单位不详，1950 年，第 723 页。

黔线征集民工 39500 人。[①] 第二,分段承包,重点特聘。公路建设一般采用承包的方式,由公路线所经各县负责组织民工在技术人员指导下修筑公路,明确各县承包路段,如安八公路由安龙、兴义、兴仁、贞丰、册亨 5 县负责。一般的公路土石方挖掘和路面铺设多以民工为主,但在涵洞、隧道、桥梁等技术要求高的重点工程,工程指挥处会聘请专门技术人员或施工队伍进行修筑,确保工程质量。第三,公路发展呈"低—高—低"形态。贵州的公路建设起步较晚,在抗战时期得到迅速发展,抗战结束后,处于衰落阶段,有学者将贵州公路发展形容为"低—高—低"的马鞍形发展形式。[②]

二、路线勘探与工程规划

1926 年制订的《贵州省全省马路计划大纲》中对道路的修筑做出规划,先修筑环城马路,"以树全省之模范而为各县之总汇",该路于 1926 年 8 月动工修建。对四条干线的修筑顺序是同时修筑贵北线和贵西线,再次修筑贵南线,最后修筑贵东线。1926 年 12 月,贵州省路政局派员勘测黔滇路贵阳至安顺段及黔川路贵阳至赤水段,这是贵州采用近代工程技术勘测公路之始。为此,聘请了华洋义赈会美籍工程师塔德作为指导,并聘用工程师黄荣德、汤云合会同赵秉远、窦善祥技正及技术人员多人,以及其他行政管理人员共 70 人组成勘测队,对贵安段及贵赤段进行勘测。1927 年派工程师黄荣德带队勘测黔桂公路。1929 年勘测黔湘公路及其他次要路段。据统计,1926 年至 1929 年共勘测路线 11 条,总长 1400 公里。[③]

1929 年贵州省政府颁布《长途公路修筑暂行条例》,该条例对公路分类、技术标准及勘测施工都进行了明确规定,明确干线为本省与邻省、省会与省内重要城市的交通路线,支线为县与县、县与重要乡镇的交通路线。对勘测施工

---

① 张肖梅:《贵州经济》,中国国民经济研究所,1939 年,第 E4、E5 页。

② 林辛:《贵州近代交通史略》,贵阳:贵州人民出版社,1985 年,第 166 页。

③ 《贵州六百年经济史》编辑委员会编:《贵州六百年经济史》,贵阳:贵州人民出版社,1998 年,第 291 页。

工作进行了具体规定,要求在勘测工作结束后要绘制平面图、纵面图、横断面图、排水设备的断面图等,同时对路基、路面、排水设备、安全设施的设计和施工要求均做了明确的规定。只可惜在勘测和施工过程中,由于各种原因,《条例》所规定的内容没有得到很好地完成,这是时局混乱及军阀本质所决定的。在颁行的《贵州建设厅公路处勘测规程》中对勘测组织构成、勘测方法、勘测调查报告事项等均进行了具体规定。①

军阀时期修筑的公路因经费和技术等原因,工程质量较低,坡陡弯大,曲线半径较小。国民政府主政后,对贵州公路的整理修筑主要体现在进行工程的改善,提高工程质量。在对主要干线进行改善时,首先对最危险路段进行改善。如在整修湘黔公路时,1935 年 9 月设立整理贵东路工程事务所,先将最危险的文德关、镇雄关、望城坡、鹅翅膀等处重新修筑。1936 年对全线路面进行翻修,改造或增添桥涵水管,增加渡口,加宽路基,陡坡急弯一律修改。② 抗战爆发后,全国经济委员会西南公路运输总管理处为提高西南各路运输能力,委托贵州省公路局对四大干线进行改善,委托代办工程有马场坪至六寨间桥梁、涵洞、水管的整理及路基、路面的整理;乌江渡码头的增建和渡船的增加与修理;重安江码头的改造及渡船设备的增加;施秉河码头的改造及渡船设备的增加;黔湘路蜜蜂坡改线;黔滇路水石阶改线。③ 这些工程都是所在路线重大工程,改善后将大大提高四大干线的运输效能,以适应紧张的军事运输。

抗战期间因军事运输繁忙,为加强黔、川、滇、粤、湘等省的公路运输能力,提高运输效力而新筑了黔桂西路、川滇东路、玉秀公路和桂穗公路。安八公路是黔桂西路重要组成路段,该公路线是经公路水道交通会议议决修筑之线,西南公路运输管理局会同贵州省建设厅工程测量队联合测量,组成安八公路测量队。测量队分两队同时进行勘测,每队分选线、水平、断面、地形各班,人员由职员、测工、小工、杂工、卫兵组成。一队由安龙出发,一队由册亨出发,两队

---

① 《贵州建设厅公路处勘测规程》,《贵州省政府公报》,1930 年第 39 期。

② 贵州省公路管理局编:《抗战四年来之贵州公路·工程》,出版单位、时间不详,第 11 页。

③ 贵州省公路管理局编:《抗战四年来之贵州公路·工程》,出版单位、时间不详,第 15 页。

同时测量。测量队的工作非常辛苦,经过的地方人烟稀少,每次迁移必用的行李用具搬移困难。因此在测量队勘测告一段落后即行开工,因沿线人口稀少,在筑路规划上采取征工和承包的方式进行道路修筑,争取在入夏前瘴疬最盛行路段先开工修筑,入夏后瘴疬盛行路段停止工作,调集工人到邻段从事采办路面石料等工作,全路在冬季前赶筑完成。①

三、工程人员类型与技术培训

贵州公路修筑主要依靠以下三类人员:第一类是民工,他们通常是路线经过的沿途乡镇的普通民众,在筑路上几乎是义务劳动,主要负责路基土方等技术性不高的基础工程。如 1935 年国民政府对黔滇公路进行清修时,制定了《修筑黔滇公路征用民工服役暂行规则》,规定石方、桥梁、涵洞、水管、石沟等工程由行营公路处负责办理,在路基土方上征调镇宁、关岭、郎岱、安南、兴仁、普安、水城、兴义、盘县等 9 县民工 18590 人修筑,委任民工所属各县县长兼任督工员,②督导民工工作。第二类是包工,主要是具有一定技术的工人,负责桥梁、涵洞、隧道等修筑。如 1941 年公路管理局对铜(仁)玉(屏)公路进行改善,该路的桥梁、涵洞、保坎、码头等工程分包给承包商,并规定完工日期,如逾期未完工承包商须每日支付 10 元至 20 元不等的罚金。③ 第三类是具有一定勘测筑路知识的技术人员,一般由政府指派,指导监督民工公路修筑及负责工程建设其他事项。1942 年 6 月建设厅颁发《建设厅派驻各公路工程处督工人员服务暂行规则》,规定督工人员对工程有随时随地督察的职责,并且每月最少在全线巡视二次并向建设厅提交巡视报告。同时,要切实考察民工及承包

---

①　《安八路测量队组织经过情形及拟具开工步骤请鉴核转呈交部备案(1939 年)》,贵州省档案馆:M61-1-174。

②　贵州省地方志编纂委员会编:《贵州省志·交通志》,贵阳:贵州人民出版社,1991 年,第 48 页。

③　《公路管理局铜玉路改善工程处工程合同(1940 年)》,贵州省档案馆:M86-1-584。

商的力量和工作效率，以保证公路修筑质量。①

　　1926 年，周西成主持筑路之初，勘测、筑路的技术人员均为外聘。1927 年，贵州省路政局曾在贵阳紫林庵举办过一次司机、技工训练班，共训练司机、技工 100 人。为加强筑路技术人员的培养，贵州省公路处向建设厅提出组织道路工程研究班，培养专门的测量技术人员，"分组训练，实地勘测，并教以工程设计等一切学理，以备将来派赴桐渝及其他各路勘测之用"。② 建设厅公路局于 1931 年 2 月成立道路工程人员养成所，开设课程有党义、数学、力学及水力、材料学、大地测量学、道路测量学、制图学、道路工程学、市政工程学、桥梁工程学、建筑学、汽车学、公牍、路市行政、工人管理、训育、测量实习、制图实习、工程计划等课程。从所开设的课程来看，养成所力图将学员培养成兼具测量、制图、工程设计及工人管理等方面素质的综合人才。在同年底毕业的 69 名学员中（其中 2 名为女生），成绩属甲等的 10 人、乙等 29 人、丙等 30 人。根据道路工程人员养成所学员能力审查表，该批学员年龄在 16～35 岁之间，学历基本上是中学或同等学力，只有 6 名是服务公路有年的。③ 这些学员毕业后，根据毕业成绩被分别委任职务，参与到道路勘测与修筑的工作中。

　　1937 年，省政府将贵州省立初级职业学校改名贵州省立贵阳职业学校，增设高级土木工程科，是为贵州最早设有土木工程学科的专业学校。1940 年，贵州省立贵阳高级工业职业学校成立，开设土木、机械、化工、水利、电机等 5 个专业，贵阳职业学校土木科划归该校，直接为贵州公路建设培养专业技术人才。1942 年，贵州省政府推行乡村道路修筑竞赛，乡村道路建设如火如荼开展，使原本不敷任用的道路测量人员更显稀缺，为解决这一问题，隶属于建设厅的工程测量队队长张庆泗提出从各县筑路造林专款项下拨出十分之一的经费创办工程干部人员训练班，并购置简单的测量仪器分发各县使用。建设厅基本认可这一提议，并制定了训练班的计划及经费预算。在计划案中明确

───────────────

① 《贵州省建设厅派驻各公路工程处督工人员服务暂行规则（1942 年 6 月）》，贵州省档案馆：M61-1-166。

② 《公路处呈报组织工程研究班（1930 年 7 月）》，贵州省档案馆：M86-1-33。

③ 《道路工程人员养成所毕业学员成绩表（1931 年）》，贵州省档案馆：M86-1-41。

指出训练班的开办以"供应本省土木工程人才之需要及配合新县制建设事业为宗旨",并规定训练班每期 8 个月,每期名额为 80 名。训练期满,考试合格人员按成绩优劣分派建设厅各附属机关正式任用,并在两年内绝对接受建设厅的调派。[①]

第二节　建设经费筹集与收支管理

一、建设经费来源

贵州是典型的喀斯特地貌,山多平地少的自然地理环境增加了公路修筑的成本,经费的筹集在军阀时期与国民政府主黔时期有所不同,但总体上主要是由政府承担筑路费用。

在公路修筑之初,省政府从三个方面筹集经费,一是筑路经费由省政府拨给,路政机关的经常费按月由金库支出;二是本省华洋义赈会工赈款,主要用于灾工衣食住费用的开支;三是发行路政公债,主要用于筑路工人工资及土地征收费用。筑路经费以省府拨给经费及公债为主。在 1930 年贵州省建设厅制定的公路实施办法第八条中也规定"公路建设经费视其性质,以省款及公债券分别支给"。[②] 由公路局拨款给各路政分局,特工经费基本由省政府拨给。据统计,从 1927 年至 1929 年路政局拨给各县路政分局工程经费总额为大洋455963 元。[③] 在修筑贵南路时,贵定县向公路处申请补修公路的特别工程费

---

① 《贵州省政府建设厅创办土木工程人员干部训练班计划案及经费预算(1942 年)》,贵州省档案馆:M61-1-66。

② 《贵州省建设厅制定公路实施办法(1930 年)》,贵州省档案馆:M86-1-437。

③ 《贵州建设厅公路处照抄路政局发给各县路政分局工程经费数目一览表》,贵州省档案馆:M86-1-926。

大洋 66179 元。① 修筑三都支路时,工程主任周炳骥向公路处申请麻江、都匀、八寨、三合等段特工经费 72075 元。② 虽然贵州地贫人穷,但从这些数据中也可以看出政府对公路修筑的重视。

国民政府主政贵州后,为配合公路"协剿"政策的实施,国民政府及委员长行营拨款对主要干道进行整修。据统计,1935 年 3 月至 1937 年 1 月国民政府在川黔、湘黔、黔滇等路的整修经费上共拨款 3071267 元。③ 除了中央政府拨款外,省政府也投入一定的款项修筑公路,同时从其他捐税中抽出部分经费支持公路修筑。1935 年修筑贵北路桐松段经费就是如此,省政府拨款 114000元,中央政府拨款 50000 元,另从盐捐中支付 90955.19 元。④

抗战时期,为完善贵州省内交通网络,"以利军运",省政府倡导各县修筑县道,筑路经费除中央及省府予以补助外,"以就地筹款为原则",因此,各县的筑路经费主要来自公款、公产租息、应征民工代役金、自由捐款、殷富捐、筑路捐。⑤ 但因各县贫富悬殊,筑路所需经费颇大,县财政对筑路经费的支持有限,于是,1938 年 2 月省政府制定《贵州省政府补助县道特工经费暂行办法》,根据各县贫富情形给予特工经费补助。该办法规定特工补助范围为"路基之坚石方工程、桥梁涵洞水管工程、保坎护栏堤岸工程、轮渡码头工程"。申领材料需有修筑计划书,线路的平面、纵断面及横断面图,工程单价表及材料表,经费预算书等。经费由县政府领取,但必须专款专用,不得挪用,受到补助的工程必须严格按照审定的计划书修筑,工程进度按旬向省政府汇报。完工后,应呈送竣工图表、工程经费计算书及包工承揽与担保证件报请省府派员验收,不合格的责令改修且不另外拨款。⑥ 从条文上看,该办法的规定较为严格,是希

---

① 《贵定县公路分处补修长途马路特别工程应需经费数目一览表(1931 年)》,贵州省档案馆:M86-1-567。

② 《民国二十年四月十日汇报三都支路各段特工经费数目(1931 年)》,贵州省档案馆:M86-1-608。

③ 张肖梅:《贵州经济》,中国国民经济研究所,1939 年,第 E4～E5 页。

④ 《贵州省公路局贵北路桐松段经费调查报告表(1935 年)》,贵州省档案馆:M86-1-955。

⑤ 张肖梅:《贵州经济》,中国国民经济研究所,1939 年,第 E38 页。

⑥ 《贵州省政府补助县道特工经费办法》,《贵州省政府公报》,1938 年第 7 期。

望保证下拨经费能得到有效使用,但遗憾的是因资料缺乏,无法进一步探讨该办法的具体执行情况。

二、经费支出管理

从上述可知,军阀时期贵州公路修筑的经费主要来源于省款和公路债券,对此,省政府也规定了二者支出范围。在《贵州省建设厅制定公路实施办法》中规定,省款用途限于"(一)修筑巨大桥梁及最高石堤等特别工程所用招工雇工应给之工资;(二)必需工具材料之购置费;(三)勘测费;(四)各分处办公杂支及办事人员火食费;(五)工程员办公杂费;(六)路工奖金;(七)路工伤亡应给之医药烧埋费;(八)其他呈奉政府核准之临时经费";公债用途限于"(一)征工工资及火食;(二)收用土地及指定取用材料之代价;(三)其他呈奉政府核准之特别奖金"。① 领用手续由各路政分处先切实预估经费数目,填写表单呈送公路处转建设厅发给,经费领到后的使用仅限于建设厅核准开支的项目,不得擅自改动。

在1931年省政府公布的筑路经费中,1926年7月至1929年8月路政局支付的筑路费用为455197元;1929年9月至1931年公路处支付的筑路费用为112985.4元,前后支付总数共568182.4元。② 因无筑路费用支出明细,无法对所付费用项目及占比进行分析,只能将支出总数列于此。在实际的支出中,特工经费是各路政分局申领频率较高的项目。如1930年9月都匀路政分局在修筑贵南路时向公路处申请该段特工经费大洋2200元;③1931年1月三都支路修筑的特工经费为72075元;④同年4月清毕路清镇段特工经费预估为20000元。⑤ 根据省政府制订的征用土地、路工伤亡等相关条例,对相应的

---

① 《贵州省建设厅制定公路实施办法(1930年)》,贵州省档案馆:M86-1-437。
② 《贵州道路经费一览》,《贵州省政府公报》,1931年第60期。
③ 《贵南路都匀段特工经费(1930年)》,贵州省档案馆:M86-1-554。
④ 《民国二十年四月十日汇报三都支路各段特工经费数目(1931年)》,贵州省档案馆:M86-1-608。
⑤ 《清毕路清镇段特别工程经费估计表(1934年4月)》,贵州省档案馆:M86-1-449。

支出均有明确规定。在伤亡抚恤补助上，1930年公布的《贵州建设厅建筑公路路工伤亡医药烧埋费暂行规则》明确工伤给予3～10元的医药费，因公死亡的给予烧埋费每人15元。[①] 工程人员工资、伙食、差旅费、办公杂费等也属工程开支一部。如独山公路分处1932年1—2月份的四柱清册中分处长公费及各员伙食费、各工程员测兵公费为大洋220元。[②]

国民政府主政贵州后，对贵州各主要干道进行清修。川黔路是连接川黔两省及西南地区的重要通道，周西成时期修筑了贵阳至桐梓段，毛光翔时期修筑了桐梓至崇溪河段。为"围剿"红军，1935年春委员长行营拨款10万余元进一步整修，并于同年6月完成，"于是黔川交通，始称直接"。[③] 但由于该路所经路线地形险峻，修筑过程中工程多不符合标准，弯道狭急，坡度陡峭，桥涵或缺乏或损坏，如车辆经过乌江渡、娄山关、凉风垭、花秋坪、掌子岩等处都极为危险。国民政府当局因川黔不通，影响军事交通，至为重大，于1936上半年拨款22万余元对川黔路进行了较大规模的整修。[④] 但此次整修并不彻底，1936年秋当局再次对川黔路进行整理清修。全线土方、砂石运输及路面铺筑等工作由沿途各县组织民工义务劳动，按照规定给予一定奖金。特殊工程如桥涵水管、隧道、码头等招承包商办理。具体经费支出见表2-2-1。

表 2-2-1　1936 年秋川黔路整理工程处预算及实支比较表　　　单位:元

名称	预算数	实支数
工事监督费	31696	32846.12
开办费	180	179.07
路基路面费	106060	87351.93

---

① 《贵州建设厅制定路工伤亡医药烧埋费暂行条例(1930年)》,贵州省档案馆:M86-1-437。
② 《独山公路分处民国21年1月—2月四柱清册(1932年)》,贵州省档案馆:M86-1-613。
③ 张肖梅:《贵州经济》,中国国民经济研究所,1939年,第E4页。
④ 张肖梅:《贵州经济》,中国国民经济研究所,1939年,第E4页。在22万元中,行营拨款21万元,贵州省政府拨款1万元。

续表

名称	预算数	实支数
桥涵水管费	11200	2192.87
渡船码头费	7200	3562.8
护栏护桥费	5000	1241.19
标识费	2170	1569.2
电话费	15800	15800
医药抚恤费	2000	5721
工具搬运费	4000	4861.28
花秋坪改线工程费	150650	152134
娄山关改线工程费	20300	24260
总预备费	25000	6244.01
合计	381256	337963.47

资料来源：张肖梅：《贵州经济》，中国国民经济研究所，1939 年，第 E18 页。

从表格中可以看出，经费支出占比最大的是花秋坪改线工程费，占实支总金额的 45%；其次是路基路面费，占 25.8%；再次是工事监督费，占 9.7%。

抗战期间公路建设的经费支出，以黔桂西路安八段的修筑为例进行说明。黔桂西路是贵州安龙至广西百色的一条省际公路，是连接黔桂滇边区与滇缅公路的一条战略路线。1938 年 11 月行政院召开全国水路交通会议，将该线作为计划修建的主要路线。1939 年 1 月省建设厅组织测量队勘测线路，5 月测毕，全长 131.7 公里。1939 年 11 月动工建设，进度缓慢，后因南宁失守，于 1940 年 6 月奉令停修，各项工程均未完成。为打通滇、黔、桂运输线，1941 年重修，计划征集安龙、兴义、兴仁、贞丰、望谟、册亨等 6 县民工 13170 名负责路基土方及路面工程，同时以招商承包方式分 6 段征集石工修筑桥梁涵管等工程。工程经费概算为 2279666 元。^① 具体分配情况见表 2-2-2。由于实际施工时已过几月，物价上涨，编报预算已不符合实际物价，工程处重新编制预算书，工程费为 304 万元。^②

表 2-2-2　黔桂西路安八段工程计划概算书　　　　　　单位：元

项目名称	金额	备注
工程建造费	1802444	包含路基、路面、桥梁方沟、保卫工程
测绘用品	14200	
工程设备费	93209.25	包含工具、运输、搭建房屋
民工补助费	27130.2	
医药抚恤费	24970	
工事监督费	227590	
预备费	90122.22	

资料来源：《整理黔桂西路贵州安八总段工程处工程计划书（1941 年 2 月）》，贵州省档案馆：M60-1-3322。

各省道筑路经费支出上，每条线路根据实际情况略有差别，但主要包括工程费（包含路基路面、桥涵管道、码头建造等）、管理费、预备费、测量费等。南龙公路全长 133.82 公里，修筑时全路共有土方 880676 立公方，石方 141428 立公方，新建桥梁 65 米，修理老桥 105 米，涵洞 25 座，水沟 371 道。修筑经费全由委员长行营拨给，原预算工程费为 420100 元，管理费为 54846 元，实际支出工程费 356541 元，管理费 49972 元，在各项经费的支出中，路基占经费全部58.5%，路面占 16.4%，桥涵占 12.8%，管理费占 12.3%。^③ 又如铜（仁）玉（屏）

①　《整理黔桂西路贵州安八总段工程处工程计划书（1941 年 2 月）》，贵州省档案馆：M60-1-3322。
②　《安八总段整理工程处民国 30、31 年度工程费总预算书》，贵州省档案馆：M60-1-3323。
③　张肖梅：《贵州经济》，中国国民经济研究所，1939 年，第 E6 页。

路的改善工程,预算 216288.77 元,其中工程费(路基、桥涵、路面、防护工程、渡船码头、标识)最多,为 183937.55 元,管理费为 12458.10 元,工具费 4200 元,测量费为 1410 元,预备费 14553.12 元;决算 198088.78 元,分别为工程费 179545.89 元,工具费 855 元,测量费 345.78 元,管理费 11790.82 元,预备费 6350.29 元。① 清毕路是连接黔西北和黔中地区的重要支线,"关系本省西北部交通,至属重要",于 1931 年底建成通车。虽通车,但工程质量较低,又无养护组织,因此损坏严重,省政府于 1937 年向中央政府请款整修,并分两期完成,两期预算共为 110000 元,实际支出为 84594.87 元。其中两次工程费(土石方、路面翻修、码头、防护工程、标识)为 63561.52 元,其中路面翻修费总额为 37454.29 元,占总支出的 44.27%,为支出金额中占比最大部分。工具费为 6327.95 元,搬运费(人力、车运)为 4371.53 元,督造费为 6424.49 元,测量费为 479.32 元,医药抚恤费为 1109.01 元,其他费用为 279.91 元。②

需要特别指出的是,由于贵州自然地理条件限制,桥涵修建在筑路中非常重要和常见,因此桥涵经费在整个筑路经费中占比较为突出,必要时政府会另拨款对桥涵进行改建。如川黔路上的乌江桥是抗战时期重要的钢桥之一,1941 年 10 月建成,历时三年,全部造价 2581667.93 元。③ 南龙路修筑时新建桥梁 65 米,修理老桥 105 米,涵洞 25 座,桥涵经费占比为 12.8%。④

综上,抗战期间贵州公路修筑的经费按中央政府、省政府、县政府三级组织负责筹集,主要干道的修筑大部分由中央政府拨款,省道主要由省政府筹集,县道主要由县政府筹集,省政府给予特工补助。在筑路经费的各项开支中,路面翻修、改线工程、桥涵建造、管理费、预备费的支出均大于其他支出。尽管战时财政支绌,但政府仍给予相当的重视和支持,贵州公路网在战时不断完善,也反映出贵州作为西南公路交通枢纽地位的重要性。

---

① 贵州省公路管理局编:《抗战四年来之贵州公路·工程》,出版单位、时间不详,第 26 页。
② 贵州省公路管理局编:《抗战四年来之贵州公路·工程》,出版单位、时间不详,第 19 页。
③ 夏润泉主编:《贵州公路史》(第 1 册),北京:人民交通出版社,1989 年,第 196 页。
④ 张肖梅:《贵州经济》,中国国民经济研究所,1939 年,第 E6 页。

第三节　国民工役与公路修筑

一、国民工役的实施方案

国民工役是"为公共建设而劳动,而提供己身的体力,在国民方面说,就是服工役,就是对国家对团体履行应尽的劳役工作"。[①] 蒋介石非常重视民力的运用。1934 年蒋介石通令各省从该年起应规定人民服工役办法,指出"今我生产落后,经济疲敝,一般国民,尚随处皆呈散漫怠惰之现象,则施行工役,实最为对症之良剂"。[②] 1935 年 4 月通令各省依据地方情形及社会习惯拟定人民服工役办法,同时加强对民众的宣传。5 月通令鄂豫皖赣等省实施人民服工役,9 月通令各省市军政长官规定该年冬征工办法。

在贵州,无论是军阀统治时期还是国民政府中央主政时期,征工筑路都是国民工役的主要任务之一,对公路的整修"除特工外,其余概由各县政府负责征集民工办理之"。[③] 1926 年省政府决定修筑公路时就制定了《贵州征工筑路暂行规则》,规定征工事宜由各县路政分局负责办理,而马路经过的县区内居民年龄在 16～50 岁之间的男子均有应征义务。每户征一人,如不愿出工的可出资雇人代替。同时规定每次征集的工人需工作 5 天,每天工作 8 小时,政府发给工钱 2 角,伙食费铜圆 300 文,工人自带筑路工具。工人如出现伤亡,政府给予一定抚恤。[④] 1930 年省政府重新制定《贵州征工筑路暂行条例》,该条例与 1926 年颁行的并无太多区别,增加了监督机制,为防止区保征工徇私舞弊,各区组织由公正人士数人组成了监察员切实监督,一旦发现有徇私舞弊或

---

① 梁桢:《国民工役》,重庆:商务印书馆,1941 年,第 1 页。

② 社会部劳动局编:《人力动员法规汇编》,1943 年,第 80 页。

③ 张肖梅:《贵州经济》,中国国民经济研究所,1939 年,第 E10 页。

④ 《贵州征工筑路暂行规则(1926 年 11 月)》,贵州省档案馆:M86-1-1。

鲸吞款项的情况,涉案人员将被从严惩办。① 各县根据征工筑路条例,结合本县情况制定征工施行细则。修筑贵西公路时,兴仁县根据省政府制定的征工办法,结合本县情况制定了《兴仁县公路民工联合办事处组织大纲》及《民工征调及编组办法》,由上级委派的襄办员、地方耆老及各区指定人员共同组成民工办事处,"总理全县征工筑路及收支经费一切事宜"。②

中央政府势力进入贵州后,加紧了对贵州公路的整理,以适应军事政治需要,同时征工事宜也遵循中央政府所颁法令。依据中央颁行的人民服工役办法,结合本省情形,1935 年省政府制定颁行了《贵州省人民服工役实施办法大纲》,规定筑路、水利、垦殖、造林、公共工程、公共卫生、其他公益事项均可征工,各县本年需征义务工役的事项由各县召开会议决定后拟具计划呈报省政府备查。18～45 岁的男子除痼疾残废者外均应依法被征,由各县政府调查编制名册呈报,对所征义务民工设分队长、队长分组分级管理。同时实行奖惩制度,但未列明何种情况可实行奖惩。③

为整理清修川黔路,国民政府专门制定了《川黔两省义务征工实施方案》,对两省征工事宜做了具体规定。在征工时间上以不妨碍农事为原则,但遇与军事有关的紧急工程则必须征工。在征工对象上沿线所经各县民众,年龄在18～45 岁之间的壮丁均应被征,如拒不应征,县长可依法惩办。但学生、现任教职员、现任政府官员、现役军人、身患重病且有许可登记的医生证明的及单丁且有赡养家庭之责,在邻里五家以上可证明的可免除征工。在该方案中,加强了对征集民工的组织管理,要求各县平时须将应征民工名册造具呈报存转。所征人数以 30 人为一组,由甲长任组长,再由保长充任分队长统率各组。④为保证充足劳力,政府加强了对基层户籍的编制以便征工时有据可循。从表2-3-1 可见,1936 年川黔路的整理征工人数在近万人。1936 年整修湘黔路时征集民工 57900 人。⑤ 滇黔路"征集沿线民工修筑,并铺设路面、石方、桥涵",

①　《贵州省征工筑路暂行条例(1930 年 1 月)》,贵州省档案馆:M86-1-437。
②　《兴仁县公路民工联合办事处组织大纲(1931 年 12 月)》,贵州省档案馆:M8-1-6804。
③　《贵州省人民服工役实施办法大纲》,《贵州省政府公报》,1935 年第 19 期。
④　《川黔两省义务征工实施方案》,《四川省政府公报》,1936 年第 55 期。
⑤　张肖梅:《贵州经济》,中国国民经济研究所,1939 年,第 E4 页。

大部分工程由沿线各县所征民工完成。[1] 可见,沿线各县民工是筑路的主力军,蒋介石在视察川滇黔后指出,交通上的进步,是"人民切实努力所致"。[2]

表 2-3-1　川黔路全线各县民工人数、开工日期及完工日期表

县别	工作种类	平均每日人数	开工日期	完工日期
贵阳	整理路面路基	1070	1936.11.15	1937.1.17
修文	整理路面路基	505	1936.11.15	1937.3.31
息烽	整理路面路基	2560	1936.11.15	1937.4.15
遵义	整理路面路基	2260	1936.12.1	1937.3.30
桐梓	整理路面路基	3100	1936.12.11	1937.5.8

资料来源:张肖梅:《贵州经济》,中国国民经济研究所,1939 年,第 E15 页。

抗战爆发后,西南成为"抗战建国"的后方基地,国民政府加紧对西南地区交通设施的修筑和增设。1938 年 3 月国民政府提出《抗战建国纲领》,指出"整理交通系统,举办水陆空联运,增筑铁路公路,加辟航线",[3] 而"工役是抗战胜利之保证",[4] 为使征工有法律依据,适应战时征工需要,国民政府于 1937 年 7 月 17 日颁布了《国民工役法》,将工役分为平时工役和非常时期工役。平时工役为自卫、筑路、水利和造林;非常时期工役分为非常时期的自卫工事及水火灾、虫灾、地震及其他重大灾难之防卫及救护。[5] 1943 年 12 月 4 日颁布《国民义务劳动法》,规定筑路、水利、自卫、地方造产及其他地方公共福利等事项皆为义务劳动。同时对劳动时间、征召与原则、程序及方法、惩罚等均进行了规定。[6] 该法颁行后,《国民工役法》废止。

---

[1]　张肖梅:《贵州经济》,中国国民经济研究所,1939 年,第 E5 页。
[2]　《蒋委员长巡视川滇黔感想》,《贵州评论》,1936 年第 16 期。
[3]　陈传钢编:《动员纲领与动员法令》,武汉:新知书店,1938 年,第 3~4 页。
[4]　梁桢:《国民工役》,重庆:商务印书馆,1941 年,第 7 页。
[5]　《国民工役法》,《河南省政府公报》,1937 年第 2012 期。
[6]　《国民义务劳动法》,《重庆市政府公报》,1943 年第 51 期。

抗战时期,各县根据中央及省府颁行的法律规章,结合本县具体情况制定工役实施计划。所定计划规定了该县征工人数、对象、服役时间、民工从事工程种类、奖惩等情事,而筑路则是各县工役实施计划中的重要内容。

二、国民工役的管理机构

政府征集民工以基层统计编制的户籍人口为基础,主办机构为民政厅、建设厅及公路局,具体负责实施的是各线公路分局和各区保。各县长、乡镇长、区长等在征工中作用非常大,县长组织各区保根据名额征集民工,并将所征集民工编队率至工段。他们不仅是民工征集的具体负责人,也是民工的监督管理人。如在修筑滇黔公路时,紫云县县长吴国栋亲率征集的民工至做工工段,并进行指导监督。①

在具体管理对象上,可分为对组织管理人员和民工的管理。

(1)对组织管理人员的管理。

具体负责组织管理的人员是县长、乡镇长、区长。在《各省市国民工役工作成绩考核及奖惩办法》及省政府制定的《贵州省人民服工役实施办法大纲》中均有规定。《办理义务征工在事人员奖惩规则》《各省市国民工役工作成绩考核及奖惩办法》对奖惩细则有明确的规定。奖励分为嘉奖、记功、记大功、加俸或升级、给予奖章奖状或实物;惩罚为申诫、记过、记大过、罚薪或降级、停职或撤职查办、酌罚三日或五日等。②《贵州省人民服工役实施办法大纲》规定各县县长及所属人员办理义务工役有特殊成绩者可进行嘉奖或记功,对奉行不力或办理不善者进行申诫或记过。③ 如在整修滇黔路时,民政厅对普定县县长赵家焯认真工作记大功一次,对征工不力、因循敷衍的镇宁县县长刘明敏罚俸一月并记大过一次。④ 在县府制定的工役实施计划中也规定各乡镇长或

---

① 《奉令征工亲率到段并派科长代行各情形(1936 年 3 月 18 日)》,贵州省档案馆:M86-1-6808。

② 内政部总务司第二科编:《内政法规汇编·礼俗类》,出版单位不详,1940 年,第 94 页。

③ 《贵州省人民服工役实施办法大纲》,《贵州省政府公报》,1935 年第 19 期。

④ 《民政厅呈省政府文(1936 年 5 月)》,贵州省档案馆:M8-1-6808。

各乡镇主办人员如举办不力,成绩落伍者酌予申诫、记过或扣薪;对举办有方,成绩优胜者给予嘉奖、记功或加薪。[①] 在《国民义务劳动法》中规定,不依法发布征召命令者科以两年以下有期徒刑或拘役;办理义务劳动征集的工作人员借口向民众勒索派捐,科以一年以上七年以下有期徒刑并处以五千元以下罚款。政府以法律条文的形式对征工人员的行为进行明文规定,在一定程度上规范其征工行为。

(2)对民工的管理。

对征集的民工进行编组队管理和分级管理。每总队设总队长、指导员各一人,每分队设分队长、监工员一人,负指挥、监督、管理之责,总队长、分队长、指导员、监工员应由各县政府分别指派当地区乡镇长充任。每总队以率领两分队至五分队为限,每分队以率领十人至二十人为限。[②] 在《国民工役法》中规定乡镇区各自成队,以乡镇区长为队长,负指导之责。[③] 在民工的奖惩措施上,民工如有懈怠或寻衅滋事,各公路分处须分别情形进行处罚。人民努力服役,有显著成绩的依法奖励,而无故抗不应役或造谣惑众,视情节轻重依法惩处。[④]

贵州省政府为了增进公路工程的效率,提高公路修筑质量,实行督工管理。1942年6月公布了《建设厅派驻各公路工程处督工人员服务暂行规则》。在规则中对督工人员的职责进行了明确:①关于各项工程之招标发包订约验收事项;②关于各项工程实施进度之调查考核事项;③关于民石工工作人数之调查及督催事项;④关于商促工段与各县民工大队之联络事项;⑤关于工程处及各县民工大队各级员工勤惰之考察事项;⑥关于临时令饬查办事项。督工人员随时对各项工程实施情况进行督察,每月至少进行两次全线的巡视并将督察情况报告主管部门。对于发现的问题,督工人员首先应与工程处商讨并

---

① 《兴仁县三十一年度国民工役实施计划(1942年)》《桐梓县三十一年度工役实施计划(1942年)》,贵州省档案馆:M60-1-955。

② 《贵州省人民服工役实施办法大纲》,《贵州省政府公报》,1935年第19期。

③ 江西省政府秘书处法制室编:《中央战时法规汇编·建设类》,出版单位不详,1939年,第10页。

④ 《桐梓县三十一年度工役实施计划(1942年)》,贵州省档案馆:M60-1-955。

提出解决办法,如果发现承包商偷工减料,要会同工程处和主管工段对其严饬改正,对于所征民工的工作状况及生活情况可提出建议,但是督工对于工程处及各工段行政事宜不得干涉。① 从该规则可以看出,督工人员须具有一定的工程技术知识,对施工程序及管理有一定了解,但是督察范围不限于工程。在玉秀路修筑时,建设厅派李伟作为督察工程司对铜松段工程进行督察,经过督察,发现两个问题:一是在 1942 年 3 月份以前发包的工程手续不齐,要求 7 月25 日以前一律办齐;二是 4 月份以后发包的工程工期上应按规定工期完成。② 督工制度通过督工人员参与到工程建设中,使建设厅对工程进度及质量有一定的了解,不失为加强工程监管的一种节约有效的办法。

三、国民工役的人员征调

人员的征调可从征工时间、对象、员额等方面进行考察。

在征工时间上,"以不妨碍农事为原则,但遇与军事有关系之紧急工作,不在此限"。③ 但在战争环境下,亟须修筑某条道路,征集沿线民众义务劳动则是频繁的事情。

征工对象上主要是路线所经各县民众,各时期及各县在征工年龄上有所不同。1930 年贵州省政府公布的《征工筑路暂行条例》中规定 16～50 岁之间的男子应被征,无论贫富,每户征集一人,自愿出资雇人代替的可以雇工,赤贫的鳏寡孤独者免征。④ 1936 年公布的《川黔两省义务征工实施方案》规定年龄在 18～45 岁之间的壮丁均应被征,如拒不应征,县长可依法惩办,但学生、现任教职员、现任政府官员、现役军人、身患重病且有许可登记的医生证明的及单丁且有赡养家庭之责,在邻里五家以上可证明的可免除征工。该方案加强

---

① 《贵州省建设厅派驻各公路工程处督工人员服务暂行规则(1942 年 6 月)》,贵州省档案馆:M61-1-166。

② 《玉秀路铜松段应待解决各项工程问题会谈记录(1942 年 7 月 14 日)》,贵州省档案馆:M61-1-166。

③ 《川黔两省义务征工实施方案》,《四川省政府公报》,1936 年第 55 期

④ 《贵州省征工筑路暂行条例(1930 年 1 月)》,贵州省档案馆:M86-1-437。

了对征集民工的组织管理,要求各县平时须将应征民工名册造具呈报存转。所征人数以 30 人为一组,由甲长任组长,再由保长充任分队长统率各组。① 在具体的执行过程中,各县根据工程计划及本县具体情况制定工役计划,在人员征集的年龄上并不一致。1935 年整修黔滇公路时,委员长行营公路处制定《修筑黔滇公路征用民工服役暂行规则》,征用民工为 17～45 岁之间的男性。在兴仁县 1942 年国民工役计划中规定 16～60 岁,且不残废、不服公役、不在校读书的男丁均应服役。② 桐梓县 1942 年的计划中则规定 18～45 岁的壮丁为征工对象,党员、公务员服役在星期日及假期举行,教职员及学生在寒暑假举行。③ 1943 年颁行的《国民义务劳动法》规定年龄在 18～50 岁的男子依法服役。可见,在征工年龄上各县会有一定的变通。

　　在政府征集和组织下,民工成为修筑道路的重要力量。1935 年整修黔滇公路(黄果树至盘县段)时,向镇宁、关岭、安南、郎岱、兴仁、普安、水城、兴义、盘县等 9 县征集民工 18590 人。④ 后又向各县加征民工共 9297 名。⑤ 1936 年整修黔川路时分先后两次向贵阳、修文、息烽、遵义、桐梓等县共征民工 39500 名。⑥ 修筑(安)南(安)龙路时,除向安南、兴仁、安龙三县征集民工外,还向路线附近的关岭、普安、兴义、贞丰等县征集民工 35000 名承担该路的土石方工程。⑦ 修筑川滇东路时,在贵州境内里程为 240 公里。由于该线军事作用重大,行营令贵州省政府 7 个月内完工,否则以军法处置。为保证按时完工,省政府成立了川滇东路赤威段公路工程处,先后分两批征集民工,第一批共征集

①　《川黔两省义务征工实施方案》,《四川省政府公报》,1936 年第 55 期。

②　《兴仁县三十一年度国民工役实施计划(1942 年)》,贵州省档案馆:M60-1-955。

③　《桐梓县三十一年度工役实施计划(1942 年)》,贵州省档案馆:M60-1-955。

④　《滇黔公路黄果树至盘县段各县应征民工人数表(1935 年 10 月)》,贵州省档案馆:M60-1-3025。

⑤　《黔滇公路各县自二月一日起加征民工数目表(1936 年 1 月)》,贵州省档案馆:M60-1-3026。

⑥　《为整理黔川路分两批征工修筑电饬各改县遵办具报(1936 年)》,贵州省档案馆:M60-1-3532。

⑦　张肖梅:《贵州经济》,中国国民经济研究所,1939 年,第 E6 页。

民工 35100 人,第二批共征集民工 50000 人。[1] 1939 至 1940 年修筑铜玉公路征工 163068 人。[2] 1942 年贞丰县征工 3337 名修筑道路,工数为 71885 个。[3] 据统计,在抗战期间,贵州省征用民工及日本强征民力 12863260 人次,其中大多数用于修筑公路、机场。[4]

四、国民工役的变通方式

政府按照所颁法规组织民工进行公路建设,但在实际过程中时有变通之举。

1.服役方式

公民服役属义务性质,符合要求的公民均需服役。但在实际过程中,可以采用雇工代替或缴纳代工金方式免除亲身服役。《国民工役法》第七条规定:

> 因职业或其他关系不能应役者,得觅人代役或缴纳相当之代役金,其数额由县市政府酌定之,但每日不得超过五角。

《国民工役法施行细则》第六条规定:

> 人民依国民工役法第七条请求代役,或缴纳代役金,或依第八条请求延役者,应向乡镇区公所,或联保主任办事处,陈明理由,或呈附证明文件,转请报县市政府核准,否则仍以抗不应征论。[5]

---

① 张肖梅:《贵州经济》,中国国民经济研究所,1939 年,第 E7、E8 页。
② 《玉屏县 28、29 年国民工役概况报告总表(1941 年)》,贵州省档案馆:M60-1-1686。
③ 《贞丰县三十一年国民工役概况报告表(1942 年)》,贵州省档案馆:M60-1-955。
④ 李德芳、蒋德学编:《贵州近代经济史资料选辑》(上),成都:四川省社会科学院,1987 年,第 1045～1046 页。
⑤ 江西省政府秘书处法制室编:《中央战时法规汇编·建设类》,出版单位不详,1939 年,第 9、11 页。

国民政府以四川省制定的《收支代工金暂行规则》为基础,修正制定了《修正义
务征工收支代工金暂行规则》,该规则对以缴纳代工金代替服役的方式做了更
为具体的规定。其收取标准是"每工每日征取若干得视各该县生活状况酌量
规定,但最高额以银三角为限"。办理手续为由保甲长记录,再报区署转呈县
府核定榜示周知,并给予收据为凭,由缴款民工、区署、县财委会各留存一份备
查,县财委会将所收代工金数目告知筑路委员会。支取使用代工金由筑路委
员会将用途说明呈报县府核准方可。①

在各县制定的工役实施计划中,也对此进行了规定。贵定县规定:

因职业或其他关系不能应役者,得觅人代役,不能觅人代役者得缴纳
代工金,其代工金之多寡视本县生活程度另订之。②

2.民工队伍编制

1935 年整修黔滇公路时,行营公路处规定各县征集的民工按 30～50 人
编组成队,开工前由队长率领至指定地点按时工作。③ 贵州公路局整修清毕
路时征集毕节、黔西县民工各 3000 名,大定县 10000 名,以 30 人为一分队,设
分队长一人;每联保内各分队编为一中队,设中队长一人;一区内各中队编为
一大队,设大队长一人。④ 各县在制定计划时也有所不同。玉屏县规定征工
以联保为单位,每次征工人数不超过全联保现有壮丁五分之一为原则,所征民
工以 30～50 名为一分队,分队长由保长兼任。联队以一联保内的分队组成,
队长由联保主任兼任。境内各联队再组成总队,由县长兼任总队长。⑤ 贵定

① 《国民政府军事委员会委员长行营训令(1938 年 5 月 19 日)》,贵州省档案馆:M60-1-4338。
② 《贵定县 31、32 年度人民服工役实施计划》,贵州省档案馆:M60-1-1691。
③ 《行营公路处修筑黔滇公路征雇民工暂行章程(1935 年 9 月)》,贵州省档案馆:M60-1-3025。
④ 《贵州公路局清毕路整理工程处征集民工施工办法(1938 年 12 月)》,贵州省档案馆:M60-1-4317。
⑤ 《玉屏县三十年度工役实施计划》,贵州省档案馆:M60-1-1686。

县规定以 8～10 人编为一班,由甲长任班长,以 5～10 班编为一队,由保长任队长。①

3.工作时间

在民工工作时间上,各县有所不同。印江县 1942 年制定的工役计划中,规定修筑印思、印秀段县道时按实有壮丁总数平均每人服役 5 日计算征集。②1943 年的计划中则规定服役时间以 3～15 日为限,但可根据工程实情伸缩征集。③ 兴仁县在 1942 年的工役计划中规定民工负担工役日数多寡视工程大小而定。④ 玉屏县则是照每人每日工作效能,按土石方数量或工程数量平均分派,以一气做完为原则,不采用轮派方式,以免推诿延误。⑤

4.对民工实行津贴补助

民工服役属义务性质,不领取报酬,民工还须自备粮食、工具,这对普通民工而言不易承受。1930 年省政府颁行的征工筑路暂行条例中就规定:"资力在五百元者为富户,其五百元以上者须按照比例酌定等级摊派出资,接济贫工火食","被征集之路工每人每日工资定为二角,火食一角,拟发债券折发"。⑥整修黔滇路时工程处不给民工工食,而以实做工程方数计算给予津贴。⑦ 每队民工所得津贴按该队人数平均分摊。尽管工程处发放津贴,但民工生活仍艰苦,征工不易,其原因是"征工津贴过微,终日所得不足一饱,是以被征民工必须由家携带米粮,十不得一。兹强迫前往,其离路较远者往往未及工地先成

① 《贵定县 31、32 年度人民服工役实施计划》,贵州省档案馆:M60-1-1691。
② 《印江县政府拟定三十一年度工役实施计划》,贵州省档案馆:M60-1-955。
③ 《印江县三十二年度国民工役实施计划》,贵州省档案馆:M60-1-1689。
④ 《兴仁县三十一年度国民工役实施计划》,贵州省档案馆:M60-1-955;《兴仁县三十二年度国民工役计划》,贵州省档案馆:M60-1-1691。
⑤ 《玉屏县三十年度工役实施计划》,贵州省档案馆:M60-1-1686。
⑥ 《贵州征工筑路暂行条例(1930 年)》,贵州省档案馆:M86-1-437。
⑦ 工程处计算单价为:普通填挖土每公方五分;坚隔土每公方八分;软石每公方一角六分;整理路基每面公方二分;远运每公方土二分,三十米以外每三十米递加计算。见《国民政府军事委员会委员长行营公路处修筑黔滇公路征用民工服役暂行规则(1935年)》,贵州省档案馆:M60-1-3025。

饿殍,较近者亦因饥寒而半途逃亡",[①]从而影响到工程进度。

小　结

　　军阀时期贵州公路修筑的目的之一是军阀为加强对贵州地方政治的掌控。中央政府进入贵州时对贵州公路的整修是为了实现"公路协剿",以实现对整个西南地区局势的控制。抗战爆发后,贵州作为西南公路交通的枢纽,公路交通成为沟通人员物资流通的重要方式。因此,中央政府一方面改善四大干线,另一方面兴修四条战略路线,加强西南公路运输能力。在省政府方面,发动筑路竞赛,修筑县乡道,将省内重要城镇连接起来,成为贵州发展的重要原因。

　　筑路需要大量经费,贵州筑路经费主要由政府承担。抗战期间贵州公路修筑按中央政府、省政府、县政府三级政权组织负责经费筹集,主要干道的修筑主要是中央政府拨款,省道由省政府筹集,县道由县政府筹集,省政府给予特工补助。在筑路经费的各项开支中,军阀时期省府款项主要用于特别工程,国民中央政府主黔后,道路整理清修及新筑公路过程中路面翻修、改线工程、桥涵建造、管理费、预备费的支出均大于其他支出。

　　征工筑路是贵州公路建设的基本方式。中央政府及贵州省政府制定相关条例以保证征工政策实施,相关机构和人员按照颁行的条例、程序、原则和方法征调民工,民工在政府组织之下进行筑路,成为特殊时期公路修筑的主力军。

---

① 《委员长行营公路处曾养甫呈修筑黔滇路征工困难情形(1936年)》,贵州省档案馆:M60-1-4286。

第三章　公路交通管理与法规体系完善

　　路政管理是国家地方治理的一种体现,军阀时期贵州的路政机构的设置及管理法规的制定体现着军阀统治的色彩。国民中央政府主黔后,贵州公路管理纳入国家治理范畴,公路管理机构根据国家意志进行改组。抗战时期,贵州公路形成了中央系统和贵州地方系统的不同管理体系。在公路管理法规体系的建设上,国民政府及贵州地方政府制定了大量公路交通法规,涉及组织人事、交通安全、车辆业务、交通收费、交通事故处理等方面,形成了较为完整的公路交通法规体系。国民政府通过改组贵州公路管理机构及实施各项交通法规,使国家权力不断向地方渗透。

第一节　公路交通管理体制逐渐完善

一、管理机构设置及其演变

　　军阀时期贵州公路管理机构几经变化,或隶属于省政府,或划归建设厅。1926 年 7 月周西成将贵阳市路政局改组为贵州路政局,直隶于省长,管理全省路政事宜。路政局成立之初,主要承办贵阳环城公路的建设工程。1927年,兴修长途公路,将路政局扩充为公路局,在机构人员上有所加强。同时,分别在路线经过各县成立公路分局,负征集民工之责,各县长均为分局局长,省公路局派工程技术人员进行指导。1929 年,毛光翔继任贵州省省长,将公路局改组为公路处,划归建设厅管理,其职能有所增加。在各县成立公路分处,由各政府区长、保甲长担任工员、监工、领工、工头。筑路经费来源有所保障,由省款及公债组成,省款用于特种工程的兴建,公债为征工伙食及收用土地材料之用。① 1931 年公路处改为公路局,局长为毛以宽,直属于省政府。1933 年 5 月公路局改隶建设厅,次年复还隶省政府。从以上贵州公路管理机构的沿革可以看出,其名称与所隶机构几经变换,体现了贵州在新建公路初期,政府对公路管理的随意性。尽管军阀时期贵州公路管理机构隶属关系及人员变动频繁,但在贵州公路管理方面仍产生了积极意义,制定了相关规章制度,规范了公路建设之初的公路修筑、运输行为,也使贵州人民有了遵守公路交通规则的意识。

1935 年国民政府主政贵州,将贵州省公路局改组为公路管理局,隶属于建设厅,局长为谌湛溪,后因谌得罪于蒋,局长遂由沈骏达担任。中央政府对省公路局的改组是为了更有效率地进行公路修筑,配合“公路协剿”政策的实施。公路管理局内设总务、运输、路务、会计各股,其职权范围由公路修筑扩展至公路营运,这为后来官商两方争夺公路营运权埋下了隐患。其实,公路管理局改组成立之后,国民政府中央并没有将公路修筑及管理权力完全下放。1935 年 8 月 21 日国民政府中央在成都成立川黔两省公路监理处,初以曾养甫、胡嘉昭为正副处长,不久改派胡为处长,彭先蔚为副处长。监理处的任务是贯彻“公路协剿”政策,积极筹划公路修筑,安排公路的新修和旧有道路的整治改建,以及汽车营运、工程审批、预算划款、监督检查、人事调派、推行义务征工等,成为川、黔、康三省公路行政的实际主宰。“监理处的意图就是法令,就是规章制度”,“他们一只手拿着蒋介石的手令,一只手拿着票子”。②

1935 年省公路管理局成立后不久,购买 26 辆汽车,将黔川路收归公营,进行公路运输,但由于营运车量少,经营路线有限,管理局开支庞大,遂于同年

---

①　贵州省公路管理局编:《抗战四年来之贵州公路·沿革》,出版单位、时间不详,第 4 页。

②　转引自王立显编:《四川公路交通史》(上),成都:四川人民出版社,1989 年,第 92 页。

7月撤销,改为贵北车务段,隶属建设厅,负责管理黔川路汽车营运业务,而公路的修筑、保养等工作则由建设厅直接管理。随着黔湘路和黔滇路相继整理完成,营运路线增加,原有的贵北车务段不能适应发展需要,省政府于1936年11月将贵北车务段改组成立车务总段,其管理范围扩展至交通管理、营运、检查、路警、总务等,职能更加完善。中央政府改组贵州省公路机构,在行政组织上使贵州的路政机构完成了向中央的靠拢,实现了国民政府统一贵州公路交通行政管理事权的国家化进程。

抗战爆发后,贵州成为西南公路交通运输的中心枢纽,公路运输在整个抗战期间发挥了巨大作用。国民政府极其重视西南公路交通运输网的建设和整顿,并成立相关机构直接承办具体事宜。此时在贵州的公路管理机构有地方系和中央系两个系统同时并存。

在地方系的公路管理机构中,公路修建和运输工作不断增多,1936年11月成立的车务总段不能满足需要,省政府于1937年11月将车务总段改组成立贵州公路局,改组后的公路局包括工程、营运、会计、牌照、车站、电话总机、路警队、秘书等8个科室。1940年1月,省政府又将公路局改为公路管理局,并颁行《贵州全省公路管理局暂行组织规程》,规定公路管理局设置总务、路务、运输三股分掌其事,各司其职。这一机构一直持续到解放前。

抗战期间,为加强对贵州及西南地区交通运输的管理,国民政府先后成立了西南公路联运委员会、西南公路运输总管理处、西南公路运输管理局等机构,形成战时公路运输体制,而这些机构或设置于贵阳,或根据局势发展及实际需要迁入贵阳。正如简文献在《西南公路运输局概况》中所述:

> 查平时公路运输,原居辅助地位,自抗战军兴,首都内移,运输事宜,侧重大后方,乃一跃而居主要地位,同时为求车辆调度咸宜,物资转运通当,以配合作战起见,故有管制机构之设立。①

1937年7月1日,行政院,军事委员会,全国经济委员会,军政部,交通

---

① 简文献:《西南公路运输局概况》,贵州省档案馆:M12-6-443。

部,铁道部及川、滇、黔、湘各省负责人,在南京集议改进西南交通办法,组织西南公路联运委员会,决定以长沙至贵阳、贵阳至昆明及重庆为联运路线,并设西南各省公路联运委员会负责其事,除区间运输及养路管理仍由各省自办外,联运客货由联运委员会统筹办理。9月20日成立联运会长沙办事处,以贵阳为中心,负责连接长沙、昆明、重庆之间的运输业务。后由于后方运输日渐紧张,贵州省政府主席吴鼎昌、交通部部长张嘉璈、经济部部长翁文灏、资源委员会主任钱昌照等会商,拟具《西南各省公路运输计划大纲》,规划了总长为3600公里的五条公路干线,建议设立西南公路运输总管理处统筹管理。①1938年1月1日,西南公路运输总管理处在长沙设立,隶属于全国经济委员会,负责西南各省干线运输及公路工程改善事宜,内设车务组、机务组、工务组、营业组、材料组、会计室、秘书室。1938年2月西南公路总管理处改隶交通部,更名为西南公路运输管理局,6月局址由长沙迁往贵阳。西南公路运输管理局掌理湘黔、川黔、滇黔、黔桂等线和川湘、川滇东路的运输管理及工程改善事宜,局址仍设贵阳。经过不断的调整,国民政府逐渐统一了西南公路的管理,这是战时局势需要,同时也加强了国民政府对西南公路的交通运输的管理。而贵阳成为西南公路管理中心及交通运输枢纽,这对贵州公路运输的发展具有深远影响。1939年7月,交通部鉴于后方运输日益繁重,将公路工程、管理与运输分开,撤销西南公路运输管理局,在贵阳成立西南公路管理处,专门主管西南公路工程管理事宜,增设川桂公路运输局,专办运输业务,将工程管理与运输管理分开,以适应战时繁忙的运输需要。

　　1940年1月1日,国民政府中央采纳美籍公路运输专家谢安、范百德及白熙等人的建议,除一般军运及西南运输处外,先从整理民运、商运着手,将公路运输业务,仿照美国制度组织商业公司形式之机构办理,将川桂公路运输局、川滇公路管理处及财政部贸易委员会复兴商业公司的运输部分合并,组成中国运输股份有限公司(即中运公司),接办西南各公路客运货以及有关国际贸易业务。公司地址设在重庆,总经理为陈延炯。因公司仿照美国设立,制度上不能适应中国实际,亏损较大,业务无法进展,于1943年4月一切设备移交

---

① 交通部西南公路管理处编:《三年来之西南公路》,出版单位不详,1938年,第2页。

西南公路运输局接收,公司奉令结束。1942年1月军委会为加强西南战时运输统制,成立西南公路运输局,局长由陈延炯兼任,负责管制公商车辆及西南各省军事与进口物资的调运。1944年湘桂战事吃紧,由参谋总长何应钦召集运输会议,决定同年8月在贵阳成立西南进口物资督运委员会,隶属于交通部,动员与指导公商车辆接运美国援华物资。年底,由于美援物资改道,该机构撤销。1945年1月,军事委员会战时运输管理局成立,西南公路运输局与西南公路工程局合并组成西南公路管理局,抗战胜利后,战时运输管理局撤销。

　　战时西南地区运输的管理机构几经变化,营运范围不断调整,既是为了适应战时需要,也体现了国民政府对西南地区的公路交通运输管理从未放松。贵州作为战时公路运输的孔道,在抗战期间来往于贵州公路的各类车辆不计其数,营运路线、里程和车站逐渐增多,运量不断加大,营运车辆经常平均保持在3000辆左右,最多时达到3636辆,为近代贵州年营运车辆之最,比战前增加了十多倍。[①]

二、公路管理法规体系的完善

(一)军阀时期

　　军阀时期,贵州的公路交通管理法规在公路工程、交通安全、车辆管理、司机人员管理等方面均有规定。这些法规条款虽不完善,但对初创时期的贵州公路交通管理起到了一定的规范作用。

1.公路工程方面

　　1926年修建贵阳至赤水马路,省政府颁发《修筑贵赤马路办法》。同时颁行与道路修筑相关规章,1926年10月颁行《贵州省路政局收用土地暂行条例》及《施行细则》,对筑路征收土地方式、赔付标准做了规定。同年11月颁布

---

① 　林辛:《贵州近代交通史略》,贵阳:贵州人民出版社,1985年,第120页。

了《贵州征工筑路暂行规则》，规定全省公路实行征工修筑，由各县路政分局负责办理，路线经过的各县区域民众都负有筑路义务。该规则对征工办法、工人管理、工作时间等进行了具体规定。1929 年路政局改公路处后，将前后颁布的办法加以修订，归纳为 17 种规章制度，与公路修建有直接关系的有 11 种。①

2.公路交通安全方面

在公路修筑初期，民众出于好奇或缺乏安全意识，常常出现行人不知避让汽车的情况，极易发生交通事故。1927 年第一辆汽车在贵阳街道行驶时，省政府发布了一则告示："汽车如老虎，莫走当中路，如不守规则，死了无告处"，告示简短，却以通俗易懂的方式向民众表达了劝诫之意。1928 年 5 月，省政府颁布《全省马路交通规则》，②是为贵州省第一项交通管理法规。该《规则》分"总则""载重之限制""速度之限制""驾驶者之取缔""行车秩序及手语""灯号及警号之设置""附则"共 7 章，48 条。《规则》规定"凡属未悬挂规定牌照之车辆，一律不准开行"。驾驶人员未经路政局考验合格，发给凭证，不得执行驾驶车辆业务。在车速限制上，规定车辆每辆载重连同车体重量超过 7000 斤者，行驶速度每小时不得超过 45 里；超过 10000 斤者，其车轮轮箍以硬树胶或同样物料制成者，不得超过 36 里。牲畜在汽车未进入贵州以前是常用的运输工具，针对行人和牲畜在公路上行走发生事故，省政府也制定了相关办法。1931 年，省政府颁布《汽车伤害人畜办法》，第一条规定，汽车在城镇和人群中行驶，已鸣笛数次，如行人不知进退，或避退无地时，汽车暂行三分钟，再鸣笛三次。而行人故意碰撞，以致伤害，准由肇事车行及司机各给抚恤金 100 元。③ 1932 年，省政府再次重申"一般居民及马戈头等……于公路上散放牲畜，实属窒碍车行，所有牲畜，勿得任其在马路上乱行，致干历禁。倘敢故违，定予惩办不贷"。④

---

① 夏润泉主编：《贵州公路史》（第 1 册），北京：人民交通出版社，1989 年，第 143 页。
② 贵州省地方志编纂委员会编：《贵州省志·公安志》，贵阳：贵州人民出版社，2003 年，附录。
③ 《汽车伤害人畜办法》，《贵州省政府公报》，1931 年第 64 期。
④ 《车运同业公会呈请建设厅重申前令禁放牲畜以维交通》，《贵州省政府公报》，1932 年第 104 期。

3.车辆管理方面

在贵州汽车运输兴起之初,省政府并无具体的车辆管理制度,车行只要缴纳一定费用,即可上路行车,对车辆的管理并无专门法规。随着贵西、贵北、贵东、贵南路的先后修筑及通车,车辆数量及车行也在逐年增加。1930 年 10月,建设厅拟具《管理民办车运暂行条例》《车辆牌照车捐暂行规则》《检验车辆暂行办法》呈请省政府令准实行。车辆牌照管理以铜质号牌代用,司机申请执照须测验合格,缴纳大洋 6 元作为"照费",缮具履历后领取。

4.司机人员管理方面

司机合格与否关系到公路交通安全,对此省政府在《管理民办车运暂行条例》对司机驾驶汽车的考核已有说明,根据该条例,建设厅制定了《检验车运司机人员暂行规则》,[①]规定司机人员须经建设厅测验合格并发给执照方能驾驶,并对测验方法进行了具体规定。1933 年建设厅对司机考核的内容有三分钟倒车,三码小转弯,下坡倒车,三十码直线,过障碍物等。[②] 同时,要求各车行造具司机名册呈报建设厅,由建设厅组织测验。在汽车司机人员的管理上,汽车司机职业工会推荐会员定期会同建设厅检查各司机执照,以免"未经测验者滥竽其间",威胁乘客安全,妨碍各司机工友的名誉。[③] 在汽车运输兴起,人们交通安全意识淡薄的时期,加强对司机人员的管理,提高驾驶技术,是减少交通安全事故的有效手段。

(二)国民中央政府主黔时期

国民中央政府主黔后,公路交通管理纳入中央,交通法律条规也逐渐采用中央颁发的法规。抗战时期,为保证西南公路交通建设及运输的顺利进行,国民政府不仅对西南公路交通管理机构进行调整,同时,国民政府及贵州地方政府制定了大量公路交通法规,涉及组织人事、交通安全、车辆业务、交通收费等方面,形成了比较完整系统的公路交通法规体系,颁布的各项法规是战时公路

---

① 《建设厅检验车运司机人员暂行规则》,《贵州省政府公报》,1930 年第 40 期。
② 《建设厅牌示(1933 年 11 月 17 日)》,贵州省档案馆:M60-1-4532。
③ 《汽车司机职业公会呈建设厅文(1934 年 8 月 9 日)》,贵州省档案馆:M60-1-4532。

交通管理的法律依据,公路管理部门依据这些法规对公路交通进行管理。

1.组织人事方面

国民政府颁布了《交通部公路总管理处组织条例》《交通部公路运输总局暂行组织规程》《交通部公路管理处组织通则》《交通部公路运输局组织通则》《汽车技工管理规则》《汽车驾驶人管理规则》《特种考试公路技术人员考试暂行条例》《各省市汽车驾驶人考验规则》《战时汽车驾驶人及技工受雇解雇暂行办法》等。对于司机技匠的考验和管理,《各省市汽车驾驶人考验规则》从体格、交通规则、机械常识、驾驶技术、地理常识等方面对司机进行考核。《各省市汽车匠徒考验规则》对技匠应掌握的技术有明确规定。初级技匠需懂得浅近文字和简单算术;中级技匠须掌握工作技能及相应常识;高级技匠需掌握机械工作方法、汽车原理及汽车零件构造等内容。[①] 1939 年 10 月颁布《汽车驾驶人管理规则》《汽车技工管理规则》,规定驾驶人及汽车技工由交通部统一管理,对他们的任职及考核原则都做了规定,成为各地驾驶人员及技工管理的原则性法规。贵州省政府根据国府颁行的相关法规及本省情况制定了贵州省司机及相关人员的管理制度。《贵州公路局汽车司机服务规则》对司机及工人的工作职责、工作时间、薪金等级、请假、违反规定的处罚等均做了具体规定。《贵州省管理汽车及司机技匠暂行章程》第四章对司机及技匠的管理做了具体明确的规定,要求"凡在本省境内驾驶各种汽车(包括一切机力车辆)之司机,无论是否车主或雇佣司机,均须领有全国公路交通委员会颁发之统一驾驶人执照",且在规定时期内向公路局申请换领统一执照。对于要学习驾驶者,须向公路局提出申请,登记后经定期考验体格、文字、算术后才能学习驾驶,"学习驾驶司机执照期限为三个月,期内如已练习纯熟或期满仍须继续学习,应向公路局申请核准定期考验或展期练习"。[②] 驾驶人员如违反《贵州省管理汽车及司机技匠暂行章程》规定,将被处以罚金、吊销或扣留执照等处罚。

---

① 《各省市汽车匠徒考验规则》,《湖北省政府公报》,1936 年第 233 期。
② 《贵州省管理汽车及司机技匠暂行章程》,贵州省政府秘书处法制室:《贵州省单行法规汇编・第三辑》,贵阳:文通书局,1938 年,第 688~689 页。

2.交通安全方面

1938 年省政府颁布的《贵州省取缔牲畜通行公路暂行办法》对牲畜在公路上行走时必须遵守的规则和处罚做出明确规定,[①]比 1931 年的《汽车伤害人畜办法》更加完善。交通部严格要求汽车不得超载,"各种汽车载重不能超过其设计构造之安全限度",[②]汽车超车时须先鸣笛,得到前车驾驶人手势表示后,后车才能靠前车右边超过,在弯道、下坡或"经过桥梁城市内街巷狭路十字口、铁道、医院、学校及路旁立有警告标志等处不得超越前行汽车"。[③] 行车速率不得超过每小时 40 公里,经过繁盛街市每小时不得超过 25 公里,繁盛街市内每小时不得超过 8 公里。此外,还对经过特别之地的行驶速度进行规定。[④] 贵州省根据本省实际对行车规则也做了具体规定。[⑤] 抗战前省政府对肇事处理无明确处理办法和标准,实行的是仲裁办法。1937 年 7 月颁行的《贵州省管理汽车及司机技匠暂行章程》第十七条对肇事的处理也仅是汽车肇事时"填具汽车肇事报告单,以最迅速方法报告公路局查核",对肇事处理办法无具体规定。1940 年 5 月,交通部颁行《全国汽车肇事报告实施办法》及 1942年 1 月运输统制局公布的《全国公路行车通则》对肇事处理办法做出具体规定。贵州省公路管理局依据以上办法制定了《汽车肇事处理办法》,但仅对公路局所属汽车有效力,其他汽车可参考借鉴。

3.车辆业务方面

贵州省政府颁布的《贵州省管理汽车及司机技匠暂行章程》进一步完善了

① 《贵州省取缔牲畜通行公路暂行办法》,贵州省政府秘书处法制室:《贵州省单行法规汇编·第三辑》,贵阳:文通书局,1938 年,第 700～701 页。
② 《汽车管理规则》,交通部参事厅编:《交通法规汇编补刊》(上册),大东新兴印书馆,1940 年,第 177 页。
③ 《汽车管理规则》,交通部参事厅编:《交通法规汇编补刊》(上册),大东新兴印书馆,1940 年,第 176 页。
④ 《贵州公路局汽车司机服务规则》,贵州省政府秘书处法制室:《贵州省单行法规汇编·第三辑》,贵阳:文通书局,1938 年,第 634 页。
⑤ 《贵州省管理汽车及司机技匠暂行章程》,贵州省政府秘书处法制室:《贵州省单行法规汇编·第三辑》,贵阳:文通书局,1938 年,第 689～693 页。

汽车牌照管理,制定黔字号车牌,对车牌的发放、收费进行管理。如第 11 条,汽车检验合格后,应照章缴纳号牌费及执照费,汽车号牌及行车执照不合格者,应饬令修理或改造完成后再行申报检验;第 13 条,凡领有公路局发放牌照的汽车,每年一月上旬进行总检验一次,检验合格后以旧照换新照;第 19 条,试行汽车须请领试车号牌及试车执照。此外,对汽车号牌遗失、停止使用、党政军机关及私人自用汽车牌照也有明确规定。[①] 根据该章程,贵州公路局统一了全省汽车牌照管理。抗战期间来往贵州公路的汽车数量多,为便利汽车管理,1939 年省政府颁布了《各车站检查办法》,对汽车牌照的管理更加严格,规定无牌汽车一律不准上路行驶,在贵州省内开设车行公司的汽车,须领有公路局所发牌照才能行驶。国民政府为规范各省汽车及司机管理,制定了《汽车管理规则》,要求各省按要求更换全国统一牌照,贵州省奉令于 1940 年 1 月换发国字牌照,黔省字牌照即行废止,贵州汽车牌照管理纳入全国统一管理范围之中。

4.交通收费方面

贵州公路建设之初没有养路费用征收相关规定,车行申请汽车营运只需缴纳 30 元车捐即可上路行车。在 1937 年 7 月颁行的《贵州省管理汽车及司机技匠暂行章程》中收费名目是汽车车捐和通行费。取得执照的汽车不分种类缴纳车捐 30 元,党政机关自用汽车有正式公文证明无营利性质的可免车捐,但税收机关、营业机关及合作社等应照章缴纳。营业汽车行驶公营路线缴纳通行费,费率按汽车大小及座位数确定,空车不计。其他省市车辆进入贵州境内的(不含互通汽车省市之车辆)向公路局申请登记,缴纳车捐后方可通行。随着公路修通里程及汽车数量的增加,养护组织的设立,增收养路费成为必然。1939 年行政院公布《公路征收汽车养路费规则》,规定:

> 凡中央地方交通机关于其所辖公路专设养路组织,常年保养改善以便利车辆行驶者,对于行驶各该公路之汽车,除机器脚踏车及乘人自用小

---

① 《贵州省管理汽车及司机技匠暂行章程》,贵州省政府秘书处法制室:《贵州省单行法规汇编·第三辑》,贵阳:文通书局,1938 年,第 680~684 页。

汽车应予免征外，一律依照本规则之规定征收养路费。

征收标准为：

> 一、乘人营业小汽车（七座以内），按每车每公里计；二、乘人大汽车（七座以上），无论自用或营业按每车每公里计算；三、运货汽车，无论自用或营业按规定载重量每公吨每公里。①

根据规定，省内干线和支线公路养路费分别由西南公路管理机构和省公路局征收。1941 年和 1944 年交通部制订《征收汽车养路费实施办法》，并设立站卡查处偷逃养路费及其他违章事件，以保证养路费的征收。

在公路交通管理中，对关系汽车运输的各方面政府均有规定，这里要特别强调的是公路管理机构对司机私搭旅客的管理。抗战时期，车少客货多，政府对汽车运输的管控也影响到司机的收入，且存在利用军车私搭旅客的现象。为加强管理，取缔私搭旅客的行为，1938 年 3 月贵州省公路局制定了《贵州省公路局取缔司机私搭乘客暂行办法》，要求车辆按规定装载乘客，如乘客未满，须在规定车站停留装载、验票，不能中途私搭，乘客可以检举司机私搭，经查实司机确有私搭行为，除开除、吊销执照外，处 100 元以下之罚金，罚金作为检举人的奖金。② 尽管公路局对司机私搭旅客多次三令五申，严予禁止，但私搭现象仍屡禁不止，公路局不得不加重处罚，私搭司机永远吊销执照，"并照所收票价加倍处罚，如情节重大，即通知各省市不准再予执业"；同时对乘客处以出发站至查获站票价加倍的处罚；私搭车辆经过站点的站长未发觉私搭，给予记过处分，"以为不尽职者戒"，③希望从司机、乘客、站点工作人员三方面杜绝私搭现象。

贵州的公路交通管理在初期由建设厅直接掌管，国民政府中央主政贵州

---

① 《公路征收汽车养路费规则》，《西南公路》，1939 年第 59 期。

② 《贵州省公路局取缔司机私搭乘客暂行办法（1938 年）》，贵州省档案馆：M60-1-4714。

③ 《拟具检举司机私搭旅客奖惩办法四项请鉴核（1938 年 3 月）》，贵州省档案馆：M60-1-4714。

后,一方面将主要公路的营运权收归公营,另一方面改组公路管理机构,成立贵州省公路管理局,贵州公路的经营权与管理权统归中央。抗战时期,国民政府为适应战时需要,加强公路交通的管理,设置公路交通管理机构,颁行各项办法,贵州公路的管理步骤逐渐与全国统一。法律制度在地方的实施及实施程度的强弱是国家权力对地方政权控制力度的一个体现,国民政府中央主政贵州后,特别是在抗战时期,制定的各项公路交通管理政策在贵州基本上都得到了推广实施,体现了国家力量对地方政权控制力的加强。

抗战时期贵州的公路交通管理,无论是机构的设置,还是交通法规的制定实施,均是因应抗战需要,具有明显的战时交通统制特点。正如时任交通部部长张嘉璈在《战时交通问题》中所讲:

> 战时的交通管理政策,则是按照国防计划,在强制施行的环境中,以争取战争的胜利为目的。所以战时交通管理,必须使交通各部门各单位,在统一的意志指挥下,调度灵敏,步伐一致,才能达到战时交通的最高目的。因此必须要有一种"统制"的精神。"统"字的意义是使各种不同的甚至相反的事事物物有计划的统一起来,组织起来;"制"字的意义就是利用组织统一的方式而发生一种力量,更进一步来运用这种力量。所以战时交通一定要在这种有计划有组织而统一的管理之下,才能够完成它对于全国总动员的任务。[1]

三、运载法规的制定

随着汽车增多和汽车运输业的发展,运输市场也相应发展起来,为了规范运输市场,政府必须制定合适的规章制度规范和约束供求双方的行为。

贵州省在车运事业兴起之初,省政府对汽车的运载情况并无过多规定,只在《管理民办车运暂行条例》中规定乘车人数及载重必须依照车辆载重量数装

---

[1] 陆士井主编:《中国公路运输史》(第 1 册),北京:人民交通出版社,1990 年,第 338 页。

运,其重量不得超过车辆载重量。① 在汽车运载收费方面,客车每人每 10 里大洋 3 角,12 岁以下减半,可免费携带行李 20 斤,超过限定则照货运规则计算收费。货车运货无论何种货物,每 10 斤每 10 里大洋 2 仙 2 星,不足 10 斤者按 10 斤计算。同时对于人力车及兽力车运载客货也有相应的规定。②

在国民政府主政贵州后,贵州的汽车运输逐步纳入全国管理体制。1935年省政府将公路收归公营,并于同年 10 月公布《贵州全省公路管理局长途汽车载客暂行规则》,对旅客乘车规则及收费均有具体规定。③ 公路收归公营打破了商营车行在贵州各公路营运的局面,这一规则的公布则将公路运输的收费标准掌控在了政府手中。1936 年 6 月全国交通委员会厘定颁布《公路汽车载客通则》,对旅客乘车规则、车票及票价、行李包裹运输等均做了明确规定。同时颁行的还有《公路汽车货运通则》,对运输货物等级、运送办法、货主与承运方的责任、运价等做了具体明确的规定。④ 贵州省根据上述两个通则于1936 年 9 月核准通告《贵州省政府建设厅汽车载客暂行章程》和《贵州省政府建设厅汽车运货暂行章程》。

抗战爆发后,汽车运输成为后方人员物资流动的主要交通运输方式。贵州省政府于 1937 年 9 月 21 日通过《贵州公路汽车载客运货附则》,该附则对省内公路汽车客货运输各项价目做了具体规定:普通班车每人每公里 0.4 元,特别快车每人每公里 0.45 元,此外还有包车价格,按座位数进行收费。旅客携带行李超过免费重量按每 5 公斤为单位递进计算。在货物运输方面,最低运输货物重量为 25 公斤,超过该重量时按每 5 公斤递进计费,如果是按吨报运则以 1 吨为最低起运,超过者按 1/4 吨递进收费;同时货物的运输按高等和低等货物计算运价,在运输的货物中如果高等货物占半数以上,运费照高等货物运价核收,如果低等货物占半数以上,运费照低等货物运价计费再加入高等

---

① 《管理民办车运暂行条例》,《贵州省政府公报》,1930 年第 38 期。
② 《民办车运营业收费暂行守则》,《贵州省政府公报》,1931 年第 66 期。
③ 贵州省政府秘书处法制室:《贵州省单行法规汇编·第一辑》,贵阳:文通书局,1935年,第 464～469 页。
④ 参见南京市政府法规编纂委员会:《南京市政府法规汇编》(三),出版单位不详,1937年。

货物应补足之运费。旅客携带银币、铜币或其他硬质辅币也有相应计费方式。[①] 随着战局发展,军事运输成为首要任务,为加强对全国公军商车辆统一调配,1939 年军事委员会设立军事运输总监部及运输总司令部。11 月公布《战时公路运输条例》及《战时公路运输实施细则》,实施公路运输统制政策,集中调用后方军公商汽车,增强公路运输效率,为战时运输服务。在战时运输统制政策下,人员物资的运输以军公优先。

综上所述,运载法规的制定和实施与主政当局密切相关。在军阀统治时期,贵州汽车运输法规并不健全,商车是主要的运输主体,政府处于监督地位。而在国民政府中央主政贵州后,贵州的汽车运输管理纳入了国家管理范围,省政府要遵守国家法规,并结合本省实际制定相关规章制度,规范汽车运输行为。在战时运输统制政策下,各类运输汽车须服从国家利益,在战时体制下发挥汽车运输的能力和优势。

第二节 公路养护与交通事故处理

一、养护标准及其实施

贵州公路在建设之初以修筑为主,对公路的养护并不重视,加上筑路时资金、技术等欠缺,所筑公路质量较低,损毁严重。直至 1935 年贵州公路养护工作并无健全组织,在经费上也"尚无余款"。抗战爆发后,公路运输日显重要,国民政府中央及贵州省政府加快贵州道路建设,公路养护工作逐渐受到重视。

贵州公路建设之初,养路组织并不健全,直至 1935 年,川黔路的营运权收归公营以后,由建设厅工程处组织养路队负责养护。后公路工程处撤销,组织

[①] 《贵州公路汽车载客运货附则(1937 年 9 月 21 日省政府委员会第 367 次会议通过)》,贵州省政府秘书处法制室:《贵州省单行法规汇编·第三辑》,贵阳:文通书局,1938 年,第 610～618 页。

成立贵北养路段,隶属于车务总段,并改为养路工区,每路成立工区一处,设立道班负责公路修养事宜。1935年11月省政府核准备案《贵州省公路干线养路暂行办法》,规定了贵东、贵南、贵北、西北干线(贵阳至毕节)、西南干线(贵阳至黄果树)各线道路养护起讫地点,并要求"凡干线经过各县,应由县长饬由当地区乡镇长就该管地段,每十日巡视一次",[①]整理工程的土工由所经各县民工义务劳动,木石工则由县政府或建设厅负责,所需工资物料由各县建设款内支付。可见,该时期公路养护工作主要由路线所经各县具体负责。

表 3-2-1　四大干线养路组织变迁表

路线	时　间			
	1937 年	1938 年	1939—1945 年	1946 年
湘黔路	在黄平设养路工区,辖全线372.42公里养路工程,道班8,飞班2,工人310人	道班8,工人248人	移交西南公路管理局接管	设总段1,分段3
川黔路	在桐梓设养路工区,辖全线308.55公里,道班6,飞班1,工人217人	道班8,工人248人	移交西南公路管理局接管	设总段1,分段3
滇黔路	设养路工区于永宁州,辖全线412.33公里,道班7,飞班1,工人248人	道班12,工人372人	移交西南公路管理局接管	设总段1,分段4
黔桂路	无养路组织	为甘粑哨至六寨设养路工区于独山,道班8,工人248人	移交西南公路管理局接管	设总段1,分段2

　　资料来源:何辑五:《十年来贵州经济建设》,南京:南京印书馆,1947年;贵州省人民政府财政经济委员会编:《贵州财经资料汇编》,出版单位不详,1950年,第695页。

　　1936年9月,省政府委员会通过《贵州省政府建设厅养路工程处及养路实施办法》,明确指出建设厅负责全省已成公路的养路事宜,并成立养路工程处统筹办理。同时对养路工程处组织结构及人员设定进行了配置,规定养路

---

① 张肖梅:《贵州经济》,中国国民经济研究所,1939年,第Q63页。

工程处设主任 1 人,掌理养路一切事宜,主任下设工务股(股长 1 人,技佐 6
人,测工 4 人,小工 4 人)和事务股(股长 1 人,办事员 2 人,书记 1 人,工役 2
人)。道班组织为监工 1 名,班长 1 名,泥、木、石工共 5 名,路工 30 名。干线
每 60 公里配置 1 个道班,支线每 100 公里配置 1 个道班。[①] 抗战爆发后,国民
政府中央加强了对贵州公路交通的管理,省内主要公路干线由中央政府直接
负责(见表 3-2-1)。1939 年,四大干线养护工作由西南公路管理局接管,"统
一养路组织,使之整齐划一",[②]将原来的长晃、晃平、筑渝、筑柳、平昆、渝沅 6
段改设工程处 11 处,每处管理 300 公里线路,下设分段,管理 100 公里,每分
段设监工 2~3 人,每 10 公里设道班一班,每班 20 人,同时,增设飞班,负责抢
修工作;增设测工,负责施工测量。贵州省公路局则负责省内其他重要支线的
养护(见表 3-2-2),1940 年贵州省公路管理局各养路工区员工共计 881 人,[③]
负责省内重要线路的养护事宜。

表 3-2-2　贵州省内重要支线养路概况表

路线	时　间					
	1938 年	1939 年	1940 年	1941 年	1943 年	1945 年
清毕路	在黔西设养路工区,道班 6,工人 186 人		道班 8,特班 1,渡伏班 1,工人 186		养路工区改为养路段,人数不变	养路段撤销
贵惠路	在贵阳设工区,道班 1,工人 31 人	工区改设花溪,道班 1,工人 31 人	道班 4,工人 31 人		道班 4,工人 31 人	
沙八路	由滇黔路兼办养护沙子岭至安龙一段	设养路工区于兴仁	道班 4,特班 1			

① 张肖梅:《贵州经济》,中国国民经济研究所,1939 年,第 Q63 页。
② 交通部西南公路管理处编:《三年来之西南公路》,出版单位不详,1938 年,第 103 页。
③ 贵州省公路管理局编:《抗战四年来之贵州公路·养路》,出版单位、时间不详,第 6 页。

续表

路线	时　间					
	1938 年	1939 年	1940 年	1941 年	1943 年	1945 年
兴兴路		由兴仁养路工区兼办				
铜玉路		设养路工区于铜仁	道工 60 人		道班 2,特班 1,渡伕班 1,工人 60 人	
陆三路				设养路工区于八寨,道班 2,工人 47 人		
遵思路				设养路工区于湄潭,工人 252 人		

资料来源:贵州省人民政府财政经济委员会编:《贵州财经资料汇编》,出版单位不详,1950 年,第 695～696 页。

在养路经费上,一方面向来往汽车收取养路捐,另一方面由公路管理局营业收入中"以资挹注"。西南公路管理局对于行驶的各种车辆,除机器脚踏车及日用小汽车外,其他公商车辆按照 1939 年 9 月政府公布的公路征收汽车养路费规则及公路保养设施通则一律征收养路费。征收标准为乘人营业小汽车(七座以内),每车每公里征费 4 分;乘人大汽车(七座以上),无论自用或营业,每车每公里征收 8 分;运货汽车,无论自用或营业,均按照规定载重量,每吨每公里收费 6 分;[①]装运军品的军车,每月由交通部统拨 12 万元,其余装运商品的军车及其他各项公商车辆均照章收费。[②] 在西南公路管理局接管黔省四大干线后,四大干线的养路费由该局征收。

四大干线管理及养护由西南公路局接管,无疑缩减了贵州省公路管理局

---

①　《交通部管辖各公路养路费征收率》,《西南公路》,1939 年第 59 期。

②　交通部西南公路管理处编:《三年来之西南公路》,出版单位不详,1938 年,第 132 页。

的收入及养路费征收。因此,省政府与交通部及西南运输管理局达成协议,省内各支路养路捐由贵州公路管理局照章征收外,各种行驶黔境公路公私车辆的汽车牌照、考验司机执照及稽查取缔车辆一切违章事件等均由黔省公路局照旧办理。黔路局客货车辆行驶黔境公路免缴养路捐。[①] 随着战争局势发展,物资匮乏,养路工料价格日趋高涨,交通部将公路养路捐调整为照原征收费率一倍加征。省公路局也据此调整了省内支线公路征收费率,"加倍征收以裕收入,而资挹注"。[②]

贵州公路养护实行分级管理,西南公路管理机构统一管理西南主要干道,成立"西南公路运输总管理处"办理运输与养护工作,后改组为交通部西南公路运输管理局,养路工程全部由西南公路运输管理局办理。黔省公路管理机构照常办理运输及省道养护等工作。

二、交通事故的处置

随着公路修筑里程的增加和行驶车辆的增多,交通事故的发生在所难免。对于交通事故发生的原因,时人认为驾驶疏忽、行人不慎、机件失灵、道路不良是主要因素。[③] 交通部也认为驾驶不慎与机件损坏是造成交通事故频发的主要原因。[④] 为减少交通事故的发生,降低交通事故影响,政府颁行法律法规规范行车行为,并对肇事后处置方式进行规定。

1.颁行法律法规

1936 年国民政府公布《公路交通管理条例草案》,规定车辆肇事后应立即向就近岗警报告或 24 小时内向当地主管机关报告;驾驶人肇事伤害他人生命或有肇事嫌疑者,由岗警加以逮捕并移送法院;驾驶人如肇事逃逸,除依法惩办外,其执照永远吊销;驾驶人酒后驾车或服用刺激性药品后驾车肇事,根据

①　贵州省公路管理局编:《抗战四年来之贵州公路·交通管理》,出版单位、时间不详,第 4 页。
②　贵州省公路管理局编:《抗战四年来之贵州公路·交通管理》,出版单位、时间不详,第 6 页。
③　张子孚:《实施公路交通安全运动刍议》,《公路月报》,1943 年第 3 期。
④　《交通部训令》,《交通公报》,1943 年第 3 卷第 16 期。

情节轻重分别处罚并吊销驾照;要求所有汽车须投保第三者责任险。① 1937年 2 月全国公路交通委员会第二次常会通过《营业汽车投保第三者险暂行办法》,规定营业汽车须投保第三者责任险,并将保单呈报主管机关核查,合格后才能领照营业。② 从上述的条款可以看出对汽车肇事及相应处理办法有明确的规定,处罚力度不小,且要求车辆购买第三者责任险,这对受害人有一定保障,但在车辆造成的财产损失方面并未说明,可谓不足。1938 年 5 月 1 日,西南运输管理局也公布施行该局行车肇事的处理章程,因该局车辆驾驶人之过失伤害到乘客行人时,按不同情况进行办理:致伤害轻微者给 5 元以下医药费;伤势较重者给 20 元以下之医药费;重伤但不致残废者给 50 元以下之医药费;因伤而致残废者,除给 50 元以下之药费外,另给 100 元以上之抚慰金;因伤医治无效而死亡者,除给 50 元以下之医药费外,另给 50 元以下之丧葬费及150 元以下之抚慰金;受伤后立即死亡者给 50 元以下之丧葬费并 150 元以下之抚恤金。③ 交通肇事直接伤害人命及财产,妨碍交通发展,为及时彻底地了解肇事原因,1940 年 5 月,交通部颁行《全国汽车肇事报告实施办法》及肇事报告单,要求"各公路及运输机关,以后如遇汽车肇事,应即按照事实依式填报,以便力图补救并研究预防方法"。④ 1942 年 1 月运输统制局公布《全国公路行车通则》,将行车事故分为撞车及翻车、火灾、伤亡人命、车辆损坏四类,并对每一类事故均做出具体的说明及处理方法。⑤

　　贵州省政府也在行车肇事方面制定了相关条款。1937 年 7 月颁行的《贵州省管理汽车及司机技匠暂行章程》第 17 条对肇事的处理也仅是汽车肇事时"填具汽车肇事报告单,以最迅速方法报告公路局查核",汽车修理完善后报请公路局检验合格后才能重新行驶,对肇事处理办法无具体规定。⑥ 交通事故

---

① 《公路交通管理条例草案》,《道路月刊》,1936 年第 52 卷第 2 期。
② 《营业汽车投保第三者险暂行办法》,《四川公路月刊》,1936 年第 12 期。
③ 《交通部西南公路运输管理局行车肇事处理章程》,《西南公路》,1938 年第 2 期。
④ 《奉令发汽车肇事报告实施办法》,《川滇公路》,1940 年第 10~11 期。
⑤ 《全国公路行车通则》,《广东省政府公报》,1943 年第 918 期。
⑥ 贵州省政府秘书处法制室:《贵州省单行法规汇编·第三辑》,贵阳:文通书局,1938年,第 681~682 页。

发生原因之一是行人、牲畜在公路上通行。为此,贵州省政府于 1938 年发布
《贵州省取缔牲畜通行公路暂行办法》,规定牲畜通行公路必须有人牵引或驱
使且靠右行走,遇车辆时须让车先行,牲畜管理人不得离开牲畜等,如违反由
公路局或法院依法处理。[①] 1938 年 3 月省政府通过《贵州公路局汽车司机服
务章程》,第 72 条对行车出险后处理进行了规定(具体处理方式见表 3-2-3)。
从表中所列的处理方式可以看出,公路局对因驾驶技术造成的损失或伤害的
处分是比较严厉的,特别是致伤行人、伤毙行人、致伤行客、伤毙乘客,无论是
否司机原因,司机都得接受惩罚。这使得司机在驾驶过程中必须谨慎认真,以
免造成事故,但是在汽车行驶中出现事故是难以避免的,因此,贵州省公路管
理局依据交通部颁行的《全国汽车肇事报告实施办法》及运输统制局公布的
《全国公路行车通则》制定了《汽车肇事处理办法》,但仅对公路局所属汽车有
效力,其他汽车可参考借鉴。

表 3-2-3 贵州省公路局行车出险情况之处分

出险情况	处理方式	
	出险原因系由行人不照行路规则或乘客不照客货运输规则所致	出险原因系由技术工人不照本规程所致
车辆驶出路外但不伤人	不处分	视其所犯条文依前条加重一等记过
车辆撞触路外但未伤人车辆亦无损坏	不处分	同上
撞触前车但未伤人,两车亦均无损坏	警戒	同上
车辆翻倒但未伤人,车辆亦无损坏	警戒	视其所犯条文依前条加重二等记过
两车相碰但未伤人,两车亦均无损坏	警戒	同上

---

① 贵州省政府秘书处法制室:《贵州省单行法规汇编·第三辑》,贵阳:文通书局,1938
年,第 700~701 页。

续表

出险情况	处理方式	
	出险原因系由行人不照行路规则或乘客不照客货运输规则所致	出险原因系由技术工人不照本规程所致
致伤行人、伤毙行人、致伤行客、伤毙乘客	经乘客半数以上证明司机应完全不负责任者不处分,经乘客指证有避免之可能者视其可能程度记过四等至开除	视情节轻重係前条加重处罚并得吊销其执照通知各省市永远不得发给司机执照,同时送法院究办
损坏车辆机械价值在一百元以内	警戒,其损失由原肇事行人或乘客赔偿之	视其所犯条文依前条加重一等并罚扣薪饷一个月
损坏车辆机械价值一百元至二百元	同上	视其所犯条文依前条加重一等并罚扣薪饷两个月
损坏车辆价值三百元至五百元	同上	视其所犯条文依前条加重二等并罚扣薪饷三个月

资料来源:贵州省政府秘书处法制室:《贵州省单行法规汇编·第三辑》,贵阳:文通书局,1938年,第651~652页。

2.交通事故的处置机构

在交通事故的处置中,公路管理机构、法院均处于重要地位。

1936年公布的《公路交通管理条例草案》规定,驾驶人伤害到他人生命或有肇事嫌疑的由岗警逮捕移交法院。[①] 1937年2月,全国公路交通委员会通过的《公路交通违章处罚规则草案》中规定因汽车肇事造成生命财产损失、超载肇事、肇事逃逸、肇事后隐匿不报、无主车辆、伪造牌照执照、私装客货营利等行为须移交法院处理。[②] 贵州公路管理机构根据国家法规亦规定肇事司机由法院依法处置。据统计,1945年6月至1946年5月,贵阳市区共发生汽车

---

① 《公路交通管理条例草案》,《道路月刊》,1936年第52卷第2期。
② 《公路交通违章处罚规则草案》,《四川公路月刊》,1936年第12期。

肇事 51 次,受伤 38 人,死亡 15 人,肇事司机均被移送法院法办。[①]

　　随着公路管理机构职能的完善,其在事故调查、处置上也日渐重要。1926 年贵州设立路政局,其职责主要是修筑贵阳市马路,为贵州路政管理之始,此后管理机构不断改组,职能也不断完善。1936 年成立车务总段,下设交通管理股,掌理全省汽车检验、司机技匠考验、牌照核发、违章稽查及汽车互通事宜。同年建设厅规定车辆肇事后由就近的岗警勘查,如无岗警,驾驶人应在事后 24 小时内向当地主管机关汇报肇事情形并听候核办。1937 年设贵州公路局,对下设机构进行调整改组,设路警队,加强全省各路管理。[②] 1938 年 5 月西南公路运输管理局在《行车肇事处理章程》中提出驾驶人或肇事关系人应负刑事责任由法院办理外,双方自愿和解的,可由西南运输管理局根据规定按造成的损伤情况进行赔偿。[③] 1940 年交通部实施《全国汽车肇事报告实施办法》,责令各公路及运输机关,须将汽车肇事情况按单填写清楚,三日内报告交通部汽车牌照管理所,逾期不报一经查明其有关各方应由主管长官予以惩处。[④] 这一办法的实施使各地在肇事处理上有了较为一致的标准。同时要求各站管理人员有协同调查缉获肇事事件及人员之责。[⑤] 公路管理机构职能不断完善,省政府、公路局颁布各种肇事处理法规,与法院协同处理肇事案件,形成了一个相对完善的处理机制。

小　结

　　军阀时期由于主政者更迭,贵州公路管理机构几经变换,国民中央政府主

---

① 贵州省地方志编纂委员会编:《贵州省志·公安志》,贵阳:贵州人民出版社,2003 年,第 58 页。

② 张肖梅:《贵州经济》,中国国民经济研究所,1939 年,第 E2～E3 页。

③ 《交通部西南公路运输管理局行车肇事处理章程》,《西南公路》,1938 年第 2 期。

④ 《全国汽车肇事报告实施办法》,《汽车管理》,1940 年创刊号。

⑤ 《汽车肇事伤毙行人各站管理人员应协同缉查》,《西南公路》,1940 年第 90 期。

政贵州后,改组贵州省公路局,将贵州路政纳入中央治理之下。抗战爆发后,公路运输日显重要,国民政府极其重视西南公路交通运输网的建设和整顿,并成立相关机构直接承办具体事宜。此时在贵州的公路管理机构有地方系和中央系两个系统同时并存。抗战期间,为加强对贵州及西南地区交通运输的管理,国民政府或在贵阳设置管理机构,或根据局势发展及实际需要将管理机构迁入贵阳。在贵阳的公路管理机构既是为了适应战时需要,也体现了国民政府对西南地区的公路交通运输管理从未放松的态度。

军阀时期贵州省政府在公路工程、交通安全、车辆管理、司机人员管理等方面均有规定。这些法规条款对初创时期的贵州公路交通管理起到了一定的规范作用。国民政府主黔后,公路交通管理逐渐纳入中央,交通法律条规也逐渐采用中央颁发的法规。抗战时期,为保证西南公路交通建设及运输的顺利进行,国民政府及贵州地方政府制定了大量公路交通法规,形成了比较完整系统的公路交通法规体系。为保证战时公路交通的顺畅,中央及地方政府对公路养护工作实行分级管理。西南公路运输管理局负责主要干道养护,黔省公路管理机构照常办理运输及省道养护等工作。

从贵州公路交通管理的发展演变,可知国民中央政府通过路政管理机构的改组设置及法律法规的制定与实施,逐渐将贵州的路政管理纳入国家体系之中,国家权力也由此渗透到地方社会。

第四章　公路网络与物资、人员运输

公路修筑使贵州原有的运输方式和运输路线逐渐发生变化。因局势的演变及国民政府国家统制政策的实施,公路运输成为大后方物资运输的主要方式。同时,不法分子也利用公路运输进行走私活动,公路走私也因此成为国民政府打击走私行为的一个重要方向。军事物资及人员运送、内迁机构人员的转移也依赖公路运输。本章阐析在国家统制政策下,贵州公路网络对物资运销及人员内迁发挥的作用。

第一节　公路网络与关卡制度的转变

一、公路网络形成之前的关卡制度

在公路网络形成以前,贵州地方政府对商货征税主要依靠在往来频繁及商贸较为繁荣的线路和地区设立卡点,而对来往货物抽取厘金是贵州财税的主要来源之一。贵州厘金的征收始议于咸丰九年(1859),为镇压贵州人民起义,清军将领郭超向贵州巡抚蒋蔚远提议:

铜、松、思、石、镇一带,上达滇黔,下通川楚,为客商往来必由之路。

其盐、茶、桐油、土药、麻木、竹木百货税课厘金,若道路无阻,办理得法,月可获万余金。[①]

郭超所提出的地区不仅是贵州土特产出产地,也是黔货出山的主要出口,他希望在客商来往频繁的关口征收百货厘金以解决兵饷问题。咸丰十一年(1861)11月,贵州巡抚刘源灏与提督田兴恕奏请设局抽厘,称贵州的财政早已枯竭,全靠各省协饷,"黔民本无巨户,叠次劝捐,搜刮殆尽。其取之不竭者,莫如厘金",[②]并计划在川盐入黔的仁、永、綦、涪四岸各设一局抽取盐厘,在贵州与湖南边界的流塘、托口、龙溪口各设一局,抽取来往货物厘金,贵州厘金局始设。抽取厘金的货物主要是盐、木材、土药(即鸦片)、棉花洋纱及其他杂货。

最初设立的厘金局只有上述7个,光绪末年贵州厘金大局共有49个,分别为平彝、毕节、曹家溪、大关、安顺、镇宁、贵阳、漾头、铜仁、正大营、遵义、普安、松坎、黄草坝、坡脚、三江、瓮硐、白层河、丙妹、正安、赤水、永兴、仁怀、新城、印江、威宁、古州、玉屏、绥阳、独山、瓮安、三脚、清水塘、青山、镇远、小河、五官坝、平伐、岜羊、小井、马场、下司、龙溪、水城、松桃、镇西卫、定番、新场、龙场。[③]

护国战争后,军阀混战,匪患抢劫者层出不穷,商货在途中无安全保证,地方军阀以护商名义敛财,称为护商费。周西成主政贵州后,将护商费纳入省税项目,规定凡贩运烟土、盐斤、百货等须缴纳护商费,凭护票运输。1926年将护商费改由厘局征收,在全省通衢要道设有厘局、分卡和查卡。厘局与分卡查验货物,征收厘金,查卡负责货物、厘票的查验工作,以减少或避免偷漏。1929年全省共设有安顺、赤水、镇宁、松坎、白层河、遵义、大关、兴义、毕节、丙妹、盘县、小河、仁怀、赤水河、习水、正安、独山、瓮洞、坡脚、威宁、瓮安、铜仁、沿河、贵阳、松桃、永兴、岜羊、平伐、下司、印江、三江、八洛、濯水、曹家溪、古州、镇

---

① (清)罗文彬、王秉恩:《平黔纪略》,贵州大学历史系中国近代史教研室点校,贵阳:贵州人民出版社,1988年,第134页。

② (清)罗文彬、王秉恩:《平黔纪略》,贵州大学历史系中国近代史教研室点校,贵阳:贵州人民出版社,1988年,第167页。

③ 罗玉东:《中国厘金史》,北京:商务印书馆,2017年,第440页。

远、绥阳、玉屏、水城、流塘等 40 个厘护饷捐局,各局下设分卡、查卡共 449 个。[1]

1930 年冬,国民政府通令各省于次年 1 月 1 日起一律裁撤厘金及类似厘金之一切税捐,贵州也遵令组织裁厘委员会作裁厘准备。为弥补裁厘带来的财政不足,省财政厅提出举办特种消费税,对木植、油、漆、药材、皮毛、汞砂 6 种物品进行征收,并在出口集中之地三江、丙妹、赤水、铜仁、沿河、玉屏、松桃、瓮洞、白层河等处设立征收机构。在征收的税率上,木植、油、漆、药材作为日用品征税,税率为值百抽二点五至值百抽五,而皮毛、汞砂作为半奢侈品征收,税率为值百抽七至值百抽十。[2]

1935 年 1 月,贵州省政府效法广西,征收百货产销统税,规定商人贩运货物经第一道局所时应照税率缴纳税款,持税票运输,如被发现偷漏照应纳税加两倍处罚。裁厘必定减少省税收入,举办的百货统税在税率上如旧,与中央政府裁厘政策不符,应予停办。贵州省政府与国民政府中央磋商,最后商定中央按年协助裁厘补助款 72 万元给贵州政府,于 1937 年 6 月 1 日起实行,届时百货统税裁撤。[3]

从晚清及军阀时期贵州地方政府设立的征税关卡来看,这些关卡除了考虑设置在货物来往频繁之地外,贵州土产产地及出口地也是设立关卡的地点之一。所设立的关卡主要集中在与湘鄂、川渝、桂粤相交之地,这说明当时贵州的土产出口及输入货品从这些地区进入的较多,而且这些地区水运较为方便,有利于货物的运输。

二、公路检查站的设立及其行政管理职责

贵州公路修筑之初,公路管理机关专司修路事宜,对公路的营运、养护并

---

① 贵州省地方志编纂委员会:《贵州省志·财政志》,贵阳:贵州人民出版社,1993 年,第 174 页。

② 《财政厅财力委员会遵令实行裁撤厘金举办特税》,《贵州财政月刊》,1931 年第 51 期。

③ 张肖梅:《贵州经济》,中国国民经济研究所,1939 年,第 N2 页。

无专门之责。1936 年省政府设立车务总段,并设立检查站对来往车辆进行检查。1937 年省政府将车务总段改组为贵州公路局,并规定公路局在公路"冲繁交会地点及省境通衢设立"检查站,对来往车辆进行稽查。在政府专营路线内设有车站的,指定车站兼理稽查职责,在非政府专营的路线则设立检查站,配置工作人员办理检查事宜。检查站主要检查汽车及司乘人员基本信息、营业客货车通行捐是否缴纳、路局所属车辆有无私运客货情况、征收通行捐及违章罚金、其他应办及交办事宜等。[①]

抗战爆发后,国民政府为加强后方军需民用物资运输管理效能,提升车辆行驶效率,1940 年 3 月在重庆组织召开运输会议,决定将西南运输处改组为运输统制局,以参谋总长何应钦为主任,赋予该局统一运输管制与运输检查的全权。局下设监察处,并在各交通路线设置检查站所,实施交通检查。1940年 6 月,军政部颁发《军委会运输统制局暂行组织条例》,[②]明确运输统制局职掌国内外各项公私运输机关与运输工具之调遣分配、支配进出口物资运输之数量及程序、审定有关运输之一般设施、解决有关运输之争议、各该路工程之考核与监督。运输统制局监察处在各交通线设立检查所站,实施全面交通检查,涉及的贵州公路交通检查站点有松坎站、一品场所、遵义站、贵阳所、图云关站、马场坪所、毕节站、平彝所、关岭场站。[③] 贵州省政府及贵州公路管理局根据指示,"除就统制局监察处已经筹组成立检查所之三桥、图云关、马场坪、镇远、六寨、平彝、遵义、松坎、毕节等地,令饬本局各检查所站参加联合检查以符功合外,原有本局各检查所站,即一律实行撤销"。[④] 贵州公路检查在运输统制局监察处成立之后,被纳入了国民政府统一检查管理体系之中。

1943 年 2 月,军事委员会将运输统制局监察处改名为"水陆交通统一检查处",其职责照旧,8 月财政部在重要的运输路线共设水陆交通统一检查所

---

① 张肖梅:《贵州经济》,中国国民经济研究所,1939 年,第 Q47 页。

② 《军事委员会运输统制局暂行组织条例》,《浙江省政府公报》,1940 年第 3240 期。

③ 孙宝根:《抗战时期国民政府缉私研究(1931—1945)》,北京:中国档案出版社,2006年,第 111~112 页。

④ 贵州省公路管理局编:《抗战四年来之贵州公路·交通管理》,出版单位、时间不详,第 67 页

48 处,其中重庆至贵阳线在一品场和三桥设置检查所,贵阳至衡阳线在图云关、榆树湾、衡阳西站设立检查所,[1]分别作为检查川黔、湘黔公路线的公路检查站。在战时条件下,加强交通检查无疑对走私等非法行为给予了一定的打击,在一定程度上保障了后方军需民用物资的供应,但同时也为检查人员盘剥来往车辆提供了机会。

三、公路检查与税卡的税务征收

1935 年国民政府中央主政贵州后,改变了贵州税收省自为政的状态,将贵州纳入中央财政收入范围,在贵州设立税务征收机构,国民政府的税收政策、制度在贵州逐渐贯彻施行,逐渐实现统一化和系统化。

在统税的办理上,1937 年 3 月在松坎设立税务所,后移至贵阳设统税管理所,在松坎、镇远、独山、盘县四处派驻查验员各一人,这四处基本属于贵州与周围邻近省份的交通连接点。松坎位于川黔路上,是四川进入贵州的必经之地。镇远历来水陆交通较为发达,经济贸易也较为繁盛,且是湘黔路上的一个重要市镇。独山属黔南地区,是商旅由广西进入贵州的一个重要的交通据点。盘县则是滇黔路上贵州入云南的重要市镇。1939 年 7 月设贵州统税管理所,负责全省统税征收事宜。1940 年 7 月改组为贵州区税局,下设贵阳、镇远、永从、独山、兴义、盘县、安顺、毕节、遵义、铜仁等十个分局,又设贵阳、遵义、安顺、榕江四个查验所。[2] 所设立的分局和检查所除永从与榕江外,其余地区均是贵州公路交通网上重要站点。

在盐税的办理上,1935 年撤销临时饷捐总局及各分局,先后改由特货统税局及省税局征收,分别在涪岸(松桃、沿河、濯水)、綦岸(松坎、新洲)、仁岸(赤水县)、永岸(赤水河、丙妹)设立处所和卡点。1936 年 2 月在贵阳设立川属黔岸督销缉私局,下辖盘县、天柱、独山三个分局,负责运销征税工作。1936

---

① 《水陆交通统一检查所设置地点表》,《西南公路》,1943 年 8 月。

② 江苏省中华民国工商税收史编写组:《中华民国工商税收史料选编》(第三辑·货物税下),南京:南京大学出版社,1996 年,第 1941 页。

年贵州盐务办事处成立,次年改为贵州盐务管理分局,属川康区盐务管理局,在茅台、思南、遵义、镇远、安顺、毕节、松坎、盘县、赤水、沿河设立支局,①这十个支局大部分都处于贵州进出周边省区的交通要道。1938 年 8 月成立贵州盐务办事处,隶属于财政部,负责贵州省内食盐督运、配销、核价及盐税征收工作,下辖茅台、遵义、沿河、毕节四运销分局,荔波、丙妹两收税局。② 1942 年贵州盐务管理局成立,负责贵州省内盐务。

　　贵州的税政在国民政府中央主政之前为"军阀之一筹饷机关",财政收支"亦听任少数人之意愿以求其欲望之满足"。③ 中央政府主政贵州后,将贵州税收体制纳入中央统一管理,税收机构陆续建立,且建立的征收机构大多均在经济较为繁盛及交通要道之区,从另一个侧面说明在公路沿线设立征收机构对贵州财政收入的重要性,查缉公路走私也成为税收部门的一个重要任务。

四、贵阳、遵义支关税务征收

　　抗战以前,海关关卡多分布在沿海及边境地区,贵州既不靠海也不靠边,在 20 世纪 40 年代以前均无海关机构。抗战时期,东部沿海地区落入敌手,货物的进出口逐渐向西转移,且多利用公路及航空进行运输,这成为贵州海关机构设置的前提。1941 年国民政府将总税务司署移至重庆办公,1943 年总税务司署通令统一海关分支机构名称,增设关卡。当时贵阳、遵义作为两个支关隶属于重庆关,贵州海关机构始成立。贵阳、遵义支关的主要任务是"重组经济防线,杜绝敌货走私,防止后方物资外流,为抗日战争大局服务"。贵阳、遵义支关成立后征收"战时消费税",奉命对滇黔公路运输的"银类器物(含银币)从公路走私"严加注意,如发现有私运出口物资或其他不法情事即予查扣。④

---

① 贵州省地方志编纂委员会:《贵州省志・财政志》,贵阳:贵州人民出版社,1993 年,第 176 页。

② 贵州省档案馆编:《贵州社会组织概览》,贵阳:贵州人民出版社,1996 年,第 105 页。

③ 丁道谦:《贵州地方财政概况》,贵州民意月刊出版发行,1949 年,第 1 页。

④ 贵州省地方志编纂委员会:《贵州省志・海关检疫检验》,贵阳:贵州人民出版社,2017 年,第 173 页。

1943 年 9 月,长沙海关在贵阳成立"总办事处",并接管了贵阳、遵义两个支关。1944 年 8 月,长沙海关贵阳总办事处裁撤,贵阳和遵义两个支关复归重庆海关管辖。1945 年 1 月,海关停止征收"战时消费税",并于同年 2 月裁撤遵义支关。1946 年 1 月,原重庆总税务司署改为驻渝办事处,同年 9 月贵阳支关奉命裁撤。至此,历时四年的贵州海关机构被裁撤。

贵州海关机构设立后,开始征税。1943 年贵阳支关征收的各税中,以战时消费税最多,进口税次之。具体见表 4-1-1。

表 4-1-1　重庆海关贵阳支关税收统计表　　　　　　单位:元

年别	战时消费税	进口税
1943 年	6839736	2878016
1944 年	23227741	13124175
1945 年	1184573	89718300
合计	31252050	105720491

资料来源:谭启栋编:《贵州省统计年鉴·胜利纪念特辑》,贵州省政府统计室,1947 年,第 105 页。

第二节　公路网络与物资的管制和运销

一、粮食、食盐等民生物资的统制管理与公路运销

1.粮食的管制与运销

战争时期,粮食是重要的战略物资,为此,国民政府在抗战时期为保证军需民食,对粮食采取管制措施,成立专门机构,负责战时粮食储运事宜。1937 年 8 月,国民政府公布《统制战时粮食管制条例》,不仅规定了战时粮食事宜由

隶属于行政院的战时粮食管理局负责,且规定了战时粮食管理局的六大事项。[①] 随着战事的吃紧,大量人员机构内迁西南,造成西南人口激增,贵州也迎来大量内迁民众,再加上贵州农业生产和运输条件的限制,导致贵州的粮食供应紧张,价格暴涨。为调剂粮食供应,救济粮荒,贵州省政府于1939年2月1日组织了贵州省食粮运济委员会,下设总务、售米、收米、购运四股。同年11月17日改组为贵州省粮食调剂委员会,由吴鼎昌亲任主任委员,成员除政府主要部门负责人外,还聘请了地方名绅加入,并设文书、调查、采购、仓储、运输、会计等组,负责调剂战时省会军需民食。[②] 1940年8月,国民政府成立了全国粮食管理局,统一管理全国粮食的产销储运,并要求各省、县成立粮食管理局或管理委员会,负责管理各省县粮食的产销储运。[③] 贵州省政府根据国民政府中央规定,1940年9月10日将贵州省粮食调剂委员会改组为贵州省粮食管理局,统管全省粮价、粮源及打击取缔囤积居奇等事宜。1941年7月,国民政府成立粮食部,贵州省政府也于9月将省粮食管理局改组为粮政局,掌管粮食征购、管制、加工、仓储、运输等事宜。1941年,由贵筑、惠水、龙里等28个县运出的公用粮和民食用粮稻谷3.8万担,苞谷1.5万担。由于运输量大,1944年12月在粮政局内设了粮食储运处,专门负责粮食储运。1945年,除由附近各县运给贵阳、遵义、安顺、镇远、独山、毕节、铜仁、桐梓等城市66万担外,还从四川运进约13.5万担。[④]

贵州山多田少,农业生产发展十分缓慢,本省的粮食生产能力有限,米、玉蜀黍、大小麦、杂粮四项的产量仅足敷全省民食88%,不足之数,"多以大豆、

---

① 重庆市档案馆:《抗日战争时期国民政府经济法规》(下),北京:档案出版社,1987年,第320页。

② 吴鼎昌:《黔政五年》,出版单位不详,1943年,第123页;贵州省档案馆编:《贵州省社会组织概览》,贵阳:贵州人民出版社,1996年,第46页。

③ 重庆市档案馆:《抗日战争时期国民政府经济法规》(上),北京:档案出版社,1987年,第35页。

④ 贵州省地方志编纂委员会编:《贵州省志·粮食志》,贵阳:贵州人民出版社,1992年,第222页。

甘薯蔬菜等补充,或自邻省将米输入调剂,若遇荒歉,相悬更巨"。^①贵州米粮不敷的县区多从邻省输入粮食调剂,如赤水缺粮由四川运入,盘县、威宁、毕节等地由云南运入,罗甸由广西运入,^②贵州与邻省公路的修筑方便了粮食的输运,无论是利用人挑马驮还是汽车运输,公路的建成无疑都为粮食的运输带来了方便。

军粮供应是战时粮政及粮食运输的一个主要任务。抗战爆发后,贵州的军粮需求量及调运量不断增大。为适应抗战需要,1939 年,贵州成立了贵州省购粮委员会购办军粮。1940 年 8 月 1 日成立贵州省军粮局,1942 年 1 月成立贵州省军粮运输管理处,负责军粮购买及运输。对于军粮的运输主要有车运、驿运和船运。为方便快速运输军粮,军粮处自备汽车 20 辆,并招雇商车参与运输。军粮运输处成立当年购办了 45 万担军粮,并派出 20 辆汽车负责运输。^③ 1941 年军粮运输汽车运输 12.2 万余大包,驿运 19.9 万余大包,船运 4.4 万余大包。驿运主要是在不通公路的各县采用,由民夫运至军粮局指定地点。船运主要沿都柳江、清水江、潕水等流域各县征雇民船承运。^④

2.食盐的管制与运销

贵州素不产盐,所需食盐来自川、粤、淮、滇等产区。抗战以前,粤、淮盐占有一定销区,抗战期间由于战争影响,进入贵州的粤、淮、滇盐逐渐减少,川盐几乎占据整个贵州市场。抗战期间贵州人口不断增加,食盐的需求量增大,盐运问题成为贵州食盐供应的关键,政府及盐务部门采取战时食盐运销管制,实施对食盐的战时管理政策。

1936 年国民政府以每年给贵州省政府 162 万元的协款将贵州盐务纳入

① 京滇公路周览会贵州分会宣传部编:《今日之贵州》,黄家服主编:《中国地方志集成·贵州府县志辑》(第 11 册),成都:巴蜀书社,2016 年,第 466 页。
② 张肖梅:《贵州经济》,中国国民经济研究所,1939 年,第 G5 页。
③ 贵州省地方志编纂委员会编:《贵州省志·粮食志》,贵阳:贵州人民出版社,1992 年,第 223 页。
④ 吴鼎昌:《黔政五年》,出版单位不详,1943 年,第 125～126 页。

中央管理,①在贵阳设立黔岸督销缉私局,商人缴纳盐税后自由运销。抗战爆发后,贵州成为西南要衢,食盐供应紧张,为加强贵州食盐运销管理,财政部于1938年撤销黔岸督销缉私局,成立贵州盐务办事处,直属财政部盐务总局,负责督运、配销、核价及盐税征收等工作,对贵州食盐运销实施管制。1939年,盐务办事处调整盐额,加强对散商的管理,采取"按口配盐",以每人每天四钱的标准配盐,划分行销地点,由已登记的零售商贩凭折购领销售。1942年1月实行盐专卖,并奉财政部令将贵州盐务办事处改组为贵州盐务管理局,于1942年1月1日正式成立,该局在盐务总局监督指导下管理贵州省内食盐的运输、销售、仓储、征税、缉私及硝磺的开采、冶炼、收购、运销等事宜。② 1945年10月贵州食盐停止专卖。1946年2月,贵州盐务管理局又奉令改组为财政部贵州盐务办事处,仍直属财政部盐务总局。抗战时期贵州盐务机构的变化是国民政府对原来较为松散的管理体制的改造,不断提高贵州盐政在全国盐政管理中的地位,以适应战时政治经济之需,这与抗战爆发后贵州的战略地位及内迁贵州机构人员的剧增密切相关。③

抗战时期贵州食盐的运输是传统与现代结合,公路运输发挥着重要作用。"采用运输工具如汽车、舢板、板车、伕、驮不下十数种之多",④这与贵州地形有关,且由于战时交通运输工具有限,有相当部分为军公垄断,因此在食盐运输上传统运输方式仍占较大比例。据顾文栋的研究,至1949年由运岸至销岸的盐运"木船占50%,汽车板车占27%,人背马驮占23%"。⑤ 虽然传统运输方式在战时盐运中占据比例较大,但盐运机构也在增强现代运输方式的运输能力。1939年,盐务办事处为办理官运,自备卡车50辆成立贵阳运输处,推行运务,加强官运能力。1940年,将贵阳运输处改组为贵阳官运处,下设总务

① 贵州省人民政府财经委员会编:《贵州财经资料汇编》,出版单位不详,1950年,第635页。
② 贵州省档案馆编:《贵州社会组织概览》,贵阳:贵州人民出版社,1996年,第106页。
③ 李浩:《国民政府主黔时期贵州盐政研究》,北京:中国经济出版社,2012年,第59~60页。
④ 《黔区34年度业务概况与检讨》,贵州省档案馆:M41-1-99。
⑤ 顾文栋:《贵州近代盐荒论》,《贵州文史丛刊》,1984年第1期。

股、运务股、材料股、会计股,其中运务股掌管一切运输设计改进及管理,运输工具的调配等。[①] 官运处可以根据各地运输情况及实际需要设立官运分处,组织运输队,设立驿运段站等。1942 年 6 月,将官运处改为官运科,增加编制,调整每股掌管事宜,运务股下分设陆运、水运二组,各线车辆的接洽及调度由陆运组负责,编制为 17 名,包括汽车司机、技工和助手。河道的调查、船只招雇由水运组办理。汽车汽油、零件购买、保管及板车材料和配件等由材料股负责。[②]

　　抗战时期贵州的食盐运输主要依赖川盐,"总计全黔八十一县,销川盐者已达七十余县之多"。[③] 根据运输承担单位分为官盐运线和商盐运线。官盐运线主要有 7 条(见表 4-2-1)。从表中可以看出,四大干线是川盐运输的主要通道,而遵思、兴兴等省内通道也方便了川盐从贵阳输运到省内其他地方。

表 4-2-1　川盐官运路线表

路线	起止地点	里程(公里)	运输工具	可借用公路线
渝筑线	海棠溪—贵阳	488	汽车	川黔公路
松遵线	松坎—遵义	135	人力、牛马、板车	
遵思线	遵义—思南	210	人力、牛马	遵思公路
筑都线	贵阳—平越	168	汽车	黔桂公路
筑三线	贵阳—三都	245	人力、牛马、板车	湘黔公路至马场坪
筑镇线	贵阳—镇远	263	汽车	湘黔公路
筑兴线	贵阳—兴义	402	汽车	黔滇公路、兴兴公路

　　资料来源:贵州省地方志编纂委员会编:《贵州省志·商业志》,贵阳:贵州人民出版社,1990 年,第 285 页。

---

① 《财政部贵州盐务办事处官运处组织草案(1940 年)》,贵州省档案馆:M41-1-3001。
② 《官运处改为官运科(1942 年)》,贵州省档案馆:M41-1-3001。
③ 张肖梅:《贵州经济》,中国国民经济研究所,1939 年,第 L7 页。

在官运上,盐务机构除了自备汽车运输外,还利用回空汽车运盐。1942年9月至10月中旬,盐务局与西南公路运输局协商利用空车疏运食盐318吨。① 同年12月,公路运输局在贵阳、松坎、遵义、镇远、都匀、晴隆等地运盐,共计车辆260辆次,共运盐16318.44市担。② 利用回程军公空车运盐,增加盐运能力,是战时盐运工作的一项重要措施,但是军公车运盐也存在弊端:一是军公车装盐不听指挥,不受节制;二是军公车装盐到达即须装载,装好即开行,使运单填发不及;三是军公车装盐途中遮盖不及,使盐斤损耗过大;四是有部分司机舞弊作奸,以各种借口扣留部分盐斤。③

在商运路线方面,盐商在盐务机关的监督指导下,由仁、綦、涪、永四岸沿购川盐内运。仁岸由合江经赤水河至茅台后分二路,或经鸭溪至贵阳,或经滥泥沟至安顺,全程采用木船、汽车、板车、手车、力夫等方式运输;綦岸由江津至湄潭、贵阳,采用木船、手车、马车、汽车等运输;涪岸由涪陵至思南,全程采用力夫或木船运输;永岸由叙永至毕节、安顺,采用力夫、马车、汽车运输。后增加了黔南岸,由重庆至贵阳、镇远、都匀、兴仁,该运输线基本上采用汽车运输。④ 从运输路线上看,采取水陆结合的方式,在可以利用水运地段用水运,如仁岸的合江至赤水段利用了赤水河河运,运输工具上汽车发挥了较大作用。⑤

在食盐运销过程中,传统运输虽占有相当的比例,但公路交通的发展为盐运提供了便利,汽车、马车、板车的使用代替了部分人挑马驮。盐务办事处呈准运输统制机关核准雇佣公商车协运,利用公商车回程空驶载运食盐。贵阳运至镇远的食盐以汽车沿湘黔公路经贵定、马场坪、黄平达镇远。位于黔西南的兴义,因盐源关系销川盐,由贵阳输运至兴义,所走线路从贵阳出发,沿滇黔

---

① 《西南公路运输局第13次会报记录(1942年10月16日)》,贵州省档案馆:M41-1-150。
② 《交通部公路运输局第16次会议记录(1943年1月16日)》,贵州省档案馆:M41-1-151。
③ 《缕呈公车运盐困难情形恳予救济差欠盐斤恳予调整(1940年4月)》,贵州省档案馆:M41-1-3097。
④ 贵州省地方志编纂委员会编:《贵州省志·商业志》,贵阳:贵州人民出版社,1990年,第285～286页。
⑤ 罗镜明主编:《贵州公路运输史》(第1册),贵阳:贵州人民出版社,1993年,第134页。

公路,经安顺、晴隆、兴仁到达兴义。[①] 此外,采用的马车、板车等运具行走在较为平坦的公路上,在一定程度上解放了人力。公路运输业的发展,运输工具的变化,无疑增强了战时盐运能力。

二、桐油、汞等战略物资的统制管理与公路运销

(一)桐油的管制与运销

1.桐油的产地与数量

油桐是亚热带山林经济作物,北纬 25 度至 35 度的暖湿山地适宜其生长,油桐喜欢酸性土壤,在西南地区除极高的高原和山地外,几乎无不适宜油桐栽培和生长。1875 年,克洛发现了桐油的干燥性后,桐油迅速取代了亚麻油,成为重要的工业原料和军事物资,国际市场需求量大大增加。民国初年,国际桐油市场需求增加,促使贵州境内油桐种植面积不断扩大,桐油产量居全国第一位。贵州桐树种植主要集中在乌江流域、清水江流域、赤水河流域、盘江流域及榕江流域各地区,[②]是西南地区桐油生产的主要地区之一。至 20 世纪 20年代初,桐油收入已经成为贵州许多地区农民的一个重要经济来源。在《锦屏县志》中就有记载,1922 年锦屏县桐商陈长茂在当地租用大量土地种植桐树,经营桐场,最多时雇佣工人达到 150 人,经营了两三年,植桐几万株。[③] 20 世纪 30 年代,由于国际环境动荡不安,桐油作为重要的军事物资,国际对桐油的需求量增大,因此桐油价格上涨,桐农可获得的利润空间增加,刺激了桐树种植面积的扩大。全省种植面积达 20 余万亩,全省 81 县,种植桐树的县份就有80 个县,[④]1938 年,麻江县县长拓泽忠发动县民大种油桐,1943 年全县总计种

①　贵州省地方志编纂委员会编:《贵州省志·商业志》,贵阳:贵州人民出版社,1990 年,第 285 页。

②　丁道谦:《贵州桐油产销概况》,《中农月刊》,1943 年第 4 卷第 2 期。

③　贵州省编辑组:《侗族社会历史调查》,贵阳:贵州民族出版社,1988 年,第 22 页。

④　何辑五:《十年来贵州经济建设》,南京:南京印书馆,1947 年,第 140 页。

植桐林 23763 亩,所产桐籽深受外商欢迎,远运湘桂。[①]

　　桐树的种植集中在乌江流域、清水江流域、赤水河流域、盘江流域及榕江流域各地区。乌江流域如德江、思南、松桃、铜仁、石阡等县;清水江流域如天柱、锦屏、镇远等县;赤水河流域如仁怀、赤水等县;北盘江流域的兴义、安龙、册亨、贞丰等县种植亦盛。1912 年全省的桐油产量达到 30 万担,[②]之后出现萎缩。1936 年贵州五大产区桐油产量为:乌江流域 71860 担,清水江流域 58360 担,盘江流域 29680 担,赤水河流域 1410 担,榕江流域 1110 担,共计 162420 担。[③] 黔西南的册亨县 1936 年输出桐油 4 万余斤,1942 年,公路修通后输出 40 万斤,1947 年达到 88 万斤,桐油产业得到快速发展,使当地布依族群众增加了收入。[④] 黔东地区是贵州省桐树种植的重要地区,1936 年以后年产约 5 万担,以铜仁、玉屏、松桃、镇远等县为主产地,岑巩、江口、思南、三穗、天柱各县次之。黔东地区所产桐油,多集中于铜仁,再由龙溪口运销湖南常德。[⑤]

　　在抗战期间,国际桐油需求量增加,桐油是我国出口的重要农产品,桐树种植面积继续扩大,榨油技术提高,桐油产量也不断增加。以锦屏县为例,1943 年桐树的种植面积相较 1940 年增加了 54%,桐树株数增加了 65%。1944 年锦屏县的种植面积为 2323 亩,桐树达到 13800 株。[⑥]

① 周家珩:《桐油》,政协黔东南州文史委员会黔东南轻纺工业局:《黔东南文史资料》(第 12 辑),1995 年,第 42 页。

② 《贵州六百年经济史》编纂委员会编:《贵州六百年经济史》,贵阳:贵州人民出版社,1998 年,第 305 页。

③ 贵州省人民政府财经委员会编:《贵州财经资料汇编》,出版单位不详,1950 年,第 347 页。

④ 童相:《布依族与油桐经济》,中国人民政治协商会议黔西南州委员会文史资料委员会编:《黔西南州文史资料》(第 9 辑),兴义市电影公司印刷厂印制,1990 年,第 182 页。

⑤ 丁道谦:《贵州经济地理》,北京:商务印书馆,1944 年,第 37 页;贵州省文史研究馆编:《民国贵州文献大系·新修支那省别全志第四卷贵州省上》,贵阳:贵州人民出版社,2016 年,第 527 页。

⑥ 贵州省编辑组:《侗族社会历史调查》,贵阳:贵州民族出版社,1988 年,第 23 页。

2.抗战前桐油的运销网络

抗战前因交通不便,为降低成本,提高运输效率,贵州的桐油运输主要是运用陆路与水路相结合。先用人力或畜力运到沿河沿江码头,再用水运方式运往集散地。桐油的销售中心多与生产中心相一致。乌江流域是桐油生产的重要区域,地处乌江下游的思南则成为该流域桐油的集散地。清水江流域(沅江)则是铜仁、青溪、玉屏等地,遵义、赤水则是赤水河流域桐油销售的中心。

桐油除满足本省消费外,湖南辰州、洪江,四川重庆、涪陵及广西柳州等地都是贵州桐油外销的集散地。乌江、清水江、赤水河等河流都是贵州重要的水路交通通道,便利的水运条件方便桐油运输。清水江流域销往湖南,盘江、榕江流域销往广西,乌江、赤水河流域销往四川。[1] 如铜仁集散的桐油,由麻阳江水运经湖南省辰溪,运至常德,约需 10~15 日。龙溪口集散之桐油,由洪江油行派人到龙溪口收购,经溆水运至洪江,再转运至常德,五六日即可到达。如沿河、思南、印江等地的桐油有 1/3 经长江运往重庆,2/3 则运往万县。在铜仁、清溪等地的桐油则沿沅江转运汉口,[2]再出口欧美等国。我国桐油出口最多的国家是美国,次为英、法、德及荷兰,再次为日本与丹麦。1936 年我国桐油出口 86.7 万余公担,输往美国的就有 62 万公担。[3]

3.抗战爆发后桐油统制及运销网络的变化

桐油是国民政府出口换取外汇的大宗产品,在国民经济中占有举足轻重的地位,特别是在抗战时期,桐油的出口更成为国民经济收入的重要来源。抗战爆发后,国民政府对全国经济实行战时管理,设立贸易调整委员会,对战时进出口贸易实行管制,对多种战略物资实行统购统销,1938 年 4 月桐油被列为统购统销物品,政府对桐油实行管制。随着抗战局势的发展,贵州的桐油运销网络发生了变化。

---

① 贵州省人民政府财经委员会编:《贵州财经资料汇编》,出版单位不详,1950 年,第 346 页。
② 蒋君章:《西南经济地理》,重庆:商务印书馆,1945 年,第 122 页。
③ 蒋君章:《西南经济地理》,重庆:商务印书馆,1945 年,第 125 页。

(1)桐油统制政策制定及实施。

中国进行持久抗战须有大量的军事物资,而"因为国内军需工业幼稚的关系,所以无论军械弹药的购进,机件燃料的获得,无不需要大量外汇,以资应付"。[①] 购买军事物资需要大量外汇,这只能通过外汇贸易获得,中国是一个农业国,农产品出口自然成为获得外汇的主要渠道。中国的桐油产量和品质都较高,在国际市场上所占比重大,因此桐油作为重要出口物资被列入统购统销范畴。

1938 年 2 月,财政部贸易委员会成立,该委员会的成立标志着国民政府战时贸易统制的初步确立。[②] 贵州不仅是桐油生产输出的重要地区,也是西南地区重要的交通枢纽,贵州在战时桐油运销中的地位渐渐凸显。为加强对桐油运销的管制,1938 年 7 月 27 日,贵州省政府在贵阳成立桐油购销委员会,桐油购销委员会由贵州省政府、农本局及中国植物油料厂股份有限公司各派代表一人组成委员会,省政府代表为主任委员,代表委员会进行对外活动。在主任委员下设业务、运输、会计三部门,办理桐油及其他土特产品的购进、运输及销售等业务。该会成立的目的在于调整战时贵州桐油运销情况,对内办理桐油押放、收买、存储,以防油价惨跌影响产区商民。对外筹划输出、销售,换取外汇,以苏民困而裕国力。[③] 该委员会章程中写道:

> 查本省地处云贵高原,山脉绵亘,交通不便,地利未辟,生产落后,入超甚巨。然农村经济尚不致于枯绝者,端赖大宗桐油之出口,以资调剂。然本省财政困难,交通梗阻,欲谋便利运输,筹集资金,以赖专门机关规划布置,庶能负荷艰巨,推行尽利,于是本会乃应运而生。[④]

---

① 陈宗镇:《我国对外统制贸易方式的检讨》,《国是公论》,1939 年第 25 期。
② 杨福林:《国民政府战时贸易统制政策研究》,江西财经大学博士学位论文,2010 年,第 63 页。
③ 《贵州桐油运销委员会细则及工作报告(1938 年)》,贵州省档案馆藏:M70-1-4。
④ 《中国植物油料厂股份有限公司与贸易委员会订立购储桐油合约案》,转引自胡蕊纯、张应强:《清至民国时期贵州桐油产销发展及其历史地位》,《贵州社会科学》,2019 年第 5 期。

委员会成立后,根据桐油出产地点办理采购事宜,在铜仁、镇远、都匀、遵义等县派驻收购员驻扎收油并兼办运输。同时向有实力的商号征求代理商店收购桐油,委员会在全省先后成立了9家桐油代理店(见表4-2-2),负责桐油收购事宜。

表 4-2-2　贵州省桐油运销委员会桐油代理店

地名	代理店名称	备注
龙溪口	李聚兴	每百斤取手续费五角,一切装运归其办理
都匀	江集泉	同上
麻江下司	协昌	每百斤取手续费三角,一切装运归其办理
遵义	公懋纱号	同上
贵阳	杜德盛	限价包收不取佣金
三合	李裕安	每百斤取手续费三角
铜仁	三益祥	每斤十七两三分,每百斤收手续费四角,一切装运归其办理
青溪	瓷义光	每斤十九两二分,每百斤收手续费三角,一切装运归其办理
六寨	都骏隆	每斤十六两三钱,每百斤收手续费四角,一切装运归其办理

资料来源:《贵州桐油运销委员会1938年8—10月份工作报告(1938年)》,贵州省档案馆:M70-1-8。

桐油运销委员会于1938年8月制定了《黔省桐油运经桂省外销办法》,之后又制订《桐油运销补充办法》,将业务、运输事务委托中国植物油料厂办理,会计事务委托农本局贵阳办事处办理。同时在收买、囤积、检验、运销等各方面都做了具体规定。在收买方面,实行限价,其原则是参酌销售地点的市场情况给予桐农最优价格,香港市场上桐油价格成为限价收油的依据,再加以运输成本,为桐油收购价格。1938年9月、10月收购桐油112300斤,每担的平均价格为21.81元。[①] 运销方面随买随运,"不做观望投机之举"。如遇产销两地

---

① 《贵州桐油运销委员会1938年8—10月份工作报告(1938年)》,贵州省档案馆:M70-1-8。

价格过低时,可以相机收买,囤积一地,待价出售。油质的检验由中国植物油料厂股份有限公司负责,在每一公路线或水路线上要酌派人负责办理。

为执行桐油统购统销政策,政府成立了复兴商业公司,该公司是战时委员会下最大的贸易公司,其中一项重要的工作就是桐油的购销。根据财政部颁发的《桐油统购统销办法》,桐油的收购、运销事宜由复兴商业公司统一办理,只有经贸易委员会核准登记的商号、行栈或受复兴公司委托的商号、单位才能收购桐油,否则任何机关或个人均不得收购、运销。经核准登记的商号储存桐油不得超过 3000 斤,榨坊不得超过 4000 斤,时间为两个月,超过者,由复兴公司依据当地牌价收购,违反者依法处理。运销者须持有查验证明书才能将桐油运出销售。

(2)桐油运销网络变化。

抗战爆发后,武汉、广州陷落,上海也成为孤岛,长江航运被切断,贵州桐油原来的出口方向被迫改变。战时国民政府加强对贵州公路的建设和管理,公路交通网不断完善,除了四大干线与省外连接,省内县道的修筑也将各地连接起来,加上汽车运输业的发展,桐油的运输方式逐渐采取汽车运输。

在抗战时期,桐油的运销路线有明显变化。原有的运销路线主要是通过水运沿长江或沅江输出。抗战爆发后,长江航运被日军切断,原有的桐油销售集散地也因战争不复存在,因此,桐油的运销不得不另辟蹊径,运输路线水陆并举,水路取道湘西至常德,到常德后,交由中国植物油料厂股份有限公司常德分处再转运到香港出口。陆路取道云南昆明或广西梧州再转运国外。^① 运输路线大抵可以分为四条:①贵州东部所产桐油运销路线:铜仁—龙溪口—镇远—马场坪—六寨—柳州—梧州—香港。铜仁至龙溪口用人力运输,龙溪口至镇远采用水运,镇远至柳州可以通过汽车运输,柳州至香港采用水运,该条线路所需运费每百斤约 29.59 元。②贵州北部所产桐油运销路线:北部所产桐油,多运至贵阳,然后经广西、广东运至香港。有两条线路可供选择,一条是桐梓—遵义—贵阳—马场坪—都匀—柳州—梧州—香港。桐梓至柳州可采用汽车运输,柳州至香港可用水运。桐油从桐梓运至香港所需费用约每百斤

---

① 《贵州桐油运销委员会细则及工作报告(1938 年)》,贵州省档案馆:M70-1-4。

31.89 元。另一条是桐梓—遵义—贵阳—都匀—三合—榕江—长安—柳州—梧州—香港。桐梓至榕江采用陆运,从榕江至香港可用水运。该线路所需运费较少,从桐梓至香港运费约每百斤 29.89 元,但经过站点较多,花费的时间较长。[①] ③黔桂线。该线主要是黔西南地区的桐油输运路线,如贞丰县百层河一带所产桐油利用水运运抵广西旧州,再通过汽车运输至贵县,装船经梧州直达香港出口。昆明德利新商号利用这条运输线路运销桐油,获得丰厚利润。[②] ④滇黔线。该线主要经陆路,由汽车或畜力运至昆明,再经滇越铁路转运出口。昆明的德利新商号在抗战爆发后经营桐油生意,经常用汽车将桐油从贵阳、安顺等地运至昆明,再经滇越铁路运至海防,再转运到香港出口。战时桐油需求量大,该商号运至香港的桐油不愁销售且价格高,获利丰厚。大家看到滇越铁路可以取代长江航运,香港桐油价格高,出口的大小桐油商号接踵而至,相互竞争。复兴公司也组织车队由四川将桐油运至昆明,经滇越铁路转运到香港出口。[③] 后越南被日军占领,滇越铁路中断,贵州桐油基本上由昆明经滇缅公路运至缅甸仰光出口。部分桐油经兰州通过西北公路出口苏联。"驼峰航线"开辟后,运销美国的桐油运往印度再销往美国。[④] 可见,抗战爆发后,贵州桐油的运销路线由原来的向东、向北转变为向西、向南输出。运输工具采用马车、油罐柴油车及油罐汽油车三种。在成本上,陆运虽比水运高,但贵州境内水运条件有限,运输过程中须多次搬运,在时间上相对较长,而汽车运输却节省了不少时间。

运销路线的变化及国民政府统购统销政策的实行引起了桐油集散地的改变。从前文所述可知,贵州桐油市场可以分为原产地、初级市场(铜仁、镇远、遵义等)、二级市场(汉口、涪陵、重庆、万县等)、终端市场(欧美各国)。有统计

---

① 贵州省文史研究馆:《民国贵州文献大系·新修支那省别全志第五卷贵州省下》,贵阳:贵州人民出版社,2016 年,第 81 页。

② 赵泽公:《抗战前期德利新记商号经营桐油出口的始末》,《云南文史资料选辑》(第 42 辑),昆明:云南人民出版社,1993 年,第 277 页。

③ 赵泽公:《抗战前期德利新记商号经营桐油出口的始末》,《云南文史资料选辑》(第 42 辑),昆明:云南人民出版社,1993 年,第 275~276 页。

④ 肖良武:《民国时期贵州桐油市场研究》,《贵阳学院学报(哲学社会科学版)》,2009 年第 1 期。

表明,在重庆、万县开埠以后,贵州沿河、德江、思南、印江等县的桐油,有 1/3 运到重庆,2/3 运到万县转运销售。沅江流域的桐油在集中于铜仁、青溪以后运抵汉口销售。[①] 抗战爆发后,这种格局被打破。一是运销路线由向东、北改为向西、南,位于长江的口岸失去原来的地理优势地位。二是贵州是西南公路交通运输枢纽中心,运输路线的改变,使大量桐油通过陆运集中于贵阳,贵阳成为新兴桐油集散地。此外,"川产桐油多由川滇黔公路,再运昆明出口"。[②] 川黔公路、滇黔公路及川滇东路是其运输路线,贵阳自然成为中转站。

1943 年,国民政府取消全国性的桐油统购统销政策,实行分区管制,贵州不是管制区域,桐油市场因而恢复了一些活力。

贵州的桐油生产在产量上落后于四川和广西,在抗战爆发前,贵州的大部分桐油经长江运输至汉口、上海等地出口,但在抗战爆发后,长江航运失去运输能力,沿江口岸失去天然优势,汉口、上海不再作为桐油集散地,贵州的桐油运输路线向西、向南转移,这一转移与贵州公路交通运输网密不可分。在抗战时期,贵州作为西南公路交通枢纽,贵阳作为四大干线的交汇点,特殊的地理位置使其成为战争时期桐油的集散地,贵州在国内桐油运销网络中的重要性也得以彰显。

(二)国民政府对汞的统制与运销

1.国民政府对贵州汞业的统制

我国的汞矿较为丰富,而贵州的汞储藏量居全国第一,主要分布在铜仁、省溪、紫江、安南、务川、印江、黄平、瓮安、贵定、八寨、都匀、三合、独山、修文、罗甸、紫云、普安、南笼、册亨诸县境内,而以省溪县之万山场与大硐喇最为出名。[③] 就产量而言,从 1938 年至 1946 年,国民政府在万山共生产汞 500 多吨,占全国同期产量的 57% 左右。[④] 1899 年至 1908 年英法水银公司在贵

---

① 蒋君章:《西南经济地理》,重庆:商务印书馆,1945 年,第 122 页。
② 张肖梅:《云南经济》,中国国民经济研究所,1942 年,第 R9 页。
③ 陈大受:《贵州矿产概述》,《建设(南京)》,1932 年第 3 期。
④ 李杰:《贵州汞矿史料》,昆明:云南人民出版社,2012 年,第 142、143 页。

州万山开采,该公司在 10 年内,从万山获利 400 万银圆。① 从英法水银公司撤出万山,直至 1938 年国民政府设立贵州省矿务局管理汞业生产运销,30 年间贵州的汞业基本处于私营开采状态,各矿主各霸一方,到 1938 年贵州矿务局接管时有德镒和砂厂、兴永发砂厂、双益公砂厂、岩屋坪砂厂和大硐喇砂厂。

国民政府对贵州汞业的统制机构随局势的变化而改变。为加强对贵州各汞矿的开发,贵州省政府于 1937 年 2 月设立了专门的管理机构——省溪朱砂矿局,局址设于万山老街,设局长 1 人,下设事务、工程、会计 3 股,完全由省政府投资,开办了 8 个月,在贵州矿务局成立后撤销。全面抗战爆发后,国民政府对重要物资实行统制政策,汞是重要军事物资,为加强对贵州汞业的管理,1938 年 6 月,资源委员会接管省溪朱砂矿,以万山为基地,接管贵州与湖南汞矿相关事宜。1939 年 1 月,由资源委员会和贵州省政府在湖南晃县成立贵州矿务局,下设采冶、营运两部门。贵州矿务局管理期间成效不大,管理不严,致使员工“自由向另户收购水银,等公价提高后,复卖厂内,故之弊端丛生,走私之风日炽”。② 资源委员会为加强川、湘、黔三省汞业的经营管理,将贵州矿务局、湖南汞业管理处、汞业管理处四川分处一并撤销,于 1941 年成立资源委员会汞业管理处,处址设于湖南晃县。该处从事三省汞业生产、运销及查缉水银走私等工作,下设总务、工务、业务、会计 4 个科室。该处于 1946 年 9 月改称西南汞矿局。国民政府汞业管理机构的设置和变更,其目的是加强对汞矿生产、运销的管制,以适应战时局势的发展,满足战时需要。

国民政府对汞的主要管制措施是禁止出口,以免资敌。1938 年,经济部电令严禁水银和镍出口,“以上两种矿砂为军火主要原料,事关矿业行政,凡以后汞或镍无论直接或间接售与日方,应一律严密查禁,并令各重要口岸严禁出口,是为至要”,③并制定了处罚办法:

(一)在地方主管官署公告之日前起运者,责令原货主将货物领回,并

---

① 李杰:《贵州汞矿史料》,昆明:云南人民出版社,2012 年,第 20 页。
② 李杰:《贵州汞矿史料》,昆明:云南人民出版社,2012 年,第 29 页。
③ 《经济简讯·水银严禁出口》,《商业月报》,1938 年第 18 卷第 12 号,第 16 页。

缴具不在偷运之切结。（二）在公告之日后起运者,除没收其货物外,并得处一千元以下罚锾。（三）资敌之物品,如直接售与敌人,查有实据者,处死刑或无期徒刑。（四）执行查辑人员,有包庇纵容或其他营私舞弊情事者,处死刑或无期徒刑。

贵州省政府转经济部令,要求各县禁止水银贩运出口,无论直接或间接运售与日人者,一律严厉查禁。[①] 1939年初,财政部认为朱砂为水银天然混合物,应予禁运出口。[②]

2.抗战时期汞的运销路线

贵州的汞矿开采以万山为中心,而万山属黔东地区,境内山路崎岖。在英法水银公司开采时期,水银的运销路线主要是依靠水运,根据英法水银公司总办亨利·比利记述:

　　万山至铜仁21英里,铜仁至辰溪85英里,辰溪过沅江入洞庭湖乘帆船到沙市315英里,沙市乘长江轮船至上海903英里,所需时间最快为1个月。[③]

这种运输方式一直延续到抗战时期,这主要是由于省溪、铜仁地区水运较为方便,有锦江、沅江等河流可与长江连接,航运较为方便。

运输方式因战争局势及玉秀公路的修筑发生了改变,陆路的运输方式增加。全面抗战爆发后,长江航运被切断,黔东地区的水银无法通过水运方式到汉口、上海等地销售。水运的运输成本虽低,但运输时间较长,遇见盗匪或因战争影响延长运输时间的可能性增加。更为重要的原因是国民政府筹划修筑玉秀公路,为黔东地区水银采用陆路运输提供了可能性。

---

① 《省府严禁各县以水银锑矿售敌》,《贵州日报》,1938年5月15日第3版。
② 《经济简讯·财部令禁朱砂出口》,《商业月报》,1939年第19卷第1号,第9页。
③ 尹大模:《万山道路交通发展概况》,《万山特区文史资料》(第4辑),出版单位、时间不详,第141页。

　　玉秀公路起自湘黔路之鲇鱼堡（今铜仁大龙），与川湘公路衔接通向秀山县城，横贯玉屏、铜仁、松桃、秀山 4 县 29 个村镇。玉秀公路修筑后可将湘黔路与川湘路连接起来，贯通川、黔、湘三省脉络。玉秀公路修筑之前，黔东地区向外运销之桐油、花生、五倍子、牛皮、水银、朱砂等土特产品及从省外进口之布匹、棉纱、棉花、食盐等工业产品主要靠锦江河道航运，水运周期长，如遇兵匪之祸，航运阻滞，物资流通不畅。[①] 抗战时期，基于军事关系，军事委员会决定兴修玉秀公路，以沟通中南与西南地区的后方联系。玉秀公路的铜玉段、铜松段由省建设厅公路局负责规划，秀松段由西南公路局派技术人员绘图、设计、组织施工。铜玉段于 1940 年 6 月竣工通车，铜玉公路建成后，川黔湘三省脉络贯通，为改进三省军事和资源委员会汞业管理处在万山、岩屋坪、大硐喇生产的水银、朱砂的运输以及经济、文化交流创造了条件。[②] 铜仁的一些大商号先后迁至公路交通运输方便的地方，发展经营业务。如曾任职于铜仁资源委员会的复兴公司经理曾绥之在晃县开设福康恒商号。合股经营的益昌祥也将总店设在晃县。这些商号或自备汽车，或雇佣商车，充分利用湘黔、铜玉公路交通运输条件，积极从事棉花、棉纱、棉布及朱砂、水银等经营活动。利用车运时间短的优势，通过铜玉公路将棉布、棉纱等物资运入铜仁出售，将朱砂、水银和其他土特产品及时用车发运出省，货畅其流，加速资金周转。[③] 大硐喇、茉莉坪各厂所产汞矿和朱砂皆由人力挑至铜仁，然后运到晃县。岩屋坪所产汞矿和朱砂由人工运至万山，再同万山所产汞、朱砂由人工挑运至晃县。铜玉公路修通后，生产的汞通过水路运至镇远，再从陆路运至马场坪，转运至柳州、邕宁等处，再至安南运抵海防，转运至香港后销往欧美各国。

　　位于黔中地区的开阳县是贵州汞矿开采的又一中心。开阳距离省会贵阳较近，贵开公路、开（阳）修（文）公路及开（阳）息（烽）公路建成通车，交通便利。

①　桂先孝、傅顺章：《玉秀公路勘测及修筑概况》，《铜仁地区文史资料》（第 1 辑），出版单位不详，1991 年，第 94 页。

②　尹大模：《万山道路交通发展概况》，《万山特区文史资料》（第 4 辑），出版单位、时间不详，第 128 页。

③　吴文灿、丁学壅口述：《铜玉公路交通运输情况片段》，《铜仁地区文史资料》（第 1 辑），出版单位不详，1991 年，第 124～125 页。

开采的水银通过公路运至贵阳,再通过黔滇路或黔桂路转运出口。

第三节　公路网络与走私通道

一、公路网络的走私与缉私

抗战时期,物资匮乏,国民政府实行的战时经济政策实质是经济统制,对走私也是严加缉查,但走私活动在一定程度上仍逸出官方的严密统制,[①]利益的驱使是走私猖獗的主要原因,不法分子铤而走险,走私偷运各种物资。此时期的走私并不是现代意义上的国外物品走私贸易,而是以是否损害中央政府总体性利益为界定标准。[②] 国民政府深知走私的危害,特别是对税收的损害,鉴于此,政府一方面在制度上制定各种政策严禁走私,另一方面成立缉私队伍打击走私活动。查缉走私需要中央政府相关部门的参与,也需要地方政府与基层力量的努力。在战时特殊的背景下,地方政府与基层力量更有可能成为有效查缉走私的保障。

1.走私路线和方式的改变

走私路线与战争局势相关。抗战爆发前,走私路线是水陆并进,在水运便利之区利用航运将走私物资向桂粤、湘鄂地区运输;水运不便之区,先以陆路方式运至水运方便地方再转运,走私的方向大致向东、东南及北发展。广西是贵州鸦片走私输出的重要转运区及销区,"兴义、安龙、贞丰等地时有特货私运百色,其他各地亦属难免,每月统约五百担以上,由黔私运"。[③] 在安顺商人伍

---

① 齐春风:《中日经济战中的走私活动(1937—1945)》,北京:人民出版社,2002 年,第 117 页。
② 高晓波:《抗战时期西南"省际互助缉私"述论——以川滇黔三省为考察中心》,《青海民族研究》,2019 年第 3 期。
③ 《贵州省政府训令各县政府、省税局据旅梧黔商恒记等电呈特货走私情形请严拿防止一案令饬认真协缉》,《贵州省财政月刊》,1936 年新 1 第 9～10 期。

效高的贩运鸦片生涯中,曾多次将鸦片贩运到广西。① 抗战爆发后,水路交通受限,贵州公路交通网不断得到完善,公路线逐渐成为走私的一个重要选择方向。四川、贵州的桐油经公路向云南走私,"私运越境求售者,为数甚巨",为此,贸易委员会还致函西南公路管理处,要求所属沿途分局严密稽查,"从速制止"。② 在走私入境方面,从华南、华中地区走私入境的物资经江西上饶,湖南长沙和常德,广西南宁、苍梧等地分销到川、黔、湘、桂等省,③公路运输是其重要的运输方式。

在走私的组织形式上,有小商小贩的隐蔽走私,有有权势者的公开走私,也有公职人员利用职务之便的走私。公路修筑及汽车的使用,使利用汽车进行走私成为一种新的走私方式。第一,商人利用汽车进行走私。1935年贵阳特货统税局局长呈称有奸商"多由汽车偷运货物,希图漏税",而各所对车运的检查多敷衍塞责,以致收入减少,弊窦丛生,请省政府令安顺、遵义、独山、松坎、镇宁、毕节、下司、大关、镇远、黄平各统税局对汽车装运货物严密稽查,"认真整顿,以杜弊端而裕收入"。④ 对过往汽车务须切实严密稽查,并将检查情形按日填表具报。⑤ 因公路交通的畅通,鸦片走私分子利用不同方法偷运鸦片,或利用汽车的部件和油桶进行伪装偷运,⑥或先将货秘密交给司机,数量每次在三五百两,货主则坐其他车辆跟随,以免败露时危及自身。⑦ 第二,公职人员与军人利用汽车走私。1942年3月叙永某学兵总队余少琳团长勾结

① 伍效高:《我贩运"黔土"外销的经过》,《贵州文史资料选辑》(第3辑),贵阳:贵州人民出版社,1979年。

② 《准贸易委员会函令各站协助稽查私运桐油》,《西南公路》,1939年第52期。

③ 齐春风:《中日经济战中的走私活动(1937—1945)》,北京:人民出版社,2002年,第228页。

④ 《训令安顺、遵义、独山、松坎、镇宁、毕节、下司、大关、镇远、黄平各统税局据贵阳局呈请通令沿马路各局对于汽车装运货物应严密稽查各情饬遵照办理》,《贵州财政月刊》,1935年新1第1~3期。

⑤ 《咨建设厅为据贵阳统税局转呈美竹箐检查所呈报过往汽车不服检查咨请核办见复》,《贵州财政月刊》,1935年新1第1~3期。

⑥ 谢根梅、孟慰苍:《贵州烟毒流行回忆录》,《贵州文史资料选辑》(第7辑),贵阳:贵州人民出版社,1981年,第170页。

⑦ 《孔先道呈吴鼎昌文(1939年11月20日)》,贵州省档案馆藏:M19-1-157。

盐务缉私队林队长，"在纳黢私运食盐二十五包，由汽五团教导连三排四十号车运往曲靖，而该排长亦私购二十包通车运往。"因涉及军人，盘县查缉所不敢擅自处理，向上级机关呈称：

> 查此项私盐走私路线系由叙永经毕节、威宁而至曲靖，非属本所业务区域，似应转饬毕节查缉所或由云南分处办理较为便捷。除派员在盘县车站附近随时注意该号车辆经过实施盘查外，如何之处理合呈复鉴核示遵。①

贵阳查缉所三桥检查站在 1943 年 1 月 31 日查获某兵工厂军车 9 辆私运商品71 大箱，紧俏、奢侈品甚多，价值 570 余万元，②实属大案。缉私处镇远查缉所玉屏分所在 1943 年 10 月查获某军事机关汽车夹带私盐 297 斤由镇远运往晃县。③ 后方勤务总司令部所属的军临字第 98900 号车私运商货砂仁 78 包被水陆交通统一检查处图云关检查所查缉。④ 为躲避检查，商车串通军人伪造军牌私运食盐。⑤ 运输管理部门对军人私运货物无缉私权，只得向军委会及相关司令部提出抗议，"私运行为既违犯运输章则，复影响车辆之安全，亟应予以取缔，以彰风纪而维管政"。⑥ 第三，司机等工作人员的夹带或替人带货。司机利用职务之便进行走私活动，可以获取较高收益，货主可减少运费，因此，在物价高涨、物资缺乏的战时，很多司机、货主选择这一方式进行走私。1933年，王家烈以贵州省政府主席及军长名义发布布告，要求各检查所员丁在检查汽车运输时不得需索小费，同时也不允许司机希图渔利，包揽客货，沿途搭载，偷漏税捐。⑦ 可见，司机带货已不是秘密。1939 年，安顺检查站查获了赴昆明

---

① 转引自高晓波：《抗战时期西南"省际互助缉私"述论——以川滇黔三省为考察中心》，《青海民族研究》，2019 年第 3 期。

② 《军车走私巨案缉私处破获详情》，《贵州日报》，1943 年 2 月 12 日第 3 版。

③ 《军车运带私盐全案业经解决》，《贵州日报》，1943 年 12 月 1 日第 3 版。

④ 《军事委员会战时运输管理局代电（1945 年 3 月 1 日）》，贵州省档案馆：M12-4-10306。

⑤ 《商车串同军人伪造军牌私运食盐（1945 年）》，贵州省档案馆：M12-4-9951。

⑥ 《西南公路运输局快邮代电》，贵阳市档案馆：43-1-717。

⑦ 《贵州省政府、国民革命军第二十五军军部布告（1933 年）》，贵州省档案馆：M60-1-4635。

运油司机李云金、吕正才、欧庆云等人代商人运货，所运货物 1600 斤，运费 640 元，被查后，李云金被吊销执照，吕、欧二人罚没工资一月，记大过一次，运费悉数上缴，货物被没收。① 1941 年 4 月，中国运输公司司机宋相臣、宋世荣利用职务之便，携带鸦片到筑被查获，后呈奉军事委员会核准将二人判处死刑。② 司机和货主达成一致偷运货物，目的是获取个人利益，但相比那些资本雄厚的大商人、公职人员及军人来说，他们的走私可谓小巫。

2.查缉走私机构的设立

抗战全面爆发后，物价差别继续增大，走私有厚利可图，缉私征收所获利益也很可观，中央及地方各系统、各军政机关都想从缉私中分一杯羹，纷纷设立检查机构，林林总总有一二十种之多，③分属不同的系统。关税方面有海关外勤人员，水上有缉私舰艇；盐务方面有盐务税警；统税方面有统税稽查员；公路方面有公路管理处检查货物运输；军统还设有公路统一运输检查处。④ 如 1939 年西南公路管理处在西南区各主要公路干线建立交通管理站，西线有贵州的三桥、安顺、安南、盘县和云南境内的平彝、曲靖、马龙、昆明 8 站；北线有遵义城区南关、松坎和四川境内的綦江、一品场、石耶 5 站；东线有马场坪、黄平、镇远和湖南境内的晃县、榆树湾、辰裕、茶花铺 7 站；南线有都匀、独山和广西境内的六寨、河池、宜山、大塘、柳州 7 站。每个管理站设检查员 1 人，对过往车辆进行检查。⑤ 1941 年 4 月运输统制局成立，统一管理运输管制及检查，在各交通路线重要地点设置检查所站。在贵州境内设立的检查所站有松坎、

---

① 《公路局呈据安顺站查获赴昆运油司机李云金等包揽私货电祈核示一案（1939 年）》，贵州省档案馆：M60-1-3149。

② 《宋相臣、宋世荣贩运烟土处死刑》，《贵州日报》，1942 年 6 月 28 日第 3 版。

③ 孙宝根：《抗战时期国民政府缉私研究（1931—1945）》，北京：中国档案出版社，2006 年，第 66 页。

④ 章伯峰、庄建平主编：《抗日战争（第 5 卷）国民政府与大后方经济》，成都：四川大学出版社，1997 年，第 208 页。

⑤ 贵州省地方志编纂委员会：《贵州省志·公安志》，贵阳：贵州人民出版社，2003 年，第 62 页。

遵义、贵阳、图云关、马场坪、毕节、关岭场。①

各检查机关分属不同部门,且矛盾不断,总体来看,矛盾主要集中在财政部、交通部及军委会之间。财政部认为税政属财政部权责,货物缉查应由财政部所属查缉机关负责;交通部认为该部有统一管理交通运输的职权,交通运输路线上的缉私应属自己的管辖范围;而军统认为军人参与走私只有军事委员会可以过问,实际上三部的矛盾是利益的纠葛。为有效缉私,1941 年 1 月国民政府成立了缉私处为统一缉私机构,负责全国缉私工作,其余缉查机构一律取消或并入缉私处。各省成立缉私处,根据走私冲要地点及各省缉私处驻地的实际情况,选择据点设置查缉所,到 1941 年底先后设置查缉所 129 所,查缉分所 404 所。② 财政部于 1942 年 1 月 20 日设立贵州缉私处,处长郭墨涛,同时设立贵阳、毕节、镇远、安顺、独山、铜仁、兴义、遵义 8 处查缉所,③负责贵州的查缉工作,直到 1945 年 12 月该处奉令撤销。所设立的 8 个缉私所处于贵州主要公路交通干线上,是公路交通的必经之地,可见在战时公路成了缉私机关与走私人员较量的主要场所。贵州缉私分处设立后查获走私案件数量增多,仅 1943 年 8 月就缉私 932 案,其中直接税案件 637 案,统税案件 180 案,关税 37 案,专卖案件 39 案,其余为盐务、矿产案件。④

3.基层缉查人员的检查行为

随着公路的修筑,利用公路进行走私的情况越来越多,政府在公路站点设置检查站,对过往车辆及人员进行检查。1940 年以前,统税局、公路管理局、盐务管理处、禁烟督察分处等对来往车辆进行检查。财政厅与建设厅共同制定《检查车运货物规则》,要求载运货物车辆依规则接受检查。该规则规定省税局在车站附近设置检查所或派员于车辆起运及卸载时检查,车行经营者、货主、司机均有义务配合检查,如不接受检查或检查时发现货票不符,须完清税

---

① 孙宝根:《抗战时期国民政府缉私研究(1931—1945)》,北京:中国档案出版社,2006年,第 112 页。

② 财政部直接税处编:《十年之缉私》,中央信托局印制处,1943 年,第 13 页。

③ 财政部直接税处编:《十年之缉私》,中央信托局印制处,1943 年,第 28 页。

④ 《缉私处破获走私案极多》,《贵州日报》,1943 年 9 月 13 日,第 3 版。

款,否则检查局所可以通知车行拒绝载运。如为中途搭载或未有起运地点局所的戳记,司机行车至第一个局所时须按规定进行补缴。同时规定车运营业人、司机伙同货主企图避免检查的,无论是谁均受到惩处。运货人闯关或拒绝检查,除缴纳正税外,还要承担税款两倍的罚金。① 这一规则可以说是税务机关查缉公路走私的基本法,税务人员在起讫地点进行检查,但在实际执行过程中,"沿途各检查所,借词检查",并要求每车出 3 元手续费且不予收据。可见,这样的检查也成了检查人员中饱私囊的一种方法,引起了车行及乘客的不满。公路管理局向财政厅提出意见,要求税局各检查所认真执行《检查车运货物规则》,"于起运及终止站检查,至沿途各所,拟请一律免查",不得无故阻留,以利车行。②

1937 年 4 月,贵州省政府公布《公路检查毒品暂行办法》,禁烟督察处可以检查来往汽车及旅客的行李、货物包件,在有密报时还可以会同公路员警在站内或车上施行检查,且不受地点限制,省内通车各公路线上行驶的汽车无论公办或官办均须接受检查。检查时禁烟督察处人员或路警如有包庇徇私,双方可以互相检举,情节严重的报送有军法职权的机关惩办。《公路检查毒品暂行办法》对禁烟督察处稽查人员及公路员警的职责有所区分,检查过程中以督察处人员为主导。同时颁发了《取缔公路员工包庇私运毒品办法》,对各段站场所队及各级主管人员、警役、司机及其助手的职责均进行规定,各站工作人员及路警均有检查义务,并且要特别注意司机及其助手所带行李的检查。

抗战内迁使来往贵州车辆增多,汽车检查是为重要工作,为此,贵阳警备司令部致函滇黔绥靖副主任公署,要求对来筑车辆"务必停站,以便检查而杜流弊"。③ 绥靖公署也认为对货物行李包裹进行检查很有必要,并制定四项办法,要求各汽车站站长及驻站军警认真检查,对检查物品做好记录,加盖戳记

① 汪文学主编,陈亭竹编校整理:《中国乌江流域民国档案丛刊·沿河卷·县政府档案》(第 3 卷),贵阳:贵州人民出版社,2018 年,第 206 页。
② 《贵州省政府训令贵阳、下司、镇远、曹家溪、独山、安顺、遵义、松坎、黔西、毕节省税局财政厅案呈据公路管理局呈请严饬各检查所不得无故留难开行车辆一案令饬遵照(1936 年 6 月 20 日)》,《贵州财政月刊》,1936 年新 1 第 11 期。
③ 《各机关来筑车辆应停站受检(1938 年 2 月 12 日)》,贵州省档案馆:M60-1-5150。

交司机随身携带,作为中途免检凭证。①

　　参与到公路运输检查的机关确实在执行缉查任务,防止司乘人员及旅客夹带私货,对政府税收和地方经济等方面均有积极作用,但缉查人员利用职权徇私舞弊、中饱私囊,或对旅客正常乘坐进行干扰,也造成政府威信受损,给旅客带来极大不便与不良感觉。就如林冰在从湖南前往贵州,在交界处的玉屏登记检查时所记载:

　　　　客车过此,均须检查登记,非但留下大名,还得填写来何方,去何处。下行车不必登记,可是检查得特别严格,怕的是你带做些私货也。②

二、鸦片走私的公路通道

　　贵州是西南地区鸦片种植的重要产区,在光绪七年以前,大部分地区鸦片弥漫山谷,"惟黎平一府悉是苗疆,栽种最少"。③ 在抗战以前几年,贵州每年输出的农副林产品价值不过一千多万元,但同期鸦片每年输出价值在一千万元至二千万元之间。④ 鸦片是贵州经济主要支柱,因销区不同,贵州鸦片输出路线有东、西、南、北及西南 5 个方向 11 条路线。⑤ 从这 11 条运输路线来看,大多是将鸦片运送到贵州与邻省交界地,再通过水运销往外省。鸦片的走私可谓是水陆并进,先利用陆路运送到与外省相邻且水运方便之区,或向北运送到重庆,通过长江运至武汉,或向东运至镇远、铜仁等地,再经洪江销往湖南,或从兴义、贞丰通过红水河销往广西,或通过黔桂路经六寨进入广西。在公路

①　《绥靖公署代电:为规定货物行李包裹车辆免检办法(1938 年 11 月 30 日)》,贵州省档案馆:M60-1-5150。
②　林冰:《西南公路——湘黔段》,施康强编:《征程与归程》,北京:中央编译出版社,2001年,第 137 页。
③　任可澄、杨恩元纂:(民国)《贵州通志》卷 40《前事志》,第 34～35 页。
④　杨开宇:《近代贵州的鸦片流毒》,《贵阳师院学报(社会科学版)》,1984 年第 1 期。
⑤　参见谢根梅、孟懋苍:《贵州烟毒流行回忆录》,《贵州文史资料选辑》(第 7 辑),贵阳:贵州人民出版社,1981 年,第 278～279 页。

交通畅通后,利用汽车进行走私成为一种新的走私方式。或利用汽车的部件和油桶进行伪装偷运,[①]或与司机事先密商,将货交给司机,货主则坐其他车辆跟随,以免败露时危及个人。

鸦片走私在公路交通兴起之后的通道,我们从政府相关机构设立的检查站所可以窥见一斑。为统制鸦片贩运,同时查缉走私,1935 年 9 月贵州省禁烟督察处贵州缉私专员事务所成立,后又经历裁撤、恢复,专掌黔境鸦片私贩私运,并在遵义、铜仁、镇远、独山、榕江、兴义各设派出所 1 所。1937 年 4 月,又增设贞丰、通州、思南、毕节、大定、沿河、盘县、松坎、水城、三穗等派出所,同时设有 4 支游缉队,分驻遵义、安顺、黔西、贵阳。[②] 从缉私事务所设置的派出所和游缉队地点可以看出,其驻地基本上都处于贵州通往周边省区的交通要道上。抗战期间,公路交通成为主要运输手段,汽车运输成为各种走私的主要手段,鸦片走私也不例外。因此,加强公路方面的缉私成为缉私工作的重要任务。1939 年,西南公路管理处在西南区各主要公路干线设立管理站,进出贵州的四大干线均设有检查站,对来往车辆进行检查。1941 年 4 月,运输统制局成立,统一管理运输管制及检查,在各交通路线重要地点设置检查所站。在贵州境内设立的检查所站有松坎、遵义、贵阳、图云关、马场坪、毕节、关岭场。[③] 1947 年,贵州省政府为彻底肃清烟毒,防止烟贩偷运偷卖,决定在毗连各省边区、隘口设置查缉烟毒联合检查所,设置的区域为安龙、册亨、盘县、威宁、兴义、晴隆、安顺、贵阳等 8 个县市。[④] 从政府设立的这些检查所站可见,抗战爆发前,贵州鸦片的公路走私是通过川、桂、湘三省运出的,其检查站所主要设置在通往三省的交通干线上,如遵义、独山、镇远等处。抗战期间,由于两广、湖湘地区局势紧张,走私的路线有向西发展趋势,但是往四川、广西方向仍是重点查缉对象。

---

① 谢根梅、孟慰苍:《贵州烟毒流行回忆录》,《贵州文史资料选辑》(第 7 辑),贵阳:贵州人民出版社,1981 年,第 170 页。
② 贵州省档案馆编:《贵州社会组织概览》,贵阳:贵州人民出版社,1996 年,第 25 页。
③ 孙宝根:《抗战时期国民政府缉私研究(1931—1945)》,北京:中国档案出版社,2006 年,第 112 页。
④ 贵州省档案馆编:《贵州社会组织概览》,贵阳:贵州人民出版社,1996 年,第 23 页。

第四节　公路网络与公用机构的运输优先权

一、军队与军事运输路线

抗战时期,贵州公路交通是西南大后方战略物资及军队运输的重要交通线,承担着军事运输的重要任务,一切交通运输以军事为先。

在淞沪抗战时,贵州公路就已发挥了作用。淞沪会战开始时,杨森所率的第二十军奉令赴沪参战。1937年9月初,部队分别从黔西和安顺出发,集中贵阳,随即由副军长夏炯率领沿湘黔公路徒步行进到湖南辰溪,乘木船至常德,再换乘轮船经洞庭湖抵长沙,后换乘火车。[①] 同时接到命令的还有陆军第二十六师。接令后,补充人员械弹粮秣,从贵州出发,途经麻江、黄平、施秉、镇远和湖南芷江、辰溪、沅陵、常德、桃源等地,跋涉三千余里,于10月初到达长沙,再由长沙取道武汉、南京至昆山。二十六师从贵州至湖南所经路线即是湘黔公路。[②]

随着战势的发展,贵州公路在物资运输及部队人员的输送方面都发挥着越来越显著的作用。1939年日军侵占南宁,柳州告急,国民政府急从贵州等省调集车辆赶运弹药支援前线,并将滞留在广西境内的物资抢运至独山、贵阳。1940年1月,中国运输公司成立,其任务之一是抢运滇缅公路撤退物资,存在云南境内的34000多吨物资,由曲筑段每月担运12000吨,筑渝段4000吨,限期三个月运完。[③] 1944年3月,运输美援华物资油约3990桶,弹药约2450.134吨。[④]

---

① 向廷瑞:《洒尽热血,为国争光》,中国人民政治协商会议全国委员会文史资料研究委员会编:《八一三淞沪抗战》,北京:中国文史出版社,1987年,第334页。

② 何聘儒:《英勇不屈,奋力拼搏》,中国人民政治协商会议全国委员会文史资料研究委员会编:《八一三淞沪抗战》,北京:中国文史出版社,1987年,第338页。

③ 何辑五:《十年来之贵州经济建设》,出版单位、时间不详,第43页。

④ 《美资运量(1944年)》,贵州省档案馆:M12-4-6165。

同年 10 月,湘桂战局吃紧,战事一度延至黔南,政府急调车 630 辆,运送支前兵员、军用器械和弹药,疏运后撤难民和物资。[1] 川滇东路是连接川滇黔的一条交通要道,"本路初通车时,所有北上车辆,均载运进口兵资或航油,迄今仍复如是"。1940 年至 1942 年,该路的军运车数达到 7132 辆次,运输物资吨数达到了 22190 吨。[2] 在其他线路上也奔驰着各类军用车辆,从表 4-4-1 可见各线军事运输的繁忙,其中筑昆段的公路线为最,这可能主要由于一方面物资从滇缅方向进出;另一方面是远征军出国作战,需要大量车辆运送。

表 4-4-1　1944 年 10 月至 12 月各段站运量观测统计表　　　　单位:辆

路段	10 月		11 月		12 月	
	军用客车	军用卡车	军用客车	军用卡车	军用客车	军用卡车
筑渝段	65	1695	29	1349	39	3030
筑昆段	356	5863	690	2696	969	4259
筑柳段	120	3291	243	5276	263	5575
合计	541	10849	962	9321	1271	12864

注:表格中统计的车辆数为各段各站点的来往车辆。

资料来源:交通部公路总局监理处:《全国公路各干线行车运量观测报告(1944 年 10 月至 12 月)》,贵州省档案馆:M12-4-2989。

为配合盟军,中国组建远征军出国作战,大量中国军人进入印缅战场。1943 年 11 月至 1944 年 4 月中旬,西南公路运输局累计发车 1042 辆,累计输运人员 26520 人,累计运费为 48122937.8 元。[3] 根据西南公路运输局对西南区 1943 年 9 月至 12 月运量统计,4 个月内军运人数为 23568 人,主要运输路

---

① 贵州省地方志编纂委员会编:《贵州省志·交通志》,贵阳:贵州人民出版社,1991 年,第 258-259 页。

② 苏从周:《最近三年来之川滇东路概况》,《交通建设》,1943 年第 1 卷第 3 期。

③ 《西南公路运输局 32 年 11 月至 33 年 4 月中旬止运输远征军运量运费统计表(1944 年)》,贵州省档案馆:M12-4-4397。

线是滇黔线。①可见,抗战时期贵州公路在军事物资及人员输运方面发挥了重要作用,特别是香港、海防等港口被日侵占,仰光为我国客货出入及援华物资输入的咽喉,物资在滇境集中,通过滇黔路、川滇东路等路线转运至大后方及前线。而远征军出国作战,大量人员经贵州、云南送出国门,配合和支援了盟军,为抗战的胜利做出了巨大贡献。

二、公路在大学内迁中的作用

日本的文化侵略政策目的在于消灭中国的文化根基和中国人民的民族意识,对各级各类学校和文化机构的打击是其文化侵略政策的组成部分。在战火下,我国高等院校遭遇空前浩劫,损失惨重,为保存高等教育的力量,许多高校举校内迁。1937 年 8 月 19 日,国民政府教育部令各大中专院校,要求战区各校"于其辖境内或辖境外比较安全之地区,择定若干原有学校,即速尽量扩充或布置简单临时校舍,以为必要时收容战区学生授课之用,不得延误"。② 9月 29 日教育部出台《战争发生前后教育部对各级学校之措置总说明》,对平津、上海及其他比较危险地域内的各级学校的迁置与避难规定了具体的办法和措施。

战时内迁高校众多,先后有三次较大的内迁高潮,③内迁高校落脚区域大概可归纳为三个地区,即西南地区,西北地区,赣南、桂东、闽西等战区省份的内部地区。④ 西南地区是抗战时期大后方的中心地带,内迁高校很多集中于该地域。地处西南腹地的贵州也先后迁入了 9 所高校。⑤

作为抗战后方省区之一的贵州,在高校内迁过程中也发挥了重要作用。

---

① 《西南区 32 年 9 月运量表(1943 年)》,贵州省档案馆:M12-4-5357。

② 《战区内学校处置办法》,中国第二历史档案馆编:《中华民国史档案资料汇编·第五辑 第二编·教育(一)》,南京:江苏古籍出版社,1997 年,第 3 页。

③ 徐国利:《关于抗战时期高校内迁的几个问题》,《抗日战争研究》,1998 年第 2 期。

④ 侯德础:《抗日战争时期中国高校内迁史略》,成都:四川教育出版社,2001 年,第 71~72 页。

⑤ 孔令中主编:《贵州教育史》,贵阳:贵州教育出版社,2004 年,第 383 页。

这表现为：一是内迁高校将贵州作为途经地区，经贵州向川、滇迁移。贵州绾毂西南交通，是西进云南、北上川渝地区的重要交通枢纽，因此，在高校内迁的过程中，很多高校内迁路线的选择都会考虑经贵州入川滇。1937 年底，日军进逼武汉、长沙，西南联大决定再迁昆明。计划分两路入滇，一路是女生和身体较弱的师生和教职员家属，乘粤汉铁路火车经香港、海防到昆明。另一路则组成"湘黔滇旅行团"，徒步入滇，旅行团师生共 250 多人，历时 68 天，行程约 3360 华里。① 自行前往的也有选择经黔省入滇。1938 年，吴传钧由沪入川，从上海乘船至香港，由香港至梧州再到柳州，后沿黔桂公路和川黔公路经六寨、贵阳、桐梓、海棠溪到达重庆。② 时任浙江大学教授的丰子恺，携家人从广西内迁贵州遵义，也是沿黔桂公路经贵阳到达遵义。③

二是将贵州作为内迁目的地，安定下来办学。"八一三"事变后，大夏、复旦两所大学奉令西迁，并组成联合大学，迁往江西庐山、贵州贵阳两地合组为联合大学第一、第二部。1938 年 2 月 25 日，两校在桐梓县召开联合大学行政委员会议，议定从 1938 年 4 月起，复旦、大夏联合大学分立，以第一部为复旦，留重庆，第二部为大夏，于贵阳建校。大夏大学内迁贵阳的原因之一就是"西南大后方将为抗战之砥柱，而贵阳与重庆交通尚便，且又为高等教育之处女地，需要大学之灌播"。④ 既将贵阳择定为校址，大夏师生纷纷赶往贵阳，而入黔路线主要有三条：第一条是沿长江而上，由九江进入重庆，再经川黔路前往贵阳；第二条路线是经湘黔公路进入贵州；第三条路线是从江浙乘船经香港至桂林，通过黔桂公路抵筑。⑤

浙江大学迁黔的过程较为曲折，经过四次迁移入黔。在浙大内迁的过程中，因交通问题，贵州并不是校长竺可桢的首选之地，而在之后选择遵义、湄潭作为浙大内迁的目的地也是经过多次考察，多方考虑决定的。1938 年 7 月，教育部有意将浙大迁往贵州安顺，但因交通不便为浙大否决，经多方咨询和实

---

① 惠世如：《抗战时期内迁西南的高等院校》，贵阳：贵州民族出版社，1988 年，第 2 页。

② 施康强编：《征程与归程》，北京：中央编译出版社，2001 年，第 11 页。

③ 施康强编：《征程与归程》，北京：中央编译出版社，2001 年，第 248～251 页。

④ 欧元怀：《大夏大学的西迁与复员》，《中华教育界》，1947 年复刊 1 第 12 期。

⑤ 谢晓博：《迁黔大夏大学研究》，东华大学硕士学位论文，2013 年，第 27～28 页。

地考察,迁往广西宜山。后因战势恶化,广西危急,浙大不得不再次搬迁。"在桂不能安定、不能久远之计,故不得不迁移,且入黔为教部原来计划也。如迁黔非有切实调查不可。"①在择定校址问题上,安全、校舍、交通等是首要问题。为此,竺可桢校长多次派员或亲自考察了安顺、镇宁、定番、贵阳、瓮安、平越、遵义、湄潭等地。后经学校决定,"依照原议移黔之湄潭及赤水等地"。② 与大夏大学迁移路线不同,浙大在迁黔路线上较为单纯,从广西宜山至贵州遵义,基本上可经黔桂公路进入贵州,再经川黔公路到达遵义,而遵义与湄潭之间的公路当时也在修筑之中。③ 在迁黔过程中,"沿途各地可以为学生驻足之所,如龙里、贵定、黄丝、马场坪及麻江公路分路处及都匀均可落足",④为师生提供休息之所。在运输工具上,校方除了校车外,或雇佣商车进行运输,或与国家相关部门协商,请求运载书籍仪器,搭载师生。根据《竺可桢日记》1939 年11 月 28 日载:"通知各系将图书、仪器分紧急与不紧急两部,不紧急者先行起运。"12 月 7 日开迁校委员会及行政会议联席会议,"决定旧杂志及重要仪器雇利用公司车运黔"。⑤ 在 12 月 28 日听闻军事委员会西南公路处有车数百部,"由柳运物赴筑,可以搭学生,每车三四人,则可以解决运输问题矣"。⑥ 此外,校方还向盐务局、贵州公路局、中国运输公司、后方勤务部汽车管理处等单位协商,请求派车帮助运输。⑦

　　在高校内迁过程中,交通运输顺畅与否关系到内迁能否顺利完成,无论是师生的搭载还是书籍、仪器的运输,都需要交通顺畅。内迁高校无论是将贵州作为途经地,还是目的地,公路交通作为黔省境内主要交通运输方式,其作用都是不言而喻的。大夏大学在筹备第二联合大学之初,欧元怀、章益、王裕凯等乘船溯长江而上,经重庆通过川黔公路前往贵阳。

①　《竺可桢日记》(第 1 册),北京:人民出版社,1984 年,第 326 页。

②　《竺可桢日记》(第 1 册),北京:人民出版社,1984 年,第 326 页。

③　《竺可桢日记》(第 1 册),北京:人民出版社,1984 年,第 341 页。

④　《竺可桢日记》(第 1 册),北京:人民出版社,1984 年,第 343 页。

⑤　《竺可桢日记》(第 1 册),北京:人民出版社,1984 年,第 376 页。

⑥　《竺可桢日记》(第 1 册),北京:人民出版社,1984 年,第 383 页。

⑦　参见《竺可桢日记》(第 1 册),1940 年 1 月 13 日、15 日、20 日、21 日、27 日,2 月 11 日,北京:人民出版社,1984 年。

由九江再往重庆,舟行甚险,颇有"山重水尽疑无路,柳暗花明又一村"之势。抵渝后,当请西南行营派车往黔,承拨小车一辆,又大车一辆,载卫士二人随行。[①]

湘雅医学院从长沙迁至贵阳时,40吨设备从黔桂公路运至贵阳,而另有8辆两吨汽车将学生、教职员工及家属经湘西通过湘黔公路直运贵阳。[②]

在战时环境下,高校被迫内迁,尽管历尽千辛万苦,但这场文化西迁改变了近代中国教育资源分布失衡的状况,"保存了中国教育文化的基本力量,支持了长期抗战"。[③]

三、红十字会救护总队部的运输工作

抗战期间,中国红十字会迅速开展战地救护工作,缓解了战时医疗及军队医疗薄弱的状况。为集中力量开展救护工作,1937年12月6日中国红十字会总会在汉口成立临时救护委员会,并筹组救护总队部,以林可胜为临时救护委员会总干事兼救护总队部总队长,救护总队为"战时专负军事救护之机构",并于1938年春正式成立。[④]在林可胜领导下,救护委员会设有干事室及总务、医务、运输、材料等4股,[⑤]运输、材料股负责运输补给。1938年5月汉口危急,临时救护委员会及救护总队部先迁长沙,11月又迁祁阳,1939年2月再迁贵阳图云关。图云关位于贵阳市东,是贵阳通往广西、湖南的咽喉要道,抗战期间一直是中国红十字会救护总队部和战时卫生人员训练总所的所在地。救护总队部在这里指挥全国各战区救护队工作,海内外捐助的药品及医疗器

①　王裕凯:《抗战中的大夏大学》,载《学府纪闻:私立大夏大学》,台北:南京出版有限公司,1982年,第26页。

②　惠世如:《抗战时期内迁西南的高等院校》,贵阳:贵州民族出版社,1988年,第173页。

③　徐国利:《浅析抗战时期高校内迁的作用和意义》,《安徽史学》,1996年第4期。

④　胡兰生:《中华民国红十字会历史与工作概述》,《红十字月刊》,1947年6月,第18期。

⑤　《中国红十字会总会救护委员会第一次报告(民国26年12月至27年1月)》,贵阳市档案馆:40-3-60。

材从这里被送到全国各地,贵阳时期的救护总队部成为战时救护的指挥所和医疗物资的集散地,从这里"成千吨的医药卫生器材被运送到全国各地"。①

运输虽不是救护总队部主要业务,但运输工作却是医疗医护工作顺利开展及人员流动转移的重要保障。因此,在救护总队部成立时设有运输股,而组建之初的运输股共有 73 人。② 后来救护总队部发展,各办公室职能更加具体,设有总队长办公室、医务、材料、运输、人事、文书、事务、技术、会计等科室。运输股主要负责监督指导运输单位的编组、配设及业务,审定运输技术人员资历,收发、保管及修理运输器材,车辆油料的收发、保管、登记、造报,运输统计、统计油料消耗损失、稽核器材,改进运输作业等。③ 为保证人员、医疗物资运输顺畅,救护总队部根据交通情况设立运输站 4 至 8 个,运输站视情况需要配运输队,每一运输队配备汽车 5 辆。运输站队隶属于救护总队部并受其指挥及监督。运输站设站长 1 人、站员 2 人、工役 1 人,运输队设队长 1 人、司机 5 人、技工 51 人、艺徒 1 人。运输站秉承该主管机构之指导,负责油料及修理器材的保管、出纳,并指挥运输队作业及车辆派遣等事宜。④

战地救护工作的开展有赖于运输、材料等部门的通力合作。医务队、伤兵收容所及医院的及时移动,救护物资的转移与供应,伤兵的转移等都依赖运输部门。⑤

1.救护医疗物资的运输

从《救护通讯》中的"运输动态"(表 4-4-2)中可以看到卫生器材的运输是运输股的主要工作之一,各种卫生器材由运输股运送到各战区。

---

① 薛庆煜:《在贵阳图云关的红会救护总队》,《贵阳文史资料》(第 22 辑),出版单位不详,1987 年,第 39 页。
② 《中国红十字会总会救护委员会第一次报告(民国 26 年 12 月至 27 年 1 月)》,贵阳市档案馆:40-3-60。
③ 《中国红十字总会救护总队部组织规程》,李筑宁主编:《抗战时期的中国红十字总会救护总队》,出版单位不详,1995 年,第 56 页。
④ 《总会救护总队部运输站队组织规程》,贵阳市档案馆:40-1-2。
⑤ 《中国红十字会总会救护委员会第二次报告》,贵阳市档案馆:40-3-60。

表 4-4-2 1943 年 10 月至 1945 年 5 月载运医护人员及器材运输表

时间	运输情况	起止地点
1943 年 10 月上半月	汽车 2 辆载运卫生器材及西北各队制服	贵阳至重庆
1943 年 11 月上半月	汽车 3 辆载运卫生器材及救护人员	贵阳至昆明
1943 年 11 月下半月	汽车 1 辆载运卫生材料及医护人员	贵阳至昆明
1943 年 11 月下半月	汽车 3 辆载运第六大队及重庆救护器材	贵阳至恩施、重庆
1943 年 12 月上半月	汽车 2 辆载运第七手术队人员及卫生器材	贵阳至昆明
1943 年 12 月下半月	汽车 4 辆载运卫生材料	贵阳至独山、昆明
1944 年 1 月上半月	汽车 1 辆载运卫生器材	贵阳至重庆
1944 年 1 月下半月	载运卫生器材 3 批	贵阳至昆明、重庆、独山
1944 年 3 月上半月	卫生器材 2 批	贵阳至独山、重庆
1944 年 3 月上半月	汽车 1 辆载运卫生材料	昆明至贵阳
1944 年 3 月下半月	汽车 1 辆载运卫生材料 1 批	重庆至贵阳
1944 年 4 月下半月	汽车 2 辆载运卫生器材	重庆至贵阳
1944 年 4 月下半月	汽车 1 辆载运卫生材料及救护人员	贵阳至重庆
1944 年 4 月下半月	卫生材料 2 吨	贵阳至昆明
1944 年 5 月上半月	卫生器材	贵阳至独山
1944 年 5 月上半月	卫生器材	昆明至贵阳
1944 年 5 月下半月	汽车 2 辆载运卫生器材	贵阳至独山转江南战区
1944 年 5 月下半月	汽车 2 辆载运卫生器材	昆明至贵阳
1944 年 6 月上半月	汽车 1 辆载运药品敷料	贵阳至昆明
1944 年 6 月下半月	汽车 2 辆载运美捐卫生材料 1 批,约 4 吨	昆明至贵阳
1944 年 7 月上半月	载运卫生材料	昆明至贵阳
1944 年 8 月上半月	汽车 5 辆载运美捐材料	昆明至贵阳

续表

时间	运输情况	起止地点
1944 年 8 月下半月	汽车 2 辆载运卫生材料	贵阳至重庆
1944 年 9 月上半月	汽车 3 辆载运卫生材料	昆明至贵阳
1944 年 9 月上半月	汽车 3 辆载运卫生材料	贵阳至重庆
1944 年 10 月上半月	汽车 1 辆载运卫生材料及制服布料	贵阳至昆明
1944 年 10 月下半月	美军车 6 辆载运卫生材料	昆明至贵阳
1944 年 10 月下半月	汽车 5 辆载运卫生材料、制服	贵阳至重庆
1944 年 10 月下半月	汽车 1 辆载运卫生材料、制服及救济难民棉衣	贵阳至独山
1944 年 11 月上半月	汽车 5 辆载运卫生材料	贵阳至重庆
1944 年 11 月下半月	汽车 2 辆载运卫生材料	贵阳至桐梓
1944 年 11 月下半月	汽车 5 辆载运卫生材料及难胞、伤兵	独山、马场坪至贵阳间
1944 年 12 月上半月	汽车 26 辆载运卫生材料、公物、眷属	贵阳、桐梓间及贵阳、独山间
1944 年 12 月下半月	汽车 5 辆载运卫生材料	贵阳至桐梓
1945 年 1 月上半月	汽车 4 辆载运卫生材料	昆明至桐梓
1945 年 1 月上半月	汽车 1 辆载运医护人员	贵阳至玉屏
1945 年 1 月上半月	汽车 1 辆载运第一流动医院及卫生器材	贵阳至重庆
1945 年 2 月上半月	汽车 2 辆载运卫生材料	昆明至贵阳
1945 年 2 月上半月	汽车 1 辆载运第 14 医疗队人员	贵阳至綦江
1945 年 5 月上半月	汽车 1 辆载运卫生材料	昆明至贵阳
1945 年 5 月下半月	汽车 1 辆载运人员、材料	玉屏至贵阳
1945 年 5 月下半月	汽车 1 辆载运人员、材料	贵阳至遵义

资料来源:根据《救护通讯》第 1 期(1943 年 10 月 31 日)至第 39 期(1945 年 5 月 31 日)"运输动态"整理。

从表 4-4-2 可以看出,医疗物资的运输多由贵阳运出,而从昆明运至贵阳的物资大多是海外捐助,经昆明转运至贵阳。

2.伤兵转移

救护总队部对于伤兵的救护及运输都有非常大的贡献,正如救护总队运输队队长施体奋总结说:

> 七年来,本会对于伤病官兵,克尽救护任务而相当贡献者不能说不是由于运输人员努力配合救护的需要,而尽到相当的力量和责任。[①]

1940 年 2 月日军侵扰宾阳,柳州吃紧,运输队还要转移汽油、车胎、钢板等物资,转运伤兵工作更为紧张。2 月中旬至 3 月上旬由宾阳转运到柳州兵站医院的伤兵共计 1693 人,[②]3 月中旬至 4 月上旬转运的伤兵共计 1058 人。[③] 在湖南战区,1940 年 3 月从衡阳、邵阳、安江等地转运的伤兵人数为 955 人,[④]4 月运送的伤兵人数为 2023 人。[⑤] 远征军出国作战期间,救护总队会商军医署及贵州省军官区司令部,制定了黔桂、滇黔两线救护车巡回救护办法,分别在黔桂线的马场坪、独山、贵阳,滇黔线的贵阳、镇宁、晴隆、盘县、曲靖等地设立收容站,收容因病落伍的伤病兵,并且在黔桂线派汽车 2 辆,滇黔线派汽车 4 辆,负责巡回救护,病兵途中给养,死亡埋葬。这些车辆和救护人员的供给由救护总队部负责,所需的油料由军政部供应,病兵的医疗则由沿线陆军医院或

---

① 刘磊主编:《战地红十字会:中国红十字会救护总队抗战实录》,贵阳:贵州人民出版社,
　2009 年,第 135 页。
② 刘磊主编:《战地红十字会:中国红十字会救护总队抗战实录》,贵阳:贵州人民出版社,
　2009 年,第 325 页。
③ 刘磊主编:《战地红十字会:中国红十字会救护总队抗战实录》,贵阳:贵州人民出版社,
　2009 年,第 327 页。
④ 刘磊主编:《战地红十字会:中国红十字会救护总队抗战实录》,贵阳:贵州人民出版社,
　2009 年,第 325 页。
⑤ 刘磊主编:《战地红十字会:中国红十字会救护总队抗战实录》,贵阳:贵州人民出版社,
　2009 年,第 327 页。

伤运站负责。① 在豫湘桂战役期间,为加强前线救护力量,在衡阳留置 4 辆汽车担任湘北方面的救护运输,第五运输队移至邵阳,并在武冈一带留置汽车,担任湘西方面的救护运输。在湘北战役中,救护总队调车 30 余部驻湘西,大部分伤兵由湘运黔,随车配置卫生队员进行救护。桂南紧张时,救护总队又购车 20 部奔驰前线,一年内,从湘西、桂南运送的伤员达 25000 名。②

3.协运难胞

豫湘桂战役发生后,湘桂各地难胞向黔桂线后撤,救护总队部在黔桂线进行救济,并积极抽调医疗队,担任黔桂线难胞的医疗救护,在独山、都匀、马场坪等地派遣医疗队开展工作,同时派遣第五车队由贵阳开赴黔桂、湘桂两线参与救护。1944 年 11 月,派遣车辆来往河池、独山之间,接运金城江后撤的难童,并运送至贵阳。③ 12 月又派汽车二辆借拨中央赈济委员会第九办事处协运黔桂线难胞向疏散地点运送。④

救护总队的医疗物资很多来自海外捐赠,其运输有赖于公路交通。在香港未被日占领时,海外捐赠的医用物资可从香港转运。香港被占领后,物资从水路到达越南海防,由陆路经友谊关进入广西,继公路北行,经南宁、柳州、河池进入黔南。或由梧州进入广西,沿柳州、河池等地入黔南。越南被日占领后,上述交通线被切断,大部分物资只有从滇缅公路运至昆明,再经滇黔线运抵贵阳。

抗战期间,救护总队的运输力量不断增强。1938 年 1 月救护总队的汽车仅有 16 辆,并且全部是从上海、南京方面撤退出来的,到同年 6 月增加至 48辆。救护总队部迁至贵阳期间,运输股汽车达到了 200 多辆,不仅设有运输队,还设立修理所。⑤ 在人员方面也有发展,运输股从成立之初的 73 人发展

---

① 《救护通讯》(第 1 期),1943 年 10 月 31 日。

② 《三年来本会运输工作概况》,《中国红十字会会务通讯》,1941 年第 3 期。

③ 《救护通讯》(第 26 期),1944 年 11 月 15 日。

④ 《救护通讯》(第 29 期),1944 年 12 月 31 日。

⑤ 朱崇演、张建军:《荣独山教授谈红会救护总队》,《贵阳文史资料》(第 22 辑),出版单位不详,1987 年,第 85 页。

至 134 人。[①]

战时交通工具十分短缺,救护总队的运输力量在战地救护和后方医疗物资运输方面的重要性显得更为突出。1938 年 1 月至 1939 年 6 月救护总队车辆共运材料件数 290262 件,承运人员 30045 人,转运伤兵 27435 人。[②] 根据 1943 年的运输统计,全年参与运输的汽车达到 114 辆次,行程 65958 公里,往来于贵阳、金城江、重庆、昆明等地。[③] 救护总队部的输运工作,充分发挥其运输能力,在"一以铁路干线有限,一以驿运力量薄弱"的条件下,以公路运输为主体,以"红十字会救护总队部现有的运输工具和机构……无论战时和战后,都占有重要的位置"。[④]

小　结

贵州公路网络的逐渐形成,不仅改变了贵州交通运输方式,也使物资的运销体系发生了变化。首先表现出来的是关卡在设立上从土产的出产地、水运较为便捷之地逐渐向公路沿线转移。特别是在抗战时期,公路运输成为西南大后方的主要运输方式,其检查站及税卡的设立多在主要干线上。

战时国民政府对粮食、食盐、桐油、汞等民生军用物资进行国家统制,这些物资的运输无论是在运输工具还是运输路线的选择上,都逐渐向公路交通运输靠近。究其缘由,一是东部沿海地区沦陷,水运受阻,不得不转变进出口方向;二是贵州公路筑路里程的增加为公路运输提供了基本条件。

战时各类物资紧俏,这给走私分子提供了难得的机会,走私路线和方式也

---

① 王化棠:《红会救护总队的组织简况》,《贵阳文史资料》(第 22 辑),出版单位不详,1987 年,第 99 页。

② 《救护总队部第四次工作报告》,贵州省档案馆:M116-1-15。

③ 《救护通讯》(第 9 期),1944 年 2 月 29 日。

④ 刘磊主编:《战地红十字会:中国红十字会救护总队抗战实录》,贵阳:贵州人民出版社,2009 年,第 135 页。

在悄然发生改变,利用汽车进行走私成为一种新的走私方式。为打击走私,国民政府一方面制定各种政策严禁走私,另一方面成立缉私队伍打击走私活动,其中一个重要方面就是在公路沿线设立查缉机构,对往来车辆及人员进行查验。

贵州公路修筑具有浓烈的军事因素,特别是抗战时期,贵州公路交通是西南大后方战略物资及军队运输的重要交通线,因此,贵州公路承担着军事运输的重要任务,一切交通运输以军事为先,大批的战略物资及军队人员通过贵州公路输送到前线。同时,贵州公路在大学内迁及中国红十字会总队部的转移运输中也发挥了重要作用。内迁西南的高校或将贵州作为中转站向川、滇转移,或将贵州作为目的地安定下来办学。无论哪一种选择,公路交通都成为行进过程中的一个重要选择。如大夏大学和浙江大学内迁至贵州更离不开公路交通,师生人员、书籍仪器的运送大部分都是通过公路运达的。

1939年中国红十字会救护总队部迁至贵阳,在这里指挥全国各战区救护队工作,贵阳时期的救护总队部成为战时救护的指挥所和医疗物资的集散地,救护总队的运输人员将海内外捐助的药品及医疗器材从这里送到全国各地,也承担着医护人员及伤兵的转移工作,在铁路干线有限、驿运力量薄弱的条件下,公路运输成为救护总队运输工作的重要方式。

第五章　商车运输的统制管理
　　　　与官民博弈

随着贵州公路修筑里程数的增加,汽车运输业逐渐兴起,为整理行业发展秩序,不仅成立了同业公会,还组织成立了联运处,统一管理汽车运输,加强同业管理。抗战时期,国民政府加强对工商团体的管制,以服务于战时经济统制。商车投身于抗战运输中,体现出"商人的民族主义情感与国家认同观念"。① 同时,作为行业代表,汽车同业公会也尽可能地维护汽车商行的利益,在"抗战建国"的时代要求下,扮演着平衡行业利益与国家利益的角色。

第一节　政府的商车管理措施

一、地方权贵与商车运输公司的兴起

"马达一响,黄金万两",这是时人对汽车运输带来丰厚利润的美好畅想,经营汽车运输自然成为人们获取财富的一条通途。贵州第一个商办汽车运输公司名为"贵州先导汽车运输公司"(以下简称"先导公司")。名曰"商办",实际上投资者大多数为当时掌权的地方权贵或拥有雄厚资金的商

---

① 马敏主编:《中国近代商会通史》(第四卷),北京:社会科学文献出版社,2015 年,第
1960 页。

人。先导公司由袁干臣、张彭年发起组织,原定资本总额 100 万元,并发行 20 万元优先股。从先导公司的 13 名股东身份来看,6 人身处政界,6 人在商界,1 人不明。发起人袁干臣是袁祖铭父亲,袁祖铭在 1922 年至 1923 年为黔军总司令。张彭年早年留学日本,参加过同盟会,武昌起义时受同盟会之命回国策动贵州省响应,1912 年被任命为贵州全省国、省两会选举事务所所长,1913 年被选为贵州省议会议长。1915 年滇黔宣布独立时任都督府参赞,1921 年与袁祖铭在武汉组成黔军指挥部,1922 年任贵州省省长,袁祖铭为黔军总司令。[①] 发起组织先导公司时,袁、彭虽已不主政贵州,但在多年的政治军旅生活中也结识了不少权贵。先导公司的股东们也有深厚背景,如马空凡(省财政厅厅长)、熊逸滨(周西成姑父)、公合长(安顺四大商户之一)、华问渠(华之鸿之子,华问渠长期经营成义茅台酒厂、文通书局、黔元造纸厂、大成煤矿、永隆裕盐号等工商企业)等。[②] 可以说,先导汽车运输公司在创立之初资本雄厚且有政治庇佑。先导公司在上海订购了美国制造的不同型号的道奇卡车 10 辆,并在上海招雇一批驾驶人员,1930 年底,人车一同到达贵阳,并将股本总额改为 10 万元后开始营业。该公司成立初期以省内修筑好的公路为营运路线,并在安顺、遵义、桐梓、独山设立分站,办理运输业务。只可惜购买的汽车大部分是旧货,在上海的货栈中堆放了相当久的时间,部分零件锈坏或残缺,起运前未经检查,运至贵阳后,勉强装配行驶,但经常抛锚待修,而主持公司业务的人对汽车运输业务不熟悉,缺乏现代企业的经营管理常识,只秉承官僚股东们旨意办事,急切要求获得财富,[③]最后导致经营失败,先导公司解体。

尽管先导公司经营失败,但作为新兴行业的汽车运输业却吸引了不少商人投资,与先导公司基本同时申请开业的有利黔、黔康、通康等车行。利黔车行创办经费 6000 元,其股东基本上来自工商业,资本较为雄厚,经营特货业的

---

① 唐承德:《贵州近现代人物资料》,出版单位不详,1997 年,第 175～176 页。

② 《先导公司呈请立案(1930 年 12 月)》,贵州省档案馆藏:M60-1-4546。

③ 钟大亨:《贵阳的汽车运输业》,《贵阳文史资料选辑》(第 6 辑),贵阳:贵州人民出版社,1982 年,第 196 页。

有 2 人,工业的有 3 人,钱业、绸缎业各 1 人。[①] 贵州的商车运输逐步发展起来,1930 年有商车行十余户,汽车 19 辆[②],1932 年增至 17 家,拥有汽车 50 多辆,[③]1936 年有 50 户,汽车 99 辆。[④]

表 5-1-1　20 世纪 30 年代贵州部分车行情况表

车行(公司)名称	呈请立案时间	资本额(万元)	店址	汽车数量(辆)	备注
义合汽车公司	1930.12.9	10	安顺	7	
先导公司	1930.12.16	10	贵阳	10	1928 年呈报成立时,因军事原因暂停
利黔车行	1930	0.6	贵阳	1	
和记汽车公司	1931.3.7	不详	不详	不详	后增加资本 3000 元,更名为元和
民生车行	1931.12.12	1.45	贵阳	2	
一星车行	1931.11.28	0.6	贵阳	1	
通康车行	1930.11.5	5	安顺	2	
福利车行	1931.11.28	1	贵阳	1	
大昌公司	1931.6.10	3	贵阳	3	
协和车行	1931.6.9	1.2	贵阳	2	
益黔车行	1931.6.9	2.5	贵阳	3	
福达车行	1931.9.29	1.2	贵阳	2	

[①] 《利黔公司呈请立案(1930 年)》,贵州省档案馆:M60-1-4547-1。

[②] 林辛:《贵州近代交通史略》,贵阳:贵州人民出版社,1985 年,第 104 页。

[③] 贵州省地方志编纂委员会编:《贵州省志·交通志》,贵阳:贵州人民出版社,1991 年,第 214 页。

[④] 张肖梅:《贵州经济》,中国国民经济研究所,1939 年,第 E50 页。

续表

车行（公司）名称	呈请立案时间	资本额（万元）	店址	汽车数量（辆）	备注
黔通车行	1931	2	遵义	2	
通达车行	1931.11.18	1.2	贵阳	2	
保安车行	1931.12.18	1.5	遵义	6	
平安车行	1931.8.9	0.8	贵阳	1	
中兴车行	1932.3.28	0.7	贵阳	1	由通康车行分出
安达车行	1932.3.15	1.5	贵阳	2	
利安车行	1932.4.18	0.6	安顺	1	
三生车行	1932.5.7	1.5	贵阳	2	
天福车行	1932.5.8	0.8	安顺	1	
竹平车行	1932.5.7	1.4	贵阳	2	
中华车行	1932.6.6	1.5	安顺	2	
泰和车行	1932.8.9	2	贵阳	2	先导公司改组分出
先导源车行	1932.10.24	1	贵阳	1	
亚兴车行	1933.5.6	0.8	贵阳	2	1934 年 9 月改为大兴车行
永利车行	1933.4.29	1.2	贵阳	2	
华安车行	1933.7.26	0.8	贵阳	2	
民安车行	1933.10.30	0.6	贵阳	1	
洪源车行	1933.12.8	0.6	贵阳	1	
三英车行	1934.3.8	0.6	贵阳	1	
思齐车行	1934.3.27	0.6	贵阳	1	

续表

车行(公司)名称	呈请立案时间	资本额(万元)	店址	汽车数量(辆)	备注
永达车行	1934.4.10	1.2	贵阳	1	
振兴公司	不详	2	贵阳	1	
裕民车行	1934.5.25	0.8	贵阳	2	
义康车行	1934.5.2	0.6	贵阳	1	
市民车行	1934.5.14	0.6	贵阳	1	
蜀通车行	1934.7.4	1	贵阳	2	
自立车行	1934.9.10	0.5	不详	1	
安康车行	1934.9.10	0.6	贵阳	1	
新生活车行	1934.8.18	0.6	贵阳	2	
大同车行	1934.9.12	0.8	贵阳	2	
吉祥车行	1934.10.25	0.4	贵阳	1	
永康车行	1934.10.16	0.4	贵阳	1	
南星车行	1934.10.13	0.6	贵阳	1	
行易车行	不详	不详	贵阳	2	于1936年与义合周、泰安、大昌、义合鑫、大中华合组,更名为黔南公司
永吉车行	1934.11.9	0.4	贵阳	1	
黔康车行	1935.5.27	0.5	贵阳	1	后新购1辆
吉利车行	1935.3.15	0.4	贵阳	1	
明德车行	1935.3.18	0.5	贵阳	1	
裕裕车行	1935.4.17	0.4	贵阳	1	

续表

车行(公司)名称	呈请立案时间	资本额(万元)	店址	汽车数量(辆)	备注
新昌车行	1935.7.13	0.5	贵阳	1	
怡德车行	1935.7.8	0.6	不详	2	
亨利车行	1935.7.24	0.3	贵阳	1	
正茂车行	1935.7.30	0.5	不详	3	
友道车行	1935.8.19	0.6	贵阳	1	
福龙车行	1935.8.2	0.3	贵阳	1	
东信车行	1936.7	0.66	贵阳	2	
合记公司	1938.9.5	不详	贵阳	不详	平一、先导、正茂、大昌、太和、思齐、先导天、安达、明德、星记、太和合并
中国联运社股份有限公司	1939.1.3	20	不详	不详	

资料来源:贵州省档案馆:M60-1-4545～4548、M60-1-4552～4557、M60-1-4559～4613、M60-1-4615、M60-1-4616、M60-1-4620、M60-1-4622。

从表中可以看出,在省政府开放民营后,贵州的汽车行如雨后春笋般申请登记立案,但是他们的力量都比较弱小。首先是资本额都比较少,除了先导公司、义合公司和通康车行资本额较大外,其余车行的资本都不高,其中34家资本额不到一万元。其次是各车行汽车数量少,除先导、义合、保安汽车数量在5辆以上外,其余54家车行数量为1～3辆,且有部分汽车是旧车。资本额小,力量薄弱是贵州商办汽车运输业的特点,究其原因主要是省政府在试办公营运输失败后将汽车运输委诸商办,且捐费负担不重,车主缴纳月捐,同时"酌提公司或车行中溢利百分之十"作为办理路政的经费①后即可自由经营。汽车运输在贵州是一个新兴行业,捐费负担轻,利润空间大,一时间参与汽车运输的商家纷纷成立。

二、《管理民办车运条例》的制订

商营运输兴起,政府和行业都需要对其加强管理,以规范商车行的运营行为。在军阀时期,政府在商车的管理中扮演的是监督人的角色,并没有实际参与到商车运营管理中,而且监督显得很松散,制定的法规条文并不具体。根据现有资料显示,贵州省政府对商车的管理最早是 1930 年 10 月由建设厅拟定呈报省政府的《管理民办车运条例》,该《条例》共 27 条,对民办车运公司或车行的成立条件、股本及招股方式、开办程序及条件、公司行号的权利义务、司机人员的权利义务等都做了规定。从《条例》所规定的内容来看,管理规章是模糊和粗略的。

首先,《条例》没有规定创办的公司或车行资本额及车辆所有数量的最低限度。申请者只须提交章程、发起人的姓名及职业住所、股本总额、股东名簿、认股书、创办预算书及营业收支的预算书、车辆基本情况、经营路线、具保商号等资料即可申请立案。这成为贵州汽车运输行业中经营家数不少,而力量弱小的一个原因。

其次,《条例》对司机的管理及权利义务规定得比较粗略。如司机肇事只规定因开车不慎,无故将车开翻,造成乘客受伤或在城镇乡村须开慢车的地方故意开快车造成人员伤亡或财物损毁的,将司机移送司法机关进行处理,并未具体明确规定在何种情况下造成何种损害须负何种责任。对于司机在行车过程中不负责任的规定也较为简单。

再次,对各公司行号在营业或行车过程中应负责任的规定很简单,只规定了"公司或车行之车辆开行不得带危险物及违禁物,违者应将该公司或车行之

---

① 《管理民办车运暂行条例》,《贵州省政府公报》,1930 年第 38 期。

执事人员送交司法官厅,依律科罪"。①

最后,对于汽车营业收费、开车时间及路线没有明确的规定,只要求车运公司或车行在开业时向建设厅呈送车辆开始时刻及路线分站里程表、车辆来往次数表、载客价目表、运货价目表即可。这给各汽车行随意涨价或减价提供了机会,势必造成在客货较多的路线价格较高,危害消费者的合法利益,失去了汽车运输方便民众的意义。而且各车行客货价格不统一,容易形成恶性竞争,扰乱运营市场的正常秩序。建设厅后来也认识到这一点的重要性,在1931年公布了《民办车运营业收费暂行规则》,布告各商民等一体知照。该规则对各车运公司及车行发售的车票样式进行了统一规定,并要求每月月终将票据的存根联随同营业报告书呈报建设厅查考。同时规定了各种车辆的收费标准,并规定公司车行在行车路线未设立分站地点私自搭载客货将加倍处罚。②《规则》虽对收费标准进行了规定,但未能改变汽车运输行业的积弊,正如时人所言:商车"明争暗斗,互相倾轧,任意减价,借资号召。竞争结果,公司收入锐减,形成两败俱伤,时有倒闭之现象"。③

三、国民政府的商车统制政策

抗战爆发后,国民政府对商车的管理主要依据战时运输情况而定,对商车的管理实质上是商车统制。为此,国民政府成立统制机构并制定各种统制办法及政策,形成了战时商车统制制度。

1.成立统制机构

1939年军事委员会设立军事运输总监部及运输总司令部。该运输总司令部负责统筹办理所有中央、各省公路局以及公私汽车运输机关的车辆。同年11月15日军事委员会颁布《战时公路军事运输条例》及《战时公路运输实施细则》,规定军事运输总司令部为战时公路军事运输实施的最高指挥监督机

---

① 《管理民办车运暂行条例》,《贵州省政府公报》,1930年第38期。
② 《民办车运营业收费暂行规则》,《贵州省政府公报》,1931年第66期。
③ 张肖梅:《贵州经济》,中国国民经济研究所,1939年,第E41页。

关,可以根据军事运输的需要,由军事运输总司令部调用车辆,如军事机关车辆不敷用时,可以调用交通部直辖各公路局所属之运输车辆,各省公路局所属之运输车辆,政府附属机关所属之运输车辆及商人或公司所属汽车。[1] 调用的车辆不得以任何原因推诿。为进一步加强对商车的统制,1940 年 4 月,军事委员会运输统制局成立,统管全国车辆运输事宜。同年 11 月,运输统制局在贵阳设立办事处,设在贵州的西南公路运输机构及运输业务,均在办事处的直接管辖指挥和监督下实施各项公路运输统制措施。1940 年 5 月,交通部明令公路运输总局为战时统一调度公商车辆的总执行机关,并设置公商车辆管制所(后改为调配所),调配所根据业务的繁简分为一等所和二等所,必要时还可以设置调配分所。各调配所负责本区段公商车辆具体管制工作,根据交通部公路总局公商车辆调配所的组织规程,调配所职权范围较广,负责公商车辆之登记、报到、调度、征租、放行;军公商物资的招揽、登记、配运事项;军车回空的利用;路车的配合运用;运货汽车附搭旅客的登记和支配事宜;运费的收支、审核及保管;车主及物资机关的联系;汽车运输的调查登记及报告和其他有关事项。[2] 可以说,调配所的权力触及了车辆运输的各个方面,调配所下设管制站,负责指定地点的车辆调配,并且可以对来往汽车进行查验。

中央加强对车辆的统制,商车利益势必受到影响,各商车纷纷向本业同业公会诉苦,希望政府可以考虑商车生存。政府也意识到对商车的管制因军事关系"稍加严厉",而商车本身的管理也未臻健全。为协调解决这一问题,1943年 2 月 27 日,交通部在公路总局下设立全国商车指导委员会,聘请龚学遂、虞洽卿、沈铭盘、朱炳、吴琢之、王世圻、汪英宾、金世宜、陆京士、陈光甫、侯西反等三十余人为委员,龚学遂为主任委员。[3] 商车指导委员会的中心工作有三:

（一）确定今后商车管理方式,调查各地商车营业状况,并加强各同业公会,召开商车会议,研究客货配运方法,运输成本减低办法,运输检查之

---

① 《战时公路军事运输实施规则》,《交通公报》,1940 年第 3 卷第 5 期。

② 《交通部公路总局公商车辆调配所组织规程(1943 年 9 月 21 日部令公布)》,《交通公报》,1943 年第 6 卷第 11 期。

③ 《商车指导委员会成立》,《交通建设》,1943 年第 1 卷第 4 期。

简单化,燃料配件之补充。(二)商营修车工厂之加强,商车投资炼油之奖励,及取缔不法营业商车或车行。(三)开始实施商车业务管理法。续开商车会议,统计商车业务成绩,研究商车管理,燃料配件之统一办法,筹设商车总会。[①]

从商车指导委员会的三项中心工作来看,是希望能谋求商车利益及发展,改善商车的管理方式,但从实际来看,由于燃料配件及新车的补给困难,商车的生存条件并未得到根本改善。商车指导委员会成立的本质是更有效地控制和利用商车的运输能力,加强战时运输。商车指导委员会第一次委员会议决定,拟在昆明、贵阳、宝鸡、兰州、衡阳5处设立分会,或"设一特许之商车联合营业机构,谋商车业务之发展"。[②] 1943年12月,贵阳商车委员会成立,成员由西南及贵州公路运输管理机构和政府有关部门、商车代表组成。该分会设主任委员1名,由谢文龙担任,委员若干。委员会下设管制、物资、检查、机务、机料、指导6组。其主要任务是指导商车业务,管理商车运输,联系及配运商车发货业务,协助办理商车行车手续。

2.颁发各种统制办法

1939年11月15日军事委员会颁布《战时公路军事运输条例》及《战时公路运输实施细则》,规定军事运输总司令部监督统制全国车辆,是战时公路军事运输的最高指挥监督机关,各公私运输汽车接受运输总司令部的统制,在公路上行驶的汽车经运输总司令部支配使用时无论任何时候任何机关都不得干预或借故留用,否则军法处置。派运军品的车辆,每车必须装足吨位,始得开行。该《条例》及《细则》的颁行是对战时全国军事运输统制的开始,充分调用军公商车辆,提高公路运输效率,为战时运输服务。1941年2月,运输统制局贵阳办事处根据贵州省情况拟具本区《军事委员会运输统

---

① 曾养甫:《公路商车指导委员会之任务》,《交通建设》,1943年第4期。该文为曾养甫在商车指导委员会成立大会上的演讲词。

② 《交通部公路总局公商车辆调配所组织规程(1943年9月21日部令公布)》,《交通公报》,1943年第6卷第11期。

制局贵阳办事处联络调度公商车辆暂行办法》,其中规定到筑或留筑的商车向贵阳区公商运车辆管制所报到,并登记该车行驶的路线,以便派装军公物品,不得自行揽运。① 1941 年 3 月颁行的《运输统制局抢运军品期间管制商车暂行办法》规定,昆明、贵阳、柳州、芷江、泸州、重庆、成都、广元、宝鸡等地商车必须在一个月内向当地的工商车辆管制所进行车辆登记,否则一律不准通行,如果三个月内仍不登记,一律扣留充公。1942 年 1 月,军事委员会颁布《运输统制局管制商车办法》,对商车的登记、报到、行驶区段、报修、派装、领证、运费、行驶及改装做了具体详细的规定,商车须严格遵守,绝对服从管制站的征调,"如有违抗及逃避情事,得按情节轻重惩办其车主或司机,或没收其车辆"。② 后又公布《各路所、管制站管制公商车辆办法》。1944 年交通部颁布《公路商车联营处组织办法》及《公路商车联合营运处所属车辆管理办法》。后公布《调整并加强汽车运输各业同业公会组织实施办法》。这些办法的制定、颁布和实行逐步加强了对车辆特别是商车的管制,极大地增强了对军公物资的运输能力,为抗战前线及后方的物资供应提供了保障,而商车为此也做出了重大的牺牲。

3.实行商车登记制度,规定行驶区段,实行统一调度与派装

在商车登记上,各商车要向所在地区的调配所登记,填写行车执照及司机驾驶执照。对于新购买的车辆要先到牌照管理机关领取正式牌照,三日内向管制站办理登记领证手续。过户车辆在办理过户手续后三日内向当地管制站办理登记领证手续。登记的商车每车有一本服务簿,每次配载须凭服务簿及有关单据向所在地的管制站报到,服务簿载明载运货物名称、数量、起讫地点、行驶里程、运费结算等,以备随时考查。如有遗失,要进行补领并受到处罚,未登记的商车一律不准行驶。③

---

① 《军事委员会运输统制局贵阳办事处联络调度公商车辆暂行办法》,《西南公路》,1941年第 138 期。

② 《军事委员会运输统制局管制商车办法(1942 年 3 月 4 日第一次修正公布)》,《陕西省政府公报》,1943 年第 832 期。

③ 《军事委员会运输统制局管制商车办法(1942 年 3 月 4 日第一次修正公布)》,《陕西省政府公报》,1943 年第 832 期。

　　为方便管理商车,对商车的行驶区段进行限制,在商车登记时就要填明服务区段,"嗣后非经核准不得越区或段行驶"。如在 1942 年 3 月公布的《管制商车办法》中将商车服务区段划分为滇缅区、川滇西区、川滇东区、西南区、东南区、西北区、渝蓉广区七个区段。① 在公路总局负责全国公路运输时期,为加强商车管制,也将全国公路划分为西南区、渝蓉区、西北区、中南区、东南区、川滇东区、川滇西区。② 各商车凡经登记,即由各路主管机关指定其行驶区域,不得越区行驶及装运军用物品。如在特种需要之下,必须越区者,应报由公路总局核准。③

　　车辆统制的目的就是统一调度,提高汽车运输的效率,对商车进行登记也是为了统一调度与派装。1941 年 2 月运输统制局贵阳办事处公布的《军事委员会运输统制局贵阳办事处联络调度公商车辆暂行办法》规定,凡待运的军品分别向川桂、川滇两线区司令部登记,待运公物向贵阳办事处登记,按轻重缓急,派车装运。商车一律向管制所报到登记,军品运输优先,次为公物,若无军公物品,商车取得证明后可自运商货。④ 在《运输统制局抢运军品期间管制商车暂行办法》中也规定商车须先承运军品两次(若无军品,应运送各机关公物),第三次才准运商货,第四次准运自用汽油,如无自用汽油,第四次仍须运军品,周而复始。商车如自行揽运货物或未领有准行证擅自行驶,管制机关可以做出处罚,或扣留车辆,或罚款,或扣营业执照。⑤

---

① 七个区段为滇缅区:滇缅路;川滇西区:川滇西路及内乐段;川滇东区:川滇东路;西南区:昆筑段、渝筑段、筑金段、筑桃段、綦茶段;东南区:衡鹰段、渝衡段;西北区:凤汉宁段、褒白段、华双段、兰西段、兰北段、甘青段、平宁段;渝蓉广区:成渝段、成广段。

② 具体划分为:(一)由重庆至贵阳,由贵阳至金城江,暨綦江至沅陵等路线为西南区。(二)由重庆至成都为渝蓉区。(三)由广元西至哈密、西宁,东至洛阳,北至陕西为西北区。(四)由衡阳西至榆树湾,东至鹰潭为中南区。(五)由上饶至屯溪,及由建阳至永安为东南区。(六)川滇东路为川滇东区。(七)川滇西路及内乐段为川滇西区。

③ 《加强商车管制,公路干线划为七区,商车不得越区行驶》,《大公报》(桂林),1944 年 1 月 31 日第 2 版。

④ 《军事委员会运输统制局贵阳办事处联络调度公商车辆暂行办法》,《西南公路》,1941 年第 138 期。

⑤ 《运输统制局抢运军品期间管制商车暂行办法》,《浙江省政府公报》,1942 年第 3339 期。

4.对车辆实施动态监控

对车辆的动态监控主要是掌握车辆的装卸、停修及运行情况。商车派装后须在 24 小时内驶往指定地点,不得无故延宕。如故意延宕,或车主拒绝装运,可报告办事处饬有关机关做出处罚。后又规定,如派装的商车不在规定时间内驶往指定地点装载,将根据逾期程度给予惩处。这项制度严格控制了商车的行车时间,实行的处罚制度使商车不敢轻易尝试躲避运输服务,否则所得运费可能不够交罚金。

商车需要修理也须进行报告。西南公路运输局规定商车机件损坏需要修理时,车主要填具详细的修理报告书,并连同修理厂开具的修车证明报送管制站或西南公路运输局机务科审批,小修报管制站,大修报机务科。对修车时间也有具体明确的规定。小修不得超过 5 天,大修不得超过 15 天,如有特殊情况由车主及承修厂联名说明理由,经查实后可酌情延长。修好的车辆不得私自开离修车厂,未经批准也不得更换修理厂。在行驶途中机件损坏或抛锚,如无管制站可在就近修理厂修理但须取得修理凭据报终点管制站备查,如有管制站须先向管制站取得证明始准修理。如果发现故意拆毁好件以躲避服务,一经查出必受严惩。车辆牌照非经管理机关查核不得报废。[①]

严格的商车统制政策将规模大、力量分散的商车统一在政府管理之下,极大提高了公路运输的能力,大量的军需民用物资通过汽车运输运往抗战前线和后方。但是,政府的商车统制是以牺牲商车车主的利益为代价的。在商车管制过程中,为求商车生存,商车车主或损坏车辆躲避服务,或向政府请求增加运费,或吁请政府改善商车管制政策。

通过各项规章制度的制定、颁布和施行,国民政府将商车管理纳入制度化的统制政策中。对商车进行统制,是国民政府在战时采取的一种非常手段,是战时运输的需要,对商车进行统制是非常时期国家权力在行业中强制执行的一个手段和表现。国民政府商车统制政策的施行中,各商车车主对政策的履行具有被动性,甚至产生消极态度。

---

① 《军事委员会运输统制局管制商车办法(1942 年 3 月 4 日第一次修正公布)》,《陕西省政府公报》,1943 年第 832 期。

第二节　汽车业同业公会与商车自我管理

一、汽车业同业公会的成立

贵阳汽车业同业公会的成立与全省公路建设及本行业经营者经济力量密不可分。周西成主政以前贵州既无公路,也无汽车,道路是传统的驿道,交通运输基本上依靠人背马驮,道路建设与交通运输方式远远落后于东部地区。周西成主政贵州后,为加强统治,制定了"通江达海"的筑路方针,贵州的公路建设才慢慢开始。1926 年 7 月,作为贵州最早的公路机构的贵州省政府路政局制定《贵州省全省马路计划大纲》,作为全省公路建设的指导性文件,指出:

> 整顿交通,实为吾黔今日先务之急也……以贵州山路之崎岖,河道之浅狭,航轮固难通行,铁道亦敷设不易。因地制宜,工简用宏,则修筑长途汽车路,通行汽车,实为贵州陆上交通最适当之工具。[①]

《大纲》将公路分为干路和支路,以贵阳为中心,连接四川、湖南、广西、云南四省,形成四大干线,以达到"路线交错往来,形如蛛网",计划修筑全省公路 13620 公里。1926—1929 年周西成主政贵州的三年时间里,勘测路线 2500 余公里,完成了贵阳环城马路的修筑,修通了贵阳至安顺、贵阳至桐梓的公路共计 315 公里。[②]

公路修通后,政府认为应立即筹办汽车运输,以供社会需要。1928 年贵

---

① 《贵州全省马路计划大纲·总说》,贵州省地方志编纂委员会:《贵州省志·交通志》,贵阳:贵州人民出版社,1991 年, 第 570 页。

② 夏润泉主编:《贵州公路史·绪论》(第 1 册),北京:人民交通出版社,1989 年,第 3 页。

州省政府成立转运公司,由于财力和管理能力的不足,不久停办。官办运输未能成功,省政府决定让民间资本承担起公路运输的责任,开放汽车运输为民营。这是省政府的无奈之举,使公路运营权暂时交到民办汽车行手中,民营汽车运输业得以发展起来。1930 年 10 月,建设厅拟定《管理民办车运条例》《车辆牌照车捐暂行条例》《检验车辆暂行办法》等章程呈奉省政府。《管理民办车运条例》共 27 条,对民办车运公司或车行的成立条件、股本及招股方式、开办程序及条件、公司行号权利义务、司机人员权利义务等都做了规定,建设厅对公司行号具有检查监督权,同时规定"酌提公司或车行中溢利百分之十"作为办理路政的经费,[①] 车主不用支付养路费,只须缴纳月捐就能自由经营。汽车运输在贵州是一个新兴行业,捐费负担轻,利润空间大,一时间参与汽车运输的商家纷纷成立。1931 年贵州共有商车行(公司)17 户,客货运车辆 50 辆,载重量均在 2 吨以下。[②] 有的车行在客货流量比较大的路线设立分行,如先导、保安、太和等车行在遵义县设立分行,承办贵北路的客货运输。

随着新建公路和营运路线的增加,客货日渐增多,汽车运输市场逐渐繁荣,商车不断增加但无系统组织,也没有固定的线路和经营方式,汽车及汽油、零件等均仰给舶来,成本甚高,汽车运输行业出现为追逐利润,互相倾轧竞争,造成两败俱伤,部分车行倒闭和运输秩序混乱的状况,影响到行业的正常发展。时人就有论述:商车"明争暗斗,互相倾轧,任意减价,借资号召。竞争结果,公司收入锐减,形成两败俱伤,时有倒闭之现象"。[③] 政府虽然制定了《管理民办车运条例》,但所颁布的规章管理细则不甚明确,力度和效果均有限。政府监督管理不力,使民众和各公司车行的利益都受到损害,为解决这种状况,行业的自我管理呼之欲出,汽车运输行业加强自我管理约束,也符合行业发展趋势。为解决各车行恶性竞争带来的不利影响,加强行业管理,增进同业人员利益,由义合、利黔、永安、先导等 11 家车行发起筹备组织贵阳县车运业同业公会,拟定章程,并依据国民政府 1929 年颁布的《工商同业公会法》,于

---

① 《管理民办车运暂行条例》,《贵州省政府公报》,1930 年第 38 期。
② 罗镜明主编:《贵州公路运输史》(第 1 册),贵阳:贵州人民出版社,1993 年,第 6 页。
③ 张肖梅:《贵州经济》,中国国民经济研究所,1939 年,第 E41 页。

1931年5月在贵州省党部同意下成立了贵阳县车运业同业公会,选举周秉衡为主席,胡德鑑、颜泽溥为常务委员,会员人数90余人。① 贵阳县汽车业公会是在行业发展基础上,由行业自发组织,得到政府承认下成立的。公会成立后发表宣言,指出车运业成立后要完成两项责任,一是让"贵州感受外省经济的影响","活动本省金融";二是让贵州人民尽早了解外面的情况,也使外省及外人尽快获得贵州的物品,振兴本省商务。② 可以看出,车运业公会成立将促进贵州经济发展作为自己的责任,从后来的贵州发展来看,汽车运输确实为贵州发展发挥了不可替代的作用。

二、贵州汽车联运处的设立与商车的统一管理

贵阳县汽车同业公会成立后,为加强行业管理,解决恶性竞争带来的危害,公会专门召集同业开会,讨论成立统一汽车运输组织,统筹管理贵阳市汽车运输事宜。1931年11月5日,贵阳县汽车公营处成立,并拟具公营条例办法。公营处以利益均沾为原则,各商车轮流行驶,目的是取缔竞争,保障商车利益和交通运输,但此次提出成立公营处并不顺利。在公营处计划成立时,富达、三民、福利、黔通等车行拒绝加入,并先后上诉省政府、建设厅,认为车业公会"擅改法规,专横垄断,拥戴公会之名,厉行侵害之实","强迫商车入场,横加支配,褫尽自由",要求政府"撤其违法之场,处以相当之律"。③ 汽车公营处也向建设厅呈诉福达等车行违背党章,破坏法令,"是此违背党章,捣乱公会秩序之行为,实属不法已极,若不呈请勒令制止,一旦各业效尤,则公会既生窒碍而公会前途阻滞实深"。④ 由于意见对立,省政府未予公断,责令建设厅处理,而建设厅以"公营处并非本厅规定,仰即向该处自行交涉可也"。因此,在双方意

---

① 《本会沿革及概况》,贵阳市档案馆:43-1-662。
② 《贵阳县车运同业公会宣言(1935年5月20日)》,贵阳市档案馆:43-1-679。
③ 《呈为以会行为显背党纲恳请核究以免侵害(1931年11月)》,贵州省档案馆:M60-1-4512。
④ 《为福达车行违背党章,破坏法令,抗不入会,捣乱公会秩序,请予制止究办以维党纪而儆效由(1931年12月)》,贵州省档案馆:M60-1-4512。

见对立之下,公营处流产,联营遇阻搁置。直到 1932 年 6 月,民生、永安、义和、利黔、益黔、大昌、通达、一星、协和、三民、通康、保安、福利等 13 家车行再次联名呈请建设厅,请准予组织民营汽车联运处,"团结互助,作有系统之组织",①以挽救行业危机,谋求行业发展;并拟定联营规约,此次所定规约相较于前定规约更加完善,对联运处营业情况做出了监察规定,对车辆的轮次开行也有严格限制,对拒不加入,或不能坚持到底,或私自营业者也有一定的处置措施。②"各行车辆一致加入,以营业汽车为单位,以利益均沾为原则,于不妨害社会公共利益之范围中,力谋车运事业之发展",③联运处仍以利益均沾的原则编定各行营业车辆轮次,依次开行,以达到"维联运而便交通"的目的。经建设厅核准后,贵州汽车联运处于 1932 年 10 月成立,设总经理及副经理各 1人,管理一切事务及监督指挥各分处及各代售处各项事宜,下设营业、会计、文书、稽查 4 股。建设厅责令所有车行必须加入联营,不得违抗,联运处也警告拒不入会者将予处罚。联运处是同业公会下为保障各商车行利益而成立的,它支配一切车辆运输和货物的转运,并统一发售客票。联运处除在贵阳设立总处外,在安顺、遵义、桐梓、独山、下司等处设立分处,可在沿路择冲要城市乡镇酌设代售处,以便乘坐起卸。④

在汽车同业公会和联运处的共同管理之下,贵阳市汽车运输业恢复有序经营,商车运输秩序井然,业务发展也较好,商车数量逐年增加,1933 年商车行增加至 30 多家,次年达 40 多家。⑤ 1935 年贵阳车运业同业公会改组成立了贵阳县商办汽车同业公会,选举颜泽溥为主席,李叔襄、徐幼樊、郑伯州、周

①　《呈贵州建设厅贵州汽车联运处组织规约仰乞鉴核立案批示祗遵由(1932 年 6 月)》,贵州省档案馆:M60-1-4513。

②　《呈贵州建设厅贵州汽车联运处组织规约仰乞鉴核立案批示祗遵由(1932 年 6 月)》,贵州省档案馆:M60-1-4513。

③　《呈贵州建设厅贵州汽车联运处组织规约仰乞鉴核立案批示祗遵由(1932 年 6 月)》,贵州省档案馆:M60-1-4513。

④　《贵州汽车联运处规约(1932 年 6 月)》,贵州省档案馆:M60-1-4513。

⑤　林辛:《贵州近代交通史略》,贵阳:贵州人民出版社,1985 年,第 108 页。

季一为常务委员,会员 55 家。① 1936 年商车增至 99 辆,驾驶人员 91 人。②

汽车联运处成立后拟订了《贵州汽车联运处规约》(以下简称《规约》),共五章三十条,《规约》明确指出联运处的宗旨是"谋业务上之发展","顾全资本而达到本业使命",③职责是管理各公司车行的车辆"轮序开驶"。《规约》规定了联运处的人事、权责及会计。《规约》的核心思想是各营业车辆必须加入联运,按序轮驶,"如抗不加入或已入联运不能坚持到底或以轮派未到之车辆私自营业,意图破坏者得呈请主管官厅勒令停业,以维联运而期团结"。④ 具体措施如下:

第一,联运处统一管理运输业务。《规约》规定联运处与同业公会并无隶属关系,对各车行也无统属权责,各车行的内部事务各自办理,只营业一项由联运处统一管理。所设的总、副经理在各公司车行的现任经理中通过无记名投票方式选出,任期为六个月,可连选连任,每一公司车行只有一权,不能担任多个联运处职务。

第二,设立董事会监督联运处。《规约》规定联运处成立董事会,除已当选的总、副经理外,其余公司车行的经理一律聘为董事,每十日开会一次,审核联运处的预算、决算,查看账目,点验存款并讨论决议总、副经理的建议等。总、副经理于董事会开会时报告十日内的经营状况。可见,董事会实际上对联运处具有监察作用,监督总、副经理的行为。

第三,严格规定汽车轮开次数。《规约》规定各公司车行轮开汽车限定在领有营业牌照及同业公会会员证者,并且须缴清月捐,否则不能开行。车辆轮次以各公司车行每一辆车为单位编定号数开行。对于有两辆汽车及以上的车行则依据所有车辆数量分别递推编号续开。

---

① 《贵阳县车运同业公会会员名册(1935 年)》,贵阳市档案馆:43-1-669;有学者统计到 1935 年商车行有 52 家,拥有汽车 73 辆,资本总额 35.4 万元。参见罗镜明主编:《贵州公路运输史》(第 1 册),贵州:贵州人民出版社,1993 年,第 7 页;贵州省地方志编纂委员会编:《贵州省志·交通志》,贵阳:贵州人民出版社,1991 年,第 214 页。
② 张肖梅:《贵州经济》,中国国民经济研究所,1939 年,第 E50 页。
③ 《贵州汽车联运处规约(1932 年 6 月)》,贵州省档案馆:M60-1-4513。
④ 《贵州汽车联运处规约(1932 年 6 月)》,贵州省档案馆:M60-1-4513。

第四，及时核算摊拨营业收入。《规约》规定每轮满一次拨款一次，在摊拨营业收入时，按照新旧车辆独立计算，即旧车与旧车平均分配，新车与新车平均分配，以示区别。

贵州汽车联运处的成立是行业发展的需求，同时也得到了政府的支持，从《贵州汽车联运处规约》和行业的营业规约来看，行业的自我管理制定的制度更贴合行业发展，也照顾到各公司车行的实际利益，确实起到了维护行业利益、促进贵州交通运输业发展的作用。汽车联运处划定票价，统一经营，按轮次派车，对操纵滥价的行为给予了有效制止和打击，同时也方便了乘客的购票搭载。但是联运处只强调了营业上的管理，对于汽车行业其他方面的管理则很薄弱。

第三节　汽车业同业公会与统制性运行

一、国民政府对汽车运输业实施同业性统制

抗战爆发后，国民政府实行战时经济体制。1941 年 6 月行政院公布的《非常时期工商业及团体管制办法》中明确规定了商会和必需品业同业公会在统制经济中的具体任务，汽车业（应公会需要供给汽车以运输旅客或货物及买卖汽车之商业属之）被列入必需品业。贵阳作为后方城市被列入重点管制区域。[①]

为加强对各地商会及同业公会的统制，国民政府对商人团体采取督导政策，汽车同业公会也不例外。1941 年 11 月，军事委员会运输统制局和社会部联合发出代电，要求健全各地汽车商业同业公会，没有组织同业公会的应迅速督导组织，限期成立，组织不健全的，应从速改组，切实整顿，以增进运输效能，

---

① 秦孝仪主编：《革命文献第九十七辑抗战建国史料：社会建设（二）》，台北：裕台公司"中华印刷厂"，1983 年，第 288 页。

并提出了 11 项要办理事项,主要思想有如下几点:第一,加强对重庆、贵阳、柳州、桂林、昆明、长沙、衡阳、曲江、鹰潭、成都、宝鸡、西安、兰州等地汽车同业公会的督导,并在重庆设立全国各地汽车商业同业公会联合办事处,应由运输统制局派督导一人指导联合办事处的一切经常活动。第二,各地汽车商业同业公会除依法进行改选或整理外,要向各地主管官署及军事委员会运输统制局备案。第三,加强对各地汽车公司行号的管理,公司行号依法加入公会,否则吊销营业执照,同时公会对所属会员情况进行详细登记,发给会员证及会员车辆证,无证者一律停止行驶。第四,实行限价,运价按军事委员会运输统制局规定执行。第五,各地营运公私货物的商车须向到达地点的汽车同业公会报到。第六,汽车同业公会须每月将所属商车牌号及动态呈报主管官署及军事委员会运输统制局。第七,加强对各地汽车同业公会的组织管理,运输统制局可派遣督导或书记驻会办事,公会主席须由有相当资力且有多数车辆,确能控制当地商行者为合格。① 可以说,这一办法从商车业务、公会组织、车辆动态、人事选任等方面对汽车运输行业提出了统制意见,并要求各省党部及运输统制局所属主管公路事业的机关认真执行。

军事委员会运输统制局西南公路运输局还制定了《登记汽车运输商行办法》,规定在西南公路运输局辖区内的运输商行,其车辆在渝筑、筑曲、渝綦、筑桃、筑柳等线行驶的,不论是否立案都要向该局指定的处所进行登记,登记的内容包括商行名称、地址、营业资本、负责人姓名、所有或代管车辆数目、厂牌年份、吨位、牌照、引擎号码、职工人数、司机姓名等,可谓是对商行及所属车辆信息悉数登记,如果不如实登记或填报不实、行址无定或没有专人管理行号不予登记,不予登记者不能获得通行证或准行证,无通行证或准行证不能在上述路线行驶。车行及车辆信息如有变动仍须进行登记,换发通行证。政府通过登记掌握商车基本信息,对商车进行统制。

1943 年公布《调整并加强汽车运输各业同业公会组织实施办法》,对汽车运输业及相关行业(五金电料、植物油制炼业)的营业范围做出规定,并重申加

---

① 《为健全各地汽车商业同业公会之组织规定应行办理事项电请查照转饬遵照切实办理并见复由(1941 年 11 月 24 日)》,贵州省档案馆:M60-1-4694。

强对商车及同业公会组织的督导管理,对汽车运输的重点区域进行了调整,但贵阳仍列其中,同时强调汽车同业公会对商车到达地点后的报到及按规定运价运送公私货物具有监督之责。

为督导商车组织的调整,加强职能,由贵阳市党部、军事委员会运输统制局贵阳办事处、运输委员会运输统制局监察处贵阳分处、贵阳市汽车商业同业公会等 15 个机关各派出一人合组成立贵阳市汽车商业同业公会指导委员会,进一步加强对商车的管制。该委员会的任务是"督导公会健全其组织,指导公会之工作方针,督导并协助公会整理一切业务,督导公会执行各有关机关之命令",①加强政府与商车之间的沟通,以便更有效地控制和利用商车运力。为此,西南公路运输管理局、贵阳商车指导委员会为明了商车业务,制定了与车商联席会谈办法,规定每月举行联席会议一次,参加人为西南公路运输局、商车指导委员会贵阳分会、贵阳市汽车业同业公会、各车主及运输商行负责人。②

国民政府加强汽车同业统制的另一政策是实行工商会报制度。1942 年贵阳市政府参照重庆市工商团体会报须知制定了贵阳市工商团体会报须知,要求商会及必需品业同业公会在每月最后一天在商会举行联合会报,将各公会会务状况进行会报,市政府指派主管科处人员出席。根据会报须知,公会要会报每次重要会议的议决事项、限价情况及市场动态、协会会员执行任务情况、执行任务请求政府协助事项、会员入会退会及财务收支事项等。③ 按照贵阳市政府要求,汽车业同业公会定期进行会报,将本业的工作情况、财务状况、会员情况、行业困难等向市政府进行汇报。如管制总站只允许每日开三车运送商货,使货物积压,商车停顿,不能货畅其流,同业公会在会报时提出异议,希望改变这一状况,加强运输而裕经济。④ 会报制度是政府了解行业发展情

---

① 《呈送贵阳市汽车商业同业公会指导委员会组织简则祈核示由(1942 年 2 月 11 日)》,贵州省档案馆:M60-1-8144。

② 《西南公路运输局管理组、商车指导委员会贵阳分会车商联席会谈办法》,贵阳市档案馆:43-1-714。

③ 《贵阳市政府训令》,贵阳市档案馆:43-1-671。

④ 《贵阳市汽车商业同业公会第三次会报》,贵阳市档案馆:43-1-671。

况的重要手段,也是政府管制行业的重要方法,同时各行业将自身情况及需要解决的事项进行会报,起到了一定的积极作用。

国民政府利用督导制度和工商会报制度加强政府与同业公会的联系,其目的是"使商会、各业同业公会能够在政府部门领导下,切实落实各项统制法规",①将同业公会视为政府施政的重要协助者,试图将同业公会"纳入党部及政府的决策执行体系中",②从而使政府制定的各项经济统制政策得以实现。

在政府利用督导制度和工商会报制度加强对汽车同业公会统制的同时,贵州省政府试图从商车组织上加强对商车的统制。1940 年 8 月,贵州省公路管理局向建设厅呈文称商车联运处因组织涣散,不能适应现时需要,应重新改组为贵州省商车联合办事处,同时呈送《贵州省商车联合办事处章程》。章程开宗明义指出办事处以"联络感情,共谋业务发展,增进后方物资运输效率,协成抗战大业为目的",③组织区域为贵州省全境。章程共有五章三十一条,分别对联合办事处的组织、任务、经费及义务做了明确规定。在组织方面,采用董事会,设立董事长、副董事长各一人,董事九人,同时聘请军政当局为名誉董事长,对业务发展和"抗战建国"进行指导,具有明显的战时性质和政府主导意味。此外,由董事会聘请主任一人,负责办理会内具体事务,在主任下分设总务、交际两股。在任务方面,办事处要处理同业纠纷,改良业务及增进同业利益,但如有军政机关征雇商车,要承准令函办理。从办事处章程来看,明显体现了战时特色。同年 10 月,省政府下令,将联营处改组为商车联合办事处。贵州省公路局希望通过商车联合办事处的改组成立有效地控制商车,但办事处并没有达到预想效果,同业公会并不赞成成立商车联合办事处。1941 年 5 月,贵阳县汽车商业同业公会向建设厅呈请撤销商车联合办事处,理由是抗战实行商车统制,"各车业务悉由运输商行自理,而联运处名存实亡,无事可做。

---

① 马敏主编:《中国近代商会通史》(第四卷),北京:社会科学文献出版社,2015 年,第 1517 页。

② 马敏主编:《中国近代商会通史》(第四卷),北京:社会科学文献出版社,2015 年,第 1520 页。

③ 《为据商车联合办事处呈送组织章程一案呈祈核转由(1940 年 8 月 13 日)》,贵州省档案馆:M60-1-4694。

虽于二十九年奉贵州省公路局令以联运处不适合环境需要,命其更名为商车联合办事处,但该处仍无事可办,以迄于今。兹值抗战时期,运输业务应求单一",按照新颁的同业公会法,会员营业应实施统制的规定,商车联合办事处"与政府采取运输一元化之原则,尤为抵触",[①]呈请撤销,以免奸人利用,发生流弊。可以看出,商车联合办事处虽是省公路局明令改组,但同业公会并未积极拥护,这一方面是由于战时环境确实造成商车很多时候都在完成军公物资的输运,正如其所说运输业务单一;另一方面有可能是担心商车联合办事处成为某些人员或机构欺诈商车的工具。

二、汽车业同业公会的运输管理措施

汽车业同业公会作为汽车运输的行业组织,对行业进行管理,维护行业发展是其职责,在章程中也明确提出"维持增进同业之公共利益及矫正弊害"是公会成立的宗旨。为此,汽车同业公会采取多种措施规范行业运输行为,阻止行业的恶性竞争。

第一,加强会员管理。

加强会员管理是公会进行运输管理的基础,会员须遵守公会制定的规则从事汽车运输。因此,1931 年贵阳县汽车业公会在成立之初根据 1929 年国民政府颁发的《工商同业公会法》,要求"凡在本区内经营车业公会或行号均得为本会会员,推派代表出席于公会,但受除名之处分者不在此限"。[②] 1937 年5 月 25 日,行政院下发《不加入同业公会及不缴会费公司行号制裁办法》,要求各省市政府以备参考。该办法规定各业商店均应依法加入本业同业公会,未加入同业公会者,由该同业公会限期加入,逾期不加入者,可报告商会转呈主管官署依法罚办,仍不入会者可勒令停业。抗战时期,贵阳县汽车同业公会根据国民政府颁行的各项法令加强对会员的管理。严格入会出会制度,配合

---

① 《贵阳县汽车运输商业同业公会呈请明令撤销商车联合办事处,免滋流弊(1941 年)》,贵州省档案馆:M60-1-4694。

② 《贵阳县汽车业同业公会章程(1931 年 9 月)》,贵阳市档案馆:43-1-699。

管制机构实施管制办法,增强运输力量。因此,以"谋同业之联系以充分发挥其能力,增强运输力量以供应后方之交通,扶持正当行商以消弭一切弊病,补助管制之不达以发挥车运之能力"①为原则,严格会员登记制度,对不正当的商车行进行取缔,并要求散车入行,以方便公会对散车管理。1942年行政院颁发《非常时期人民团体组织办法》,规定"各种职业之从业人,均应依法组织职业团体,并应依法加入各该团体为会员"。② 根据该法令,贵阳市汽车业同业公会要求"凡在本区域内经营汽车运输商业之公司行号,不论公营民营,除关系国防之公营事业或法令规定之国家专营事业外,均应为本会会员",如不依法加入本会将依法给予处分。③ 同业公会也反复向从业者发布通告,劝导同业依法加入公会,这样公会才能"保障合法之同业","以免受意外之损失而谋同业之进步"。④

第二,建立行业经营管理组织。

1932年成立的贵州汽车联运处是针对行业经营的联运组织,其职责是统一负责商车经营,关于汽车联运处在前文已有叙述,此处不再赘述。

抗战期间,汽车业公会于1938年7月组织贵州商办汽车联运处,以"团结同业之力量,健全联运之组织,以期适应环境需要增强营业效能",⑤统筹办理汽车运输业务,联运处设总经理一人,由董事会就联运各公司车行内遴选,任期为一年,可连选连任。下设总务股、业务股、车务股、会计股负责联运处日常事务处理。董事会是联运处的指导监督机构,由联运车行中以无记名方式票选七人共同组成,设董事长一人,在当选董事中选举,任期一年。董事会负有审核联运处预算决算,运输业务上一切设施及工作进度之责,听取总经理报告,考核联运处各股、各站职员绩能。董事会每月开常会两次,开会时,总经理及有关各股长向董事会报告营业状况,但无表决权。贵州商办汽车联运处设

① 《贵阳市汽车运输业商业同业公会整理计划大纲》,贵阳市档案馆:43-1-695。
② 《非常时期人民团体组织办法(民国三十一年二月十日公布)》,《社会通讯月刊》,1942年第1期。
③ 《贵阳市汽车业同业公会章程》,贵阳市档案馆:43-1-695。
④ 《贵阳市汽车业公会通告(1941年)》,贵阳市档案馆:43-1-717。
⑤ 《贵州商办汽车联运处组织大纲(1938年7月23日)》,贵阳市档案馆:43-1-695。

立是为适应现实需要,其职责是负责汽车运输的经营管理,并配合汽车业公会管理各车行公司。与1932年成立的汽车联运处相比,贵州商办汽车联运处更加突出了董事会的职权。但是,国民政府对汽车业统制的加强,使商办汽车运输不能自由营业,该联运处逐渐失去了存在的意义。

第三,制定行业营业规约,对行业运输进行统一管理。

汽车业公会在成立之初便组织了汽车公营处,只不过公营处因部分车行拒绝加入,汽车业公会和这部分车行意见不一而流产,但公营处制定《贵州车运公营处贵西南北三路合组条例》成为后来《贵州汽车联运处规约》的蓝本。《合组条例》将各公司车行的营业收归公营处组织办理,也就是说公营处实际上是各公司车行运输营业的调配管理组织。该处在贵阳设总处,于安顺、遵义、桐梓、独山、养龙等处设立分处,并要沿路冲要地点设立代售处,方便旅客购票搭乘。公营处在车辆运输上实行轮派制,开车轮次依据建设厅所订的牌号数递推,如遇车辆修理不能开行时,可以二次补开。在车费的收入分配上,公营处提取收入的百分之一作为票费,其余归车行所有。①

汽车联运处成立时便制订了《贵州汽车联运处规约》,以利益均沾,按序轮驶的原则对商车经营统一管理,各商车也基本上能按联运处的规定运输客货。《贵州汽车联运处规约》前文已有论述。

汽车业公会成立的主要原因是各车行的恶性竞争影响了行业的正常发展,为维护行业发展,公会制定了《贵阳县车运业同业公会整理营业行规决议公约》,该公约以省建设厅公布的民办车行收费暂行规则及行业情形为依据制定,其目的就是要"谋本业之发展及交通上公共之利益,铲除一切滥价弊塞恶习"。② 该规约共十九条,分别对客货运输价格、路线里程、站点、售票方式、稽查、违规处罚等做了具体规定。

首先,规定了客货价格标准。

　　客车每人每十里收大洋三角,孩童年在十二岁以下收取一半,三岁以

---

① 《贵州车运业公营处贵西南北三路合组条例》,贵阳市档案馆:43-1-695。
② 《贵阳县车运业同业公会整理营业行规决议公约》,贵阳市档案馆:43-1-695。

下免费。收全费者每人得附带行李二十斤,超过二十斤者照运货每百斤每十里收大洋二角三,而且乘客只能在规定的站口搭乘及下车。货运价格洋纱每箱每十里收大洋四角;棉布直贡呢每疋每十里收大洋一仙五星;阳罗布每筒每十里收大洋四仙;洋烟每挑每十里收大洋二角五仙;洋汽油每箱每十里收大洋七角五仙;其余杂货每百斤每十里收大洋二角三仙;生□每百元每十里收大洋三仙,但运款人须照实数填票,如以多填少,公司车行不负损失之责,如果被查晓按照双倍抽收运费。邮袋每百斤每十里收大洋一角五仙,凡钢铁□之类每百斤每十里收大洋一角。①

公会在各经营路线设立公共售票处,所售票据由公会统一制发,领用售毕后将票根连同领用应缴的票价及所售票据一并交到公会办理。运输价格规定后,如有随意变动价格者,按照"所定价额,比较其让数目,照减少之数加一百倍之处罚"。② 如此高额的处罚,想必任何一家公司车行都不敢轻易尝试,这也达到了组织联运,纠正恶性竞争带来的不利后果的目的。

其次,组织稽查员进行稽查。稽查员由各公司车行主体人组成,分为甲乙丙三班检查,稽查人员检查各公司车行时应将一切簿记票根交出查阅,不得拒绝。各公司车行司机在行车途中遇稽查员持证检查时要听其检查,不得违抗。稽查员检查发现货票不相符合时,应立即记入日记缴会处理,不得故意留难,违即处罚。如故意不交或违反规定都将给予处罚,如果处罚达到三次以上将会呈请官厅勒令其停止营业。

再次,规定处罚标准。对于不按规定运价收费者,按其所收价格数目减少之数加一百倍给予处罚。司机未在规定站口上下乘客或任意搭载者,如被举发或检查时发现,处罚金大洋五十元并革除汽车运输业,同时禁止各公司车行雇佣。被罚者拒不缴纳罚款时由公会封其车辆,不准营业。如果稽查员隐匿不报或任意捣乱舞弊,公会给予追究的同时报呈官厅查究。

---

① 《贵阳县车运业同业公会整理营业行规决议公约》,贵阳市档案馆:43-1-695。
② 《贵阳县车运业同业公会整理营业行规决议公约》,贵阳市档案馆:43-1-695。

三、贵阳市汽车业同业公会的组织与统制

抗战时期,为适应战时需要,国民政府对工商团体组织加强管制,同业公会成为国民政府战时经济统制政策实施过程中重要的组成部分。抗战期间,不少商车主和汽车公司携车内迁,增加了贵州汽车运输的力量,出现了资本较强的运输公司。如1941年12月成立的大同运输公司资本额为10万元,股东除2名为贵阳人外,其余7人籍贯均为江浙。① 由张静江任董事长的江南汽车公司在战时由南京迁往长沙,后迁入贵阳,原资本额为600万元,后追加资本100万元扩充经营,②成为贵阳市资本最强的运输公司。根据西南公路运输局统计和贵阳市汽车业同业公会登记资料,"至1942年10月,商车达到1522辆"。③ 1940—1945年,商车总量基本维持在1500辆左右。④

战时运输繁忙,国民政府希望加强对汽车运输业的统制以补充公营力量的不足,在统制政策的推行过程中,汽车业同业公会是行业层面的组织实施者。1937年11月,贵阳县汽车业同业公会根据公会章程每两年改选半数公会职员的原则进行过公会改选,王仲肃为主席,冯仲航、邹相贤为常务委员,另有委员12人,候补委员5人,后因公会负责人相继离职,统率无人,公会陷入无组织状态。⑤ 1938年国民政府新颁布《修正商会法》及《商业同业公会法》,规定配合政府实施统制经济是商会及同业公会的任务之一,各地党政部门对商会及同业公会进行改组与创建。对于后方各省,国民政府强调依法对商会及同业公会改组,加强对公司行号情况的掌握。同时,贵州是战时西南公路交通中枢,军公物资运输及人员来往频繁,商车是人员物资运输的重要力量。为配合政府加强对同业的统制及行业需要,1940年12月贵阳县汽车业公会进

---

① 《大同运输公司呈请立案(1941年12月)》,贵州省档案馆:M60-1-4625。
② 《江南汽车公司呈请增加资本(1943年12月)》,贵州省档案馆:M60-1-4626。
③ 罗镜明主编:《贵州公路运输史》(第1册),贵阳:贵州人民出版社,1993年,第73页。
④ 贵州省人民政府财政经济委员会编:《贵州财经资料汇编》,出版单位不详,1950年,第656页。
⑤ 《呈为呈请核发许可组织公会证书事由》,贵阳市档案馆:43-1-674。

行筹备改组,组织由 13 人组成的筹备委员会。筹备委员会在向贵阳县党部及县政府的呈文中明确说明对汽车同业公会的改组"不仅在谋自身利益,于懋迁有无,调剂社会商货之供需,尤以展示应赴国家之征集,增强运输机构,均为本业应尽天职"。① 可见,对公会进行改组既是国家需要,也是行业发展的需要。1941 年 1 月 16 日举行会员大会,大会选出执行委员 15 人,候补执行委员 2 人,监察委员 7 人,候补监察委员 1 人。选举颜泽溥、何惠苍、卢介人、查荷龄、姜心澈为常委,颜泽溥为主席。同时将贵阳县汽车业同业公会更名为贵阳县汽车运输商业同业公会。此后,在 1944 年 10 月、1945 年 4 月举行过会员大会,对公会进行改选。②

汽车公会作为国家汽车运输统制政策在行业中的组织实施者,服从和配合国家统制政策的实施是其任务之一。贵阳市汽车业同业公会在会员登记、商货运输登记方面体现了对汽车行业的管制。

1.会员登记

在同业公会的章程中,对会员的出会与入会有明确的规定,在本区域内经营汽车运输商业的公司行号均应加入同业公会,这是行业的自我要求。在战时,政府以法令形式对会员入会与出会进行了严格规范。汽车同业公会根据战时需求及国民政府颁布的相关法规,更加注重同业加入公会工作的开展,不仅多次向各车行发出通告,并且将劝导同业加入公会作为工作的重点之一。1941 年 11 月,运输统制局、社会部要求各地整理汽车同业公会,贵阳市汽车同业公会根据这一指令,向各同业发出告示,要求从业各公司车行依法加入公会为会员,"无公司行号之车辆,除依法向公会申请登记外,应设立商号,加入公会,否则吊销其营业执照",规定 1942 年 1 月 1 日至 15 日为会员登记期限,嗣后商车无公会会员证者,一律停止行驶。1942 年贵阳市政府对辖区内所有商业进行登记,要求旧有商业申请填发登记时,必须有各该同业公会及商会的

---

① 《呈报筹备会成立办公请备案由》,贵阳市档案馆:43-1-674。
② 《贵阳市汽车商业同业公会通告》,贵阳市档案馆:43-1-296;《贵阳市汽车商业同业公会理监事名册》,贵阳市档案馆:43-1-711。

证明文件才予以登记发证,①这其实是由商会与同业公会共同掌握审核权,未加入同业公会的商号没有证明文件不能登记核发,就没有了经营权。在1943年公会的工作计划中,明确提出"要依照强制入会及限制退会办法严格实施",以加强公会组织,同时提出具体工作措施,对贵阳市尚未加入公会的公司行号进行调查,并呈报主管机关对尚未加入公会的公司行号不予登记及办理一切手续,②这样,未加入公会的公司行号便不能从事汽车运输活动,从而达到加强公会组织的目的。

战时资源匮乏,汽车材料配件奇缺,公会向公路总局提出未经入会的商号,一律不配给汽车配件。③汽车业公会制定了《贵阳市汽车商业同业公会运输商业公司行号会员入会登记办法》,规定经营运输业务之公司行号须加入公会,登记为行号会员,发给会员登记证书,在开业之日持会员登记证书向商会申请登记,不按规定办理者不得开业,违反规定者公会进行调查劝告,不受劝告者报请主管官署勒令停业,同时对登记的会员按车辆的多寡分为甲乙丙三个等级。④车辆不入会,对行业发展不利,不入会的车辆"散漫无拘","希图逃避捐税","如遇征调车辆时,其较为吃苦者,则相率规避,俟有利时,则持照请派",⑤这种情形难以适应战时需要,因此,必须强制入会,加强管理。汽车业同业公会对从业公司行号是否入会的重视,一是因为公会的运转需要经费,而入会费是公会经费的一个重要来源;二是公会可以通过对会员的管理,约束会员行为达到管理行业的目的;三是在抗战时期,汽车业是政府统制行业,汽车运输关系到抗战全局,强制要求从业公司行号入会,可以掌握车辆运行情况,为车辆的调配和统制提供基础数据。

会员加入同业公会后,不得随意退会,对违反国家法令、同业公会章程及拒不缴纳会费者,公会勒令其退会。会员如因事歇业或改业时可向公会提出

---

① 《贵阳市政府办理商业登记暂行规则》,贵阳市档案馆:43-1-660。

② 《贵阳市汽车业同业公会三十二年度工作计划》,贵阳市档案馆:43-1-662。

③ 《贵阳市汽车业同业公会十月份会报(1943年11月1日)》,贵阳市档案馆:43-1-671。

④ 《贵阳市汽车商业同业公会运输商业公司行号会员入会登记办法》,贵阳市档案馆:43-1-695。

⑤ 《改进运输意见》,贵阳市档案馆:43-1-679。

申请,经执行委员会认可后方能退会。会员非迁移其他区域或废业或受永久停业处分者不得退会。① 国民政府通过同业公会对会员入会、出会的限制,旨在对各商民或商业团体的"管控",这是战时全民动员的需要,同时也体现了政府通过行业的自我管理与约束实现国家意志。

2.商货登记运输

货物运输是汽车运输的主要业务之一,战时汽车运输繁忙,政府对商车进行严格管制,商货需办理手续才能运输。在办理运输手续过程中,汽车同业公会成为重要的一环。在贵阳市公布的《商货登记托运暂行办法》中规定商货运输须先向贵阳市汽车业同业公会登记,公会确认申请托运单的各项证件无误后登记编号、盖章,由公会依照登记次序按日填具托运单并送管制总站派车装运,即商货的运输不能与车主自由达成协议,而是通过汽车同业公会报请管制总站派车。如果是委托运输的商行代为登记,其未领有西南公路运输局证件,又未在公会取得会员资格,公会可以拒绝登记。② 这就意味着无论是货主还是车主,要实现货物运输,必须经过汽车同业公会,且车主是公会会员才能参与货物运输。汽车同业公会成为货物运输中不可缺少的一环,也是政府统制实施行业管制中的重要参与者。

第四节　政府管制与商车运输的利益冲突

一、道路营运权的官商较量

贵州省政府在修筑公路时,主张路权归公,汽车运输应由官办,商民不能经营。后因财力及管理能力的不足,省政府才将汽车运输委诸商办,并颁订规

---

① 《贵阳市汽车业同业公会章程》,贵阳市档案馆:43-1-695。
② 《商货登记托运暂行办法》,贵阳市档案馆:43-1-661。

章确定政府与商办运输机构的地位及道路的所属权。1930 年 10 月,省政府明令颁布《管理民办车运条例》,"准许人民自由购车营业,政府仅处监督地位"。① 道路的所属权归省府所有,经营汽车运输的公司或行号须每月向政府交纳月捐后才可自由经营。因承担的费用小,利润空间大,申请经营汽车运输的公司行号甚多,先后成立汽车公司的有十余家之多。贵州民办汽车运输业的兴起是政府无力自办,不得不开放和鼓励民间办理运输业务,商车在办理过程中克服困难,获得了较大利润,贵州汽车运输业快速发展起来。

商车虽一直经营公路运输,但道路所有权属于政府,而委诸商办的形式在1935 年国民中央政府进入贵州后被打破。国民政府在"追剿"红军过程中,蒋介石深感黔境公路交通的落后,不利于"公路协剿"政策的推进和中央政权在贵州的巩固,军事委员会委员长行营遂督促贵州省政府将公路收归公营。1935 年 7 月,建设厅依据《管理民办车运条例》中"公路客货运输开放民办至一定时期得完全收回公营,人民不得拒抗"的规定,将全省公路除南线以外全部收归公营,不许商车行驶。省政府先后将贵阳至安顺、贵阳至遵义两线收归公营,禁止商用卡车行驶。贵州汽车运输主要集中在川黔线、滇黔线,贵阳至安顺、遵义由于商业发达,道路平坦,客货运输较为繁盛。政府将贵阳至安顺、遵义两线汽车运输收归公营,立即引起商车各车主的不满和反对,一致推举同业公会负责人胡怀邦,并聘请当时社会名流、前清举人、曾任周西成秘书长的王仲肃为顾问,提起申诉,②呼吁政府开放黔川、黔滇两路,准许民营。商车主相约结队到三桥阻止公路局的汽车开行,公路局采取软硬兼施的办法,一面派出武装警察弹压阻止公路局行车的行为,另一面以发给视为"奇货"的新牌照为诱饵,瓦解商车对政府收回营运权的反抗运动。③ 公路局的这一举动虽产生一定作用,但整个行业的利益诉求并未改变。太和、义合恒等 55 家汽车行联名向省政府和建设厅呈诉称:北路已由政府官营独占,南路广西车辆可以入

① 张肖梅:《贵州经济》,中国国民经济研究所,1939 年,第 E41 页。
② 毛铁桥:《在旧中国经营汽车运输的回忆》,《贵州文史资料选辑》(第 6 辑),贵阳:贵州人民出版社,1980 年,第 37 页。
③ 钟大亨:《贵阳的汽车运输业》,《贵阳文史资料选辑》(第 6 辑),贵阳:贵州人民出版社,1982 年,第 29 页。

黔经营,西路建设厅复明令禁止商营,使商车无路可走,生计陷入绝境。同业血本数十万行将破产,职工员役数千人失业在即,来日大难令人不寒而栗。[①]11 月 2 日,汽车业公会向南京中央当局军事委员会、行政院、交通部、贵州省政府呈诉黔省商车困苦,并提出救济办法三条:一是请求政府对于黔省汽车不分公私,一致对待,不分路混合营业。二是请求政府明定商车营业,以五年为限,期满后由政府召集官商组织评价委员会评定价值,以现金方式收回,在未收回前,黔省各路仍准商车营业。三是请求政府将除黔北路为官营外,其余各路仍照旧由商车经营并明令规定不准在商车营业路线上派充公车。[②] 11 月 6 日,汽车业公会再次致电上述机构,重申如将公路收归公营,从事商车运输的从业人员数千人生计将无着落。迫于各商车行的强烈抗争,行政院于 11 月 8 日做出批示:除川黔公路官营独占外,其余各路仍照旧案开放民营。建设厅也呈准省府修改前令,决定在建设厅"客货车辆未经购足,公路管理局未能充分担负本省各干线汽车运输责任之前,除贵阳至桐梓及贵阳至安顺两段干线专由公路管理局客车行驶外,其他路线概准商营客车照旧行驶"。[③] 商车赢得两路货物营运权,但客运业务仍由政府经营,商车再次向省府据理力争。最终省府训令公路局将贵阳至安顺一线客运再开放商车经营,同时指示建设厅声明:"俟本厅客货车购足,全省干线官营独占时,再行处理。"商车维护自身营运权益的斗争取得初步胜利,除了黔川线客运由公路管理局专营,其余干支线客货运输,商车均可经营。

　　省政府虽然在公路营运权的争夺上向商车做出让步,但既定各线营运权收归公营的政策未变。1936 年 6 月,公路管理局局长沈骏达签呈建设厅,以商车"载客货运,每多低价兜揽,以致职局营业常受莫大损失"为由,并依据军事委员会委员长行营所订《整理川黔两省公路营业办法》中"川黔两省公路由

① 《太和车行等函请转呈政府请予救济商车(1935 年 10 月 30 日)》,贵阳市档案馆:43-1-173。
② 《车运业公会呈请救济(1935 年 11 月 2 日)》,贵阳市档案馆:43-1-173。
③ 《呈省政府更令据贵阳县商会暨车运业同业公会先后呈转各车行亦商车凋敝恳予救济一案令仰并案办理等因遵将处理办法呈祈核示文》,《贵州省建设厅公报》,1935 年第 43 期。

省公路局统一营业","禁止私人或商办公司在省公路局营业路线内营业","由政府于干线之外,指定一二线路,准其行驶,至原车破损不能行驶为止"①的规定,提出将商车限制在黔桂路马场坪至六寨、贵阳至定番、陆家桥至下司、清镇至毕节等线营运,其他干支线不予答应的要求,认为按此办法,既可使商车有利可获,又可以维持公路局营业。次月,省政府迅即批复黔桂、清毕、陆下、贵番和三都等为商营路线。汽车业公会向建设厅厅长呈诉公路局指定的商车营运线路"客货异常寥落,路少车多,供过于求,各行车辆每月轮班开行最多不过一次,自身已难维持",再加上捐费,使商车难以为继,请求政府开放黔滇、黔湘公路暂准商车营业,"以谋交通便利"。② 1937 年滇黔公路完工通车,国民政府组织以褚民谊为团长的京滇公路周览团由南京出发经贵阳去昆明。贵阳县汽车业同业公会趁周览团途经贵阳之机,组织车主和从业人员三百余人,聚集图云关拦车请愿,申诉商车因受到不合理对待,无法维持生存,请求解决,要求周览团体察民意,敦促省政府重开公营各线,允许商车照章缴纳通行费后,可自由行驶各线。相持约半天,最后由团长褚民谊出面,允诺解决。③ 商车虽通过抗争取得了部分公路的营运权,但由于官僚资本的渗入和抗战的爆发,商车运输仍很艰难。抗战爆发后,贵州成为西南交通枢纽,车辆通行愈见繁多,为适应抗战需要,便利交通,增强运输力量,1939 年 4 月,省政府开放商营运输,商车成为战时统制下公路运输的主力。

　　贵阳汽车业同业公会是行业发展处于混乱状态下成立的,其目的是解决各车行之间的恶性竞争。公会成立后组织的汽车联运处,得到当局的支持,以利益均沾的原则将各车行组织成为一个利益共同体,按轮开行,统一运价,行业利益趋于一致,运输市场趋好,促进了贵州汽车运输业的发展和车行数量的增加,从而使行业力量得以壮大。在贵州省政府宣布将公路营运权收归公营时,为维护本行业的利益,汽车业公会表现出了行业组织的力量。为争取公路

① 中国第二历史档案馆编:《中华民国史档案资料汇编·第五辑第一编·财政经济
　　(九)》,南京:江苏古籍出版社,1994 年,第 220 页。
② 《录陈商车亟待救济各点祈赐予核准由(1937 年 3 月)》,贵州省档案馆:M60-1-2889-1。
③ 钟大亨:《贵阳的汽车运输业》,《贵阳文史资料选辑》(第 6 辑),贵阳:贵州人民出版社,
　　1982 年,第 30 页。

的营运权,汽车业公会不仅多次呈文建设厅、省政府及中央政府,以"文"的方式提出行业意愿,同时以"武"的方式向政府表达行业诉求。无论以"文"的方式还是"武"的方式,汽车业公会都在努力寻求维护自身利益的通道,以组织的力量去影响政府的政策,从而达到有利于行业发展和实现公会成员利益的目的。

　　作为一个新兴的行业,汽车业公会为何能在公路运营权的争夺上迫使政府让步? 笔者认为,有两点原因:第一,经营汽车运输的公司、行号力量较强。汽车运输业虽为新兴行业,但组织汽车公司或行号的股东除了中小资产者外,还有一些是政府人员或资本较大的商人,如义合公司股东帅灿章为安顺巨富,是安顺四大商号之首恒丰裕商号的创建人。公合长以商号名义入股先导公司和义合公司,而公合长是安顺四大商号之一。先导公司股东袁干臣为袁祖铭之父,熊逸宾是周西成姑父,张彭年为贵州知名人士,1922 年曾任贵州省省长。第二,政府资金力量弱小。在贵州汽车运输开办时,政府虽首倡办理,但由于资金和管理问题,开办的运输公司旋即解散,从而委诸商办,将公路营运权交由民办车运公司经营,以利交通发展和民众出行。1935 年中央政府虽将贵州纳入统治范围,试图以加强交通管理来巩固对贵州的控制,但此时中央政府的主要目标仍是对红军的"围剿",没有过多的资金支持贵州政府官办汽车运输。1935 年,官办运输车辆只有 27 辆,而商办汽车有 90 辆。[1] 到 1936 年,官属汽车有 43 辆,商办汽车有 99 辆。可见,商办资本强于官办力量,经济力量的强大正是汽车业同业公会能够迫使政府让步的基础。

二、汽车运价与行业权益

　　在汽车运输兴起之初,省政府对于商营汽车运输要求"一切民办车运机关,其行车设备、票价运率等项,须遵照政府规定办法,一律通行,不得逾违操纵"。[2] 在车行呈请立案的申请书中也须注明拟开行路线的运价。1931 年省

---

① 　林辛:《贵州近代交通史略》,贵阳:贵州人民出版社,1985 年,第 109 页。

② 　转引自贵州省地方志编纂委员会:《贵州省志·交通志》,贵阳:贵阳人民出版社,1991年,第 514 页。

政府规定客运价格每人每公里 6 分,货运价格每吨公里 8 角 8 分。1936 年 10
月,省公路局调整客运价格,制定计费方法,具体如下:

表 5-4-1　1936 年贵州省汽车客运价目表　　　　　　　　单位:元

业务项目		单位	单位运价
班车	普通	人公里	0.040
	特快	人公里	0.045
计程包车	四座轿(篷)车	车公里	0.320
	十六座客车	车公里	0.720
	十八座客车	车公里	0.810
	二十座客车	车公里	0.900
计时包车	轿(篷)车(市区)	辆/小时	6.00
	十六座客车	辆/小时	12.00
	十八座客车	辆/小时	13.50
	二十座客车	辆/小时	15.00

资料来源:张肖梅:《贵州经济》,中国国民经济研究所,1939 年,第 E52 页。

货运价格分为公斤和吨两种计费方式,按公斤计费为每 5 公斤每公里 3
分 5 厘,按吨计费为每吨每公里 5 角 2 分,50 公斤或 1 吨起运。对于旅客自
带货币者,以 500 银圆为标准,未超过者免费,超过者全数计费,并以 250 元为
单位递进收费。如果是铜币,以 20 公斤为单位递进收费。

抗战爆发后,国民政府在黔设置运输机构,制定汽车运价。1937 年 9 月,
省政府根据公路交通委员会厘定的《公路汽车载客通则》及《公路汽车运货通
则》,结合本省情况制定《贵州公路汽车载客运货附则》,对本省公路客货运输
价格做了规定(具体价格见表 5-4-2),旅客附属行李另行收费。

表 5-4-2　1937 年贵州省汽车客运价目表　　　　　　　单位:元

业务项目		单位	单位运价
班车	普通	人公里	0.040
	特快	人公里	0.045
按站包车	二十六座大客车	车公里	1.170
	二十座大客车	车公里	0.900
	十六座客车	车公里	0.720
	四座蓬轿车	车公里	0.320
计时包车	四座蓬轿车	辆/小时	4.50
	十六座客车	辆/小时	8.00
	二十座客车	辆/小时	10.00
	二十六座客车	辆/小时	12.00

资料来源:张肖梅:《贵州经济》,中国国民经济研究所,1939 年,第 Q73~Q74 页。

　　1939 年 2 月,对载客运货价格进行调整。战时物资匮乏,物价大幅上涨,特别是汽油、汽车配件等物资更为奇缺,价格昂贵。1942 年,交通部颁行《交通部加强管制物价上涨方案实施办法》,明确规定"国营、公营及民营公路汽车之运价及运输,应由交通部负责管制",实施限价后,"无论军公商运,应一律恪遵,不得擅自增减,以免造成黑市"。① 对汽车运输实行限价政策,汽运价格纳入全国统管。交通部虽颁行了限制物价上涨的实施办法,但由于物价上涨迅速,运价不仅继续上涨,而且幅度越来越大。为避免运价调整过于频繁,国民政府在 1943 年 6 月曾希望根据酒精价格变动运价,但不久取消,采取的办法是货车采用提供油料租车办法,由托运人负责供给所需油料,客运价格则适时调整。后又采取汽车运费补贴的办法补助汽车运输,贵州省公路局按照交通部规定也实行补贴办法,但由于物价上涨过快,补助增加了财政负担,实行起

---

① 陆士井主编:《中国公路运输史》(第 1 册),北京:人民交通出版社,1990 年,第 323 页。

来困难重重,难以收到效果。

　　抗战期间通货膨胀严重,物价暴涨,国民政府虽不断调整运价,或采取贴补的办法减缓物价上涨对汽车运输业的冲击,但在整个抗战期间,运价上升的速度一直远不及物价。1945 年运价指数与战前相比,公路客运运价增加了355 倍,货运运价增加了 258 倍,而全国趸售物价总指数增加了 1631 倍。[①] 贵州运价上涨与物价上涨的差距则比全国的情况更加严重,可以从 1937 年至1945 年的贵州省政府运价调整指数与物价调整指数的比较中看出。从表5-4-3可见,至 1945 年 7 月客运运价增加了 2124 倍,货运运价增加了近 646 倍。

表 5-4-3　贵州省公路客货运价调整指数与物价调整指数比较表

时间	运价指数		同时期贵阳市零售国货物价总指数
	客运	货运	
1937 年 1 月 1 日	100	100	100
1938 年 1 月 1 日	100	100	100
1939 年 9 月 16 日	218	200	220
1940 年 9 月 21 日	486	542	507
1941 年 11 月 16 日	812	895	1534
1942 年 10 月 1 日	2189	2473	4820
1943 年 8 月 1 日	7812	9398	12526
1944 年 12 月 16 日	28125	—	100728
1945 年 7 月 21 日	212500	64664	312299

　　资料来源:贵州省人民政府财政经济委员会编:《贵州财经资料选编》,出版单位不详,1950 年,第 693 页。

　　运价与物价之间的差距使得原本就生存艰难的商车更加困苦,各商车行

---

① 　陆士井主编:《中国公路运输史》(第 1 册),北京:人民交通出版社,1990 年,第 324 页。

纷纷向同业公会请求救助,希望公会能以行业力量为商车争取应得的权益,公会则多次向相关部门及政府呈文反映商车困苦,希望政府能给予解决。

首先,吁请发放运费。战时物资匮乏,物价高涨,商车承运军公物资后,很多时候都不能按时领获运费,汽车业公会作为商车组织向代运机关或管理机关呈文,请求从速发放积欠运费,"使一般车商得以维持","以期保存后方之运输力量"。① 如商车承运沙子岭的军粮运输,但运费迟迟未发放,理事长颜泽溥向商车管制总站呈文,称"如不予以调节□□扼其死命,一般运输军粮之车辆均已积欠过多,负债累累,亏折至深",②请求管制站迅发积欠的运费,以"恤商艰而强运输"。

其次,吁请增加运费。战时通货膨胀严重,所获运费难以维持商车开行。会员纷纷向公会呈文,请求公会推举代表向西南运输局交涉增加运费。③ 汽车业公会向贵阳市政府呈文,请求增加运费。在呈文中指出,西南区的运费与川湘公路运输价格不一致,川湘公路运输价格加至每吨公里 280 元,昆明方面每车开行运费多至一百余万元,只有西南公路运价最低,质问政府难道西南区商车不如川湘及昆明重要,何不将西南区管制商车法令取消,让商车自谋生路,或将商车调至昆明及川湘行驶,以保存国家的一份元气,对"商车最低限度之正当要求即运费能敷行车及保养费用不予切实保障,此一般商车之所有愤愤不平而有激烈主张也"。④ 同时,汽车业公会向社会部呈请呼吁增加运费,"设运费再不增加,商车有全部停驶之一日,即有任何严刑峻法亦不能挽救此种颓势"。⑤

针对有人指出物价上涨是因为运价高的说法,公会做出了严正反驳,指出增加运费不会刺激物价上涨,物价上涨是因为货不畅流,抑制运费使车辆不能行驶,货物不能流通,物价才会上涨,难收平抑物价之效果。1945 年 5 月,西

---

① 《汽车业公会呈文请速发给积欠运费》,贵阳市档案馆:43-1-725。
② 《汽车业公会呈公商车辆管制站文》,贵阳市档案馆:43-1-662。
③ 《建议本会推举代表向西南局交涉增加运费以维生活(1945 年 4 月 18 日)》,贵阳市档案馆:43-1-676。
④ 《呼吁增加运费》,贵阳市档案馆:43-1-676。
⑤ 《为现行运价过低请予转呈层峰赐予增加以维行车成本由》,贵阳市档案馆:43-1-676。

南公路局为解决商车运价过低问题,同意每车附带商货 250 公斤,以资弥补运费不足。① 西南公路局虽同意商车可附带 250 公斤的货物,但在实行过程中却不容易。首先,商车附带的 250 公斤货物系自揽,在物资匮乏时期,能否顺利揽运到货物尚不可知。其次,商车运送军公物品是有时间限制的,必须在规定时间将物资运到,否则将会受到惩罚。再次,商车在运输过程中,受沿途各检查机关检查,而各检查机关多以数量不符,"重行过磅等情事,显系有意为难,以致车辆经过不仅时间上之耽误且有含冤莫白之慨"。黔南事变后,黔省的物价波动更为剧烈,1945 年 6 月 20 日汽车公会再次向西南公路管理局呈请重新调整运价,希望政府考虑黔省物价跳涨指数,使运价"不致永远赶不上物价之跳涨,使车商徒负增加运费之名,而无补于救济亏累之实"。② 1945 年 6 月 28 日,贵阳市汽车业公会向重庆战运局、国家总动员会议、国防最高委员、行政院、交通部、社会部、西南公路管理局、贵阳市政府呈文,"迅将西南区运费予以合理调整,俾资保养商车运力而期多存一份国力,设使运费实无法增加并恳政府即将商车全部收回,或撤销管制,俾车商得以自谋生路"。③ 同时,致函重庆汽车商业同业公会,咨询该公会调整运价及附搭商货的经过。重庆汽车商业公会回函贵阳市汽车业公会,称除多方奔走呼号外,借重新闻界力量促使当局注意。④ 在汽车业公会不断的呈文呼吁下,军事委员会战时运输管理局同意进行贴补,社会部也做出运输亏损决定自 1945 年 8 月 21 日起施行贴补,西南区贴补费由西南公路管理局统筹支配的规定。⑤ 在整个抗战期间,国民政府对汽车运价实行严格控制,推行限价政策,这是在特殊的环境中保证运输顺利进行的重要方式,但限价也给商车带来了不小的利益损失。

再次,请政府准予组织短途运输。由于汽车运输实行管制,商车所运军公物品运价极低,难以维持车行运转,汽车同业公会向运输统制局贵阳办事处、贵州公路管理局提出商车为公服务,不遗余力,只因商车出厂年份不一且行驶

---

① 《西南公路管理局代电(1945 年 5 月)》,贵阳市档案馆:43-1-676。

② 《呈请西南公路管理局请求重行调整运价(1945 年 6 月)》,贵阳市档案馆:43-1-676。

③ 《贵阳市汽车业公会呈文(1945 年 6 月 28 日)》,贵阳市档案馆:43-1-676。

④ 《重庆市汽车商业同业公会公函(1945 年 7 月 22 日)》,贵阳市档案馆:43-1-676。

⑤ 《社会部代电(1945 年 8 月 13 日)》,贵阳市档案馆:43-1-676。

过久,为维持境内交通与车主生计,请求办事处允准无力负担长途运输的旧车可以组织短途运输,在贵阳至安顺、遵义、定番各路运输军品公物及载运客货,以"调剂车辆之不敷,抑且可以增加境内之交通力量而停业车商亦可使其复业"。① 运输统制局贵阳办事处同意汽车业公会的请求,确属不能长途行驶者,可以根据公商车辆管制办理加入协运,以强运力。②

　　抗战期间,贵州是西南公路交通的中枢神经,中央直属公路运输与管制机关多设置于贵阳,商车也因奉调服务国家多麇集于此。商车在政府的管制政策之下,成为战时公路运输的主力。1938 年,贵州省政府奉命修筑川滇东路赤威段路线,为按时完成公路修筑任务,省政府征调商车参与石工运输,由贵州商办汽车联运处统筹调派,各商车轮流参与运输。为此,贵州省公路局制定《贵州商办汽车联运处包运川滇东路赤威总段石工办法》。商车在省政府的统一调度下完成工作,全部运费按七折结算。后贵州省公路局称赞商车"能体谅政府抢修该段公路之意旨,努力服务,输运石工之任务,得以如期完成"。③ 1940 年至 1945 年间,商车数量"保持在 1500 辆左右,实为运输之主力",年平均完成运输周转量在 3000 万至 5000 万吨公里之间,大于公车运量。④ 1938 年 11 月至 1939 年 10 月,与西南公路运输管理局签订运输合同的车行有 249 家,投入载货汽车最多时达到 1798 辆。1939 年至 1944 年商车年货物周转量均在 3000 万吨公里以上,远远超过官营运输业的货运数量。1945 年 1 月至 7 月商车完成运量 1.521 万吨公里,为军公车运量之和的 1.28 倍。⑤ 1945 年 9 月,西南公路管理局向战时运输管理局报告时也肯定了商车贡献,指出在政府管制之下"所有军公运输任务,大部分系由商车艰苦完成"。⑥ 如 1940 年 10

---

① 《汽车业公会呈运输统制局贵阳办事处(1941 年 3 月 4 日)》《汽车业公会呈贵州省公路管理局(1941 年 4 月 1 日)》,贵阳市档案馆:43-1-664。

② 《军事委员会运输统制局贵阳办事处训令(1941 年 4 月 29 日)》,贵阳市档案馆:43-1-670。

③ 贵州省公路管理局编:《抗战四年来之贵州公路·交通管理》,出版单位、时间不详,第 64 页。

④ 贵州省人民政府财政经济委员会编:《贵州财经资料汇编》,出版单位不详,1950 年,第 656 页。

⑤ 罗镜明主编:《贵州公路运输史》(第 1 册),贵阳:贵州人民出版社,1993 年,第 78 页。

⑥ 罗镜明主编:《贵州公路运输史》(第 1 册),贵阳:贵州人民出版社,1993 年,第 79 页。

月,滇缅公路解禁通车,大量乌砂待运,交通部公路总局与贵阳各车行签订运输合同,有 200 辆商车承运,每月由柳州将乌砂转运至贵阳,再由资源委员会运务处车辆转运出境。

小　结

　　贵州汽车运输的兴起政府是在无力组织的情况下委诸商办的,对商车收取车捐和制订管理条例对商办运输进行监督,尽管制定的条例略显简单,但作为贵州省第一个汽车运输管理条例具有重要意义。政府对汽车运输业管理松散,各车商为追逐利润缺乏自我约束,导致行业竞争混乱。为加强行业的自我管理,1931 年贵阳县车运业同业公会成立,成为商车运输行业管理的组织者和实施者。为了解决恶性竞争带来的危害,统一各车行的运输业务,1932 年10 月贵州汽车联运处成立,并制订联运规约,划定票价,统一经营,按轮次派车,对操纵滥价的行为给予了有效制止和打击,同时也方便了乘客的购票搭载。汽车同业公会成立后,加强会员管理,建立统一的营业组织,制定行业经营规约,规范行业运输行为。

　　抗战时期,公路运输是主要的运输方式。国民政府将汽车运输业列为必需品业,贵阳作为后方城市也被列入重点管制区域。国民政府要求建立健全汽车商业同业公会,并且通过督导制度和工商汇报制度加强统制,贵州省政府将商车联运处改组为贵州省商车联合办事处,但该办事处因未得到同业公会的支持而未达到预期效果。在国民政府的商车统制政策实施过程中,汽车同业公会是行业层面的组织实施者,服从和配合国民政府商车统制政策的实施。

　　1935 年,省政府欲将道路营运权收归公营,导致了商车与政府在利益上出现了较大分歧。商车为维护本业利益,以同业力量与政府周旋,最后迫使贵州省政府做出让步。在运价上,商车基本遵循政府制定的运率,也基本能维持商车行驶。抗战爆发后,通货膨胀持续,使运输成本激增,政府为平抑物价,对公路运输实施限价政策,使商车的生存更加艰难。政府虽一再调整运价,但远远赶不上物价上涨的速度,各商车只能向同业公会呈请救济。同业公会再次发挥行业力量,吁请政府及相关机构发放和增加承运军公物资的运费,同时,呈请准予组织短途运输,以实现商车的有效利用,缓解商车困难。国民政府实行汽车运输业管制政策是战时经济统制的重要构成部分,国民政府通过汽车业公会加强对商车的管制,以适应战时需要,增强战时运输力量。商车作为民间运输的重要力量,一方面要完成军公物品的运送任务,支援抗战;另一方面,商车也要维持生存,在政府施行的统制政策中争取合法利益,汽车业公会作为行业代言人,用行业组织的力量实现利益诉求。汽车同业公会作为行业组织参与到政府统制政策的实施过程中,成为政府的有力协助者,政府利用社团组织实现其统制经济、"抗战建国"的做法有可取之处,只是在行业(会员)利益与国家利益之间更需要同业公会去权衡和协调。

第六章　贵州公路建设与民众
日常生活变迁

　　贵州公路的建设在局势和国家政策导向下快速发展,公路交通网的形成和完善改善了贵州交通状况,加快了贵州社会现代化的步伐,推动了贵州社会经济和思想观念的进一步发展,成为带动贵州社会进步的一个关键因素。国民政府也通过公路将"中央德意"传递给民众,以培养和增进民众的国家认同意识,在民族生存的战斗中发挥力量。

第一节　公路开通与汽车时代的到来

一、汽车销售

　　贵州的第一辆汽车是 1927 年周西成委托卢涛从香港购买的福特牌七座敞篷汽车,通过水运至三合县,后分拆,依靠人力转运至筑,抵筑后重新组装,并在新修的环城马路上转了一圈,引得民众奔走相告,争相一睹这一新鲜事物。随着贵州公路修筑的增加,更多汽车进入贵州,经营汽车运输的车行也不断出现。

　　由于中国汽车工业发展较晚,汽车主要依赖于由国外进口,贵州也不例外,而进入贵州的汽车品牌主要来自欧美。根据 20 世纪 30 年代呈请立案的汽车运输公司立案书统计,汽车品牌有道奇、雪佛兰、福特、司蒂倍克、达极、信风等等,汽车购入渠道或从香港、或从上海(贵州第一家汽车运输公司先导汽车公司从上海购买了十辆汽车)、或从粤桂、或从重庆。随着汽车需求量的增加,一些汽车销售公司在贵阳设立销售点,如英国的夏巴公司在黔设立经理处,飞轮公司设驻黔经理处等。同时也出现了本地人经营的汽车销售公司,如港黔公司。该公司是1933年由贵州人钟大亨与黄述章共同创办的,是贵州第一家经营汽车销售的公司,汽车的货源主要来自香港,汽车从香港经水道运至广西梧州,再从梧州附近的戎墟沿黔桂公路开至贵阳。① 港黔公司不仅向私营汽车运输公司供应汽车,贵州公路局也向其购买汽车。1935年贵州公路局与港黔公司订立购车合同,公路局向港黔公司订购最新出品的1-T241式司蒂倍克长途汽车15辆,②车价为每车计港价美金830元,15辆共计美金12450元,贵阳交货,运费每辆法币400元,15辆共计法币6000元,装车身货车每辆法币180元,10辆共计1800元,客车每辆300元,5辆共计法币1500元,总计贵阳交货客车5辆,货车10辆,合计美金12450元,法币9300元。③ 可以说,港黔公司在贵州汽车销售市场上占据了主要地位,但好景不长,因官僚资本不断渗透到贵州,并直接与美国汽车行业挂钩,港黔公司无力与其竞争,被迫于1937年结束了营业。

　　1935年,贵州省政府将公路经营权收归公营后,贵州公路管理局先后向渝、港订购汽车15辆,办理公营车运事宜。1936年2月,又从香港订购客车10辆、货车5辆加入贵北路贵安班车营运。截至1937年,贵州省建设厅车务总段共有客货车94辆(见表6-1-1)。

---

① 　钟大亨口述、李兆杰整理:《三十年代的港黔公司》,政协贵阳市云岩区委员会文史资料研究委员会:《云岩文史资料选辑》(第4辑),出版单位不详,1986年,第18页。

② 　原订30辆,后因资金不足改为订购15辆。

③ 　《贵州省建设厅与港黔公司订购汽车合同》,《贵州建设厅公报》,1935年第47期。

表 6-1-1　　1937 年贵州省建设厅车务总段车辆情况表　　　单位:辆

汽车品牌	制造年份	数量	性能
司蒂倍克小客车	1931	1	机件甚佳,配件困难
雪佛兰货车	1934	1	机件甚佳
福特小客车	1934	2	爬山力强
福特大客车	1935	8	爬山力强
司蒂倍克货车	1935	10	机件甚佳,配件困难
司蒂倍克大客车	1935	12	机件甚佳,配件困难
福特大客车	1936	20	爬山力强
雪佛兰货车	1937	10	机件甚佳
雪佛兰	1937	30	机件甚佳

资料来源:张肖梅:《贵州经济》,中国国民经济研究所,1939 年,第 E44 页。

贵州汽车品牌以欧美系为主,从表 6-1-2 可以看出福特牌汽车使用面较广,雪佛兰牌汽车在客货运上占有的数量较多,司蒂倍克牌汽车在使用范围和数量上不及上面两种品牌,但在各类型的汽车上则较为平衡。

表 6-1-2　贵州省各种汽车牌别统计表　　　单位:辆

汽车牌别	乘人篷车	轿车	客车	运货卡车	总计
福特	7	14	56	3	80
雪佛兰		4	60	14	78
司蒂倍克	4	12	12	12	40
道奇		1	11	1	13
恶斯摩利			5		5
爱塞斯		1			1
合计	11	32	144	30	217

资料来源:张肖梅:《贵州经济》,中国国民经济研究所,1939 年,第 E50 页。

在汽车输入路线上,抗战爆发前,购买的汽车多从港粤及重庆进入贵州。抗战爆发后,购买汽车进入贵州的路线依战争形势发生改变。在香港被封锁后,改由海防进口,由广西南宁沿黔桂线驶入贵州。而南宁陷落后,汽车进口路线改由滇越经昆明驶入贵阳,滇缅线通车后,由仰光经腊戌至畹町,再由滇缅线经昆明至贵阳。

二、司机招募及考核

在贵州汽车运输兴起之初,司机及其他技术人员大多来自广东、上海等地。周西成从香港购买第一辆汽车进入贵州时,从广东聘请了司机到贵州驾驶,修理技工也是广东人,另外招来几个当时上海私立中华汽车学校出身的学生担任业务和技术管理人员,引进的这些人员为贵州培养了第一批汽车技工人员。[①] 由当时掌权的上层官僚投资创办的贵州第一个民营汽车运输公司——先导汽车运输公司,创办时在上海订购了美国制造的不同型号的道奇牌卡车 10 辆,并在上海招聘了一批驾驶人员,1930 年底,人车一同抵达贵阳。此外,也有由其他地区到贵阳来的司机,如来自四川的毛铁桥在成都民生公司解体后到筑,在通达车行任驾驶员兼修理汽车,后与其兄长一同创立并经营蜀通车行,直至新中国成立后公司合营为止他仍有 18 辆汽车。[②]

抗战爆发后,贵州公路由中央接管,先后成立管理组织。在西南公路管理局时期,司机大部分由全国经济委员会及西北公路局移转而来,共计 201 名,经考试淘汰,留 170 余名。后因接管渝筑、筑柳、长晃等线路,司机缺乏,从四川贸易局及广西公路局调来司机 30 多名。后组织司机训练班,招募具有一定文化知识的青年进行培训。1938 年春在长沙创办司机训练班,共毕业学生 74 名。同年 5 月,扩大训练范围;8 月将业务人员训练所迁到贵阳。为满足驾驶

---

① 钟大亨:《贵阳的汽车运输业》,中国人民政治协商会议贵阳市委员会文史资料研究委员会:《贵阳文史资料选辑》(第 6 辑),出版单位不详,1982 年,第 195 页。

② 毛铁桥:《在旧中国经营汽车运输的回忆》,中国人民政治协商会议贵州省委员会:《贵州文史资料选辑》(第 6 辑),贵阳:贵州人民出版社,1980 年,第 35 页。

需要,驾驶班分为基训和速训两科,基训班 6 个月,速训班 1 个月。[①] 除了公营运输机构培训的司乘人员外,内迁的民营资本及技术工人也是抗战时期司乘人员的来源之一,他们有技术且熟悉业务,自己成为车主兼司机,在后方的客运及军需民用物资运输中艰难生存。[②]

　　司机素质是行车安全的重要因素,贵州交通管理部门对此都较为重视,制定了相关规则对驾驶人进行考核。1928 年,省政府发布《全省马路交通规则》,规定驾驶人员未经路政局考验合格,发给凭证,不得执行驾驶车辆业务。1930 年制定的《管理民办车运暂行条例》对司机驾驶汽车的考核也有说明,并依据此条例颁布了《建设厅检验车运司机人员暂行规则》,要求任何车辆司机必须经建设厅测验合格,发给开车执照才能驾驶,并对测验方法进行了详细说明。经测验合格领得执照,不能转借他人,违者一旦被发现即追缴执照。[③] 各运输车行也遵行要求造具名册呈报建设厅请予测验。国民政府颁布的《各省市汽车驾驶人考验规则》中也加强了对司机考验的范围,包括体格、交通规则、机械常识、驾驶技术、地理常识等,[④]不仅有操作上的考验,也有理论知识的考验。1937 年省政府颁发的《贵州省管理汽车及司机技匠暂行章程》中规定学习驾驶执照期满,不如期请考验换照者每逾期一天罚金一元,执照不如期送审者逾期一个月内罚金五元,一个月以上吊销执照。[⑤] 此外还对驾驶人员的其他不合规定的行为处罚进行说明,而处罚的方式多以罚金为主。

―――――――――

① 交通部西南公路管理处编:《三年来之西南公路》,出版单位不详,1938 年,第 175 页。

② 参见张祖谋:《抗战时期贵阳汽车运输业的见闻》,中国人民政治协商会议贵阳市委员会文史资料研究委员会:《贵阳文史资料选辑》(第 25 辑),出版单位不详,1988 年,第 50~51 页。

③ 《建设厅检验车运司机人员暂行规则》,《贵州省政府公报》,1930 年第 40 期。

④ 《各省市汽车驾驶人考验规则》,贵州省档案馆:M60-1-2692。

⑤ 贵州省政府秘书处法制室:《贵州省单行法规汇编·第三辑》,贵阳:文通书局,1938 年,第 699 页。

三、汽车修理

汽车修理一是对损坏车辆的修理维护,二是汽车配件的生产。1928 年贵州汽车运输业兴起,汽车维修伴随而生,但多为个体经营,只能进行简单的修理,修理能力十分有限。1930 年,贵州省政府指令建设厅筹建汽车修理厂,总投资 9038 银圆,直到 1936 年建成,是为贵州第一个汽车修理厂。[①] 后因业务增多,原场地狭小,不得不扩大场地,并改由省公路局管理。抗战期间,运输量增大,汽车进口困难,国民政府加紧兴办维修工业,增加汽车保修机构的设置,同时提高修理机构的修理能力和生产能力。

1.调整、充实汽车保修厂站

抗战前车务总段在永宁、黄平、遵义、独山、黔西等处各设立修理所一处。[②] 抗战爆发后,来往西南地区的车辆不断增多,运输业务繁忙,战时运输紧急、繁忙,加速了在用车辆的磨损。为保证后方运输力量,在汽车进口困难的情况下,只有千方百计地兴办汽车修理,以延长汽车的使用年限。贵阳作为公路交通的枢纽,过往和停留的车辆增多,报修量不断增大。1937 年至 1942 年期间,贵州省公路局先后在遵义、松坎、永宁、兴仁、黄平、马场坪、晃县、六寨、黔西、毕节、湄潭等地设置修理站,[③]专门负责汽车小修救济业务。1940 年,贵州省公路局设立贵阳保养场,对局属车辆进行保养和修理。交通部西南公路运输机构也在黔建立汽车修理厂所,至 1943 年,已设有马王庙、龙洞堡、转弯塘修车厂,筑一、筑二保养场,贵阳、独山、马场坪、黄平等 9 个厂。

---

① 贵州省地方志编纂委员会:《贵州省志·交通志》,贵阳:贵州人民出版社,1991 年,第 261 页。

② 贵州省公路管理局编:《抗战四年来之贵州公路·机务》,出版单位、时间不详,第 107 页。

③ 贵州省公路管理局编:《抗战四年来之贵州公路·机务》,出版单位、时间不详,第 107 页;贵州省人民政府经济委员会编:《贵州财经资料汇编》,出版单位不详,1950 年,第 658 页。

2.建立汽车保修制度

抗战时期,汽车运输繁忙,车辆机件故障频繁,汽车的修理和保养成为机务工作的重要部分。为保证汽车修理和保养工作的有效实施,1938 年 4 月西南公路运输管理局制定《汽车保养和修理工作准则》,明确了汽车保养和修理的制度和工艺流程。它首次将汽车修理分为大修、小修和保养三类。规定大修须全车彻底修理,小修为局部修理,保养则为添加机油,擦拭车身。同时对汽车保养周期、报修日期和业务范围进行了具体规定。

3.技术工人群体扩大,汽车维修能力大大提高

抗战期间,中央系统的汽车修理厂、机械制造厂及中东部地区私人修理厂及技术工人等内迁黔省,汽车维修业迅速发展,维修能力大大提高,汽车配件制造能力也大大增强。1944 年西南公路运输局附属的修配厂汽车修理量达到大修 1654 辆,保养 13441 次。1945 年大修增为 2465 辆,小修、保养 84931 次。[①]

4.汽车配件的统制管理

抗战前贵州汽车数量有限,所需汽车配件或可向省外购买,或于购车时同时购买。抗战爆发后,特别是口岸和国际交通运输线被阻断后,汽车配件及汽油等短缺严重,严重影响着汽车运输能力的发挥。因此,交通部为适应战时需要,对汽车配件施行统制。1942 年 4 月运输统制局成立汽车配件总库,统筹汽车配件供应,供应范围以公车为主,重点供应中央直属部门所属车辆,各省市所属单位车辆及商车供应非常有限。

这些措施的实行一定程度上保障了汽车运输能力的发挥,但对于商车来说,一方面要承担政府指派的运输任务,另一方面汽车修理所需材料及燃料等购买困难,只有在完成军公运输任务时,按规定配售有限汽车配件。交通部公路总局颁布的《核定商车请购轮胎配件之行程里程标准》规定,商车服务每满 5000 公里得请购轮胎一套;每满 9000 公里,请购前后制动片及铆钉 1 副,前灯灯泡 2 个,离合器片连铆钉 1 副,汽油泵膜片 1 副,前后钢板弹簧片各 2 片,

---

① 贵州省地方志编纂委员会编:《贵州省志·交通志》,贵阳:贵州人民出版社,1991 年,第 262 页。

制动液若干等；商车服务满 18000 公里和 36000 公里配售配件也有具体规定。商车通过为公服务可获得一定数额和品类的配件，但在多数情况下很难申购到所需器材，很多商车多向商行采购，可在材料严重短缺、价格高昂的战时，对商车来说也是难以负担的。

从抗战开始，汽车配件来源困难，1942 年 4 月国民政府成立专营汽车配件总库，对汽车配件施行统筹供应。战时汽车运量大，加之贵州公路修筑的质量不高，对汽车损坏较大，汽车配件供应不足，汽车修理工作推进困难，汽车修理通常是拆拼整修旧车，自制汽车配件。1938 年 7 月西南公路运输管理局将贵阳修车厂的修理和制配分开，另设机械厂专门制造配件。1943 年中央汽配厂接收贵阳汽车配件厂，将其改为分厂。

第二节 运输燃料供应与替代方式

一、汽油供应

随着贵州公路逐渐修建，汽车数量也在不断增加，燃料供应成为一个亟待解决且利润空间大的项目。抗战以前，公商车辆皆使用汽油为燃料，而最早进入贵州市场的是英国的亚细亚汽油公司。1929 年，亚细亚汽油公司派员到贵阳寻找合作对象，代理销售他们的汽油。最后选择了贵阳的久康号商号作为代理商，该商号成为贵州第一个经销外商汽油的商号。汽油由亚细亚汽油公司柳州分理处公营，经济往来和账务结算则由梧州公司负责办理。在亚细亚汽油公司进入贵州后，美孚石油公司和德士古公司也进入贵阳市场。① 抗战期间，由于汽油购买运输困难，特别是滇缅国际线中断后，汽油更为紧缺，大部

① 周景伯：《久康号与亚细亚汽油公司》，杨实主编：《抗战时期西南交通》，昆明：云南人民出版社，1992 年，第 480 页。

分车辆通过技术改造使用木炭或酒精。据统计,中央系运输机构自 1943 年至
1949 年 7 月间,共消耗汽油 2716623 加仑,酒精 4203680 加仑,木炭 8990619
市斤。[①]

　　抗战爆发后,汽油需用量增大,而运输日益困难,来源短少。1937 年 9
月,军事委员会重庆行营颁行《汽油统制办法》,禁止汽油私自购买,统一由中
央信托局购入。汽油的使用,无论是机关团体还是个人,均须向重庆行营公路
监理处或指定地方政府登记。为了节省用油,贵州省公路管理局于 1940 年秋
制定了《汽油车司机用油奖惩办法》,希望规定各类车行用油标准以节省汽油。
首先是将贵州公路划分等级,后规定各类车辆在各等级公路上所需油耗。如
规定雪佛兰汽车每加仑行驶 14 公里;道奇客货车每加仑行驶 12.5 公里;福特
汽车每加仑行驶 10 公里。在规定用油额内,如果有结余缴回者以每加仑 15
元给奖,超过用量由司机照市价赔偿。[②] 这样的规定看似能节省汽油,但规定
过于刻板,并不能提高汽车的运输效能。因为汽车用油量大小除了与行驶里
程有关外,还与司机驾驶技术、汽车性能及汽车使用年限有密切关系。

　　在用油程序上,贵州省公路管理局也进行了规定:公路管理局按照实际需
要,在贵州各公路干线上设置油站,由油库按照行车次数、用油标准规定每月
用油数量发给司机。公路局属的汽车由司机凭领油证向油站领取,其他机关
车辆则凭燃料单向各油站领取。[③]

二、木炭、酒精等动力燃料

　　汽油作为重要战略物资和动力资源对运输有着巨大作用,中国的汽油一
贯依靠进口,滇缅路被日军封锁,中国唯一一条国际运输线被切断,从美国、英

---

① 　贵州省人民政府财政经济委员会编:《贵州财经资料汇编》,出版单位不详,1950 年,第
　　658 页。
② 　贵州省公路管理局编:《抗战四年来之贵州公路·车务》,出版单位、时间不详,第 98～
　　99 页。
③ 　贵州省公路管理局编:《抗战四年来之贵州公路·材料管理》,出版单位、时间不详,第
　　3 页。

国、苏联进口汽油异常困难。为缓解汽车动力不足,研究以其他燃料代替汽油成为解决汽油紧张的重要途径。在这种情况下,贵州汽车工人对汽油车进行改装,研制以木炭、酒精为动力燃料,极大缓解了战时后方运输上汽油严重不足的情况。

1938 年贵州开始试制改装木炭车,因为木炭取于山林,烧制容易,而贵州森林资源丰富,可就地取材,不受产地限制,因此木炭车研制成功后在贵州得到较为广泛的使用。1942 年 3 月,省公路管理局奉军事委员会运输统制局命令,要求所有公路干支线行驶的军公商车辆一律改用木炭作燃料。据西南公路运输局统计,全区民用汽车改装木炭车有 1503 辆,汽车商车改装木炭车 1171 辆,占木炭车总数的 78%。① 1942 年 7 月贵州省公路局消耗汽油量 2718.5 加仑,木炭 89364 斤;8 月汽油消耗量为 2531 加仑,木炭 118562 斤。② 为维持木炭车的正常行驶,一方面改进技术,提高木炭使用效率,另一方面,在各线设立木炭供应站。木炭车的使用维持了后方军公商物资的运输,为坚持抗战起到了重要作用。

木炭汽车燃料费用虽低,但发动慢,速度也慢,不清洁,加炭麻烦,爬坡时动力不足,检修工作较繁,须配助手随车帮助司机。而酒精汽车与木炭汽车相比,动力更足,也更为方便,酒精逐渐成为汽油的替代品之一,为汽车运输提供动力,"于抗战期间,海口被阻,酒精实为大后方运输主要燃料"。③ 替代汽油成为最适当的燃料"厥惟酒精"。④

在贵州,传统的酿酒业为酒精的生产提供了有利条件。高粱酒、苞谷酒、烧酒可以为酒精的炼制提供原料。在抗战期间贵州的酒精工业迅速发展起来。大多数的酒精工厂创建于 1942 年至 1943 年之间,1939 年贵州的私营酒精厂只有位于贵定的福崇酒精厂一家,其资本额为 4000 元,5 名工人,年产量

① 罗镜明主编:《贵州公路运输史》(第 1 册),贵阳:贵州人民出版社,1993 年,第 99 页。
② 《1942 年材料油料月报表一(1942 年 7 月)》,贵州省档案馆:M86-1-1063。
③ 何辑五:《十年来贵州经济建设》,南京:南京印书馆,1947 年,第 97 页。
④ 金贵铸:《抗战八年来之酒精工业》,《资源委员会季刊》,1946 年第 6 卷第 1~2 期。

为 24000 公斤。① 无论从资本额、工人数量,还是年产量来看,其生产力都较
为低下。而在 1940 年至 1943 年三年期间开办的酒精厂家数达到了 30 家,其
中公营 5 家,私营 25 家,私营资本总额为 17120000 元。② 1944 年全省有酒精
工厂 32 家,包括公营 6 家,私营 26 家,17 家私营工厂集中于贵阳,其余分散
于安顺 4 家、清镇 2 家、盘县 1 家、普定 1 家、平越 1 家。③ 在产量上,据 1944
年贵阳市工商调查,月产量在 10000 加仑以上的有中国植物油料厂贵阳分厂、
源源酒精厂、中国四民酒精厂、遵义兴华酒精厂等。④ 遵义兴华酒精厂作为资
源委员会在贵州设立的工厂,是当时贵州酒精工业中实力较强的公营大厂,该
厂 1941 年至 1944 年共计生产酒精 733582 加仑。⑤ 1945 年,贵州酒精年产量
为 440 万加仑,为四川(除重庆外)的 2.63 倍。⑥

　　贵州酒精生产多以高粱酒、苞谷酒、烧酒为原料,因此,酒精生产受粮食丰
歉及原酒多寡的影响。如 1943 年因年成歉收,省政府通令禁止酿酒,仅准苞
谷酒由酒精厂自酿或约酿,致使酒源减少,酒精生产受到影响。⑦

　　纵观酒精工业的发展,抗战初期成立的酒精工厂少,资本额及生产力均较
低,而随着运输需求的增加,汽油进口的严重不足,酒精成为汽油替代品,为汽
车运输提供动力能源,酒精工厂数量增加,资本额及产量也迅速提升,成为战
时贵州最发达的化学工业之一,为维持贵州乃至整个西南地区的汽车运输,支
援抗战起到了重要作用。战后,汽油进口相对容易,"汽油有了来源,酒精的用

①　李德芳、蒋德学编:《贵州近代经济史资料选辑》(上),成都:四川社会科学院出版社,
　　1987 年,第 575 页。
②　李德芳、蒋德学编:《贵州近代经济史资料选辑》(上),成都:四川社会科学院出版社,
　　1987 年,第 575～576 页。
③　贵州省人民政府财政经济委员会编:《贵州财经资料汇编》,出版单位不详,1950 年,第
　　136 页。
④　贵州省人民政府财政经济委员会编:《贵州财经资料汇编》,出版单位不详,1950 年,第
　　136 页。
⑤　金贵铸:《抗战八年来之酒精工业》,《资源委员会季刊》,1946 年第 6 卷第 1～2 期。
⑥　林兴黔:《贵州工业发展史略》,成都:四川社会科学院出版社,1988 年,第 315 页。
⑦　李德芳、蒋德学编:《贵州近代经济史资料选辑》(上),成都:四川社会科学院出版社,
　　1987 年,第 579 页。

途逐渐减少",①销路不好,酒精生产企业逐渐不能维持而停产停业,到解放前,贵州省仅存 3 家酒精工厂。② 战时贵州酒精工业发展迅速,但其发展也存在制约因素。酒精的制造多以白酒或苞谷酒为原料,极易受到粮食丰歉和市场价格影响,且酒精为国民政府统制物资,价格核定依政府所定,而战时物价瞬息变化,厂家纷纷叫苦,提出"欲维持酒精生产,必须全面统制物价,始可有济"。③ 购买酒精须将钱款转入中央信托局,再由中央信托局转付酒精厂,中央信托局从中收取 1‰手续费,酒精工厂纷纷觉得手续烦琐,致使工厂资金周转困难,"无以复加"。而税收负担加重也是制约酒精工业发展的因素之一,根据 1944 年 8 月贵阳市酒精同业公会的计算,酒精的税收总计"已逾二百元,约合售价百分之二十强"。④

第三节　公路建设与民众物质生活

一、出行成本降低

公路的修筑及汽车的引入,使传统的人乘肩舆、货交驮马的交通方式转变为汽车运输,驿道改成公路,交通工具改为汽车,"瞬息数十里",⑤不仅优化了行旅的旅途生活,而且使民众的出行条件得到极大改善,出行成本也得以

---

① 贵州省人民政府财政经济委员会编:《贵州财经资料汇编》,出版单位不详,1950 年,第136 页。
② 仅存三家分别为普定的马堡酒精工业社、遵义的国源酒精厂和合济酒精厂。
③ 李德芳、蒋德学编:《贵州近代经济史资料选辑》(上),成都:四川社会科学院出版社,1987 年,第580 页。
④ 李德芳、蒋德学编:《贵州近代经济史资料选辑》(上),成都:四川社会科学院出版社,1987 年,第583 页。
⑤ 林冰:《筑滇行程》,贵州省文史研究馆编:《民国贵州文献大系》(第 7 辑上),贵阳:贵州人民出版社,2015 年,第 30 页。

降低。

1.旅途时间缩短

贵州是典型的喀斯特地貌的山区,山地多,平地少,交通运输基本上使用的是人背畜驮,极大限制了城乡民众的出行。1911 年 5 月丁文江从欧洲经海防回国,经昆明回湖南老家,"从昆明经贵阳到镇远旱路 1600 里,按站走要走 28 天",①从镇远到常德走水路用了 8 天。② 由桐梓到贵阳原要走七八天,可改乘汽车后,一天就可以到达了。③ 据《黔游指南》记载,1923 年以前,"货物进出,官商往来,都取道湖南的常德",乘船经沅江到镇远,再由镇远到贵阳,"只旱道七站"。④ 在京滇公路通车前,"到贵州的路,一向更是困难,在公路未通之前,到贵州去的人,或必取道四川,或必经过湖南,在黔东和黔北境内,总必先有十多天轿马或小船的行程。因为黔桂公路修得较早,去贵州的人,宁肯绕道先至广西,也可想见麻烦了"。⑤ 经贵州入云南同样费时费力,"公路未通,事先想尽了多少方法,要能不假道外国,先想从四川入滇,又想从湖南、贵州入滇,总因路程太长,旧式交通方法,费时太久"。⑥ 这样的长途旅行,其周期十分漫长,在长途跋涉的旅程中,出行者时常因无宿处而需要借宿于陌生人家或露宿野外,饱受旅行途中的酸苦;或早早寻觅旅栈,以免继续行走而无住宿之处。1911 年 5 月丁文江在从昆明走镇远时,雇了 9 个夫子,2 名护勇,9 点从昆明出发,下午 1 点 30 分到板桥驿,夫子不肯再走,原因是前面没有住处,不得不早早就住下。⑦

京滇公路通车对连接西南地区与中原地区具有极大作用,南京距昆明 2974 公里,京滇公路修通前,由云贵去南京,走水路"须搭外轮,越过英领香港,再由上海转到南京……可是从京滇公路完成之后,这个困难给打破了。此

---

① 丁文江:《漫游散记》,郑州:河南人民出版社,2008 年,第 5 页。

② 丁文江:《漫游散记》,郑州:河南人民出版社,2008 年,第 23 页。

③ 中国旅行社编:《黔游记略》,中国旅行社,1934 年,第 21 页。

④ 中国旅行社编:《黔游记略》,中国旅行社,1934 年,第 2 页。

⑤ 严德一:《京滇公路周览之行》,《地理教育》,1937 年第 2 卷第 7 期。

⑥ 严德一:《京滇公路周览之行》,《地理教育》,1937 年第 2 卷第 7 期。

⑦ 丁文江:《漫游散记》,郑州:河南人民出版社,2008 年,第 6 页。

后京滇万里长途,万水千山之阻,不出十日,便又安然到达"。① 作为京滇公路
一部分的湘黔路通车后,从长沙到贵阳共计1010公里的路程,乘车只需4天
即可到达,②从晃县到贵阳乘车只需2日。③ 川黔路计488公里,客车2.5天就
可到达,如果是小包车则更快些。 由贵阳至重庆途中车站有桐梓、綦江,第三
日即可到达重庆。公路畅通,缩短了旅客的旅行时间,也不必担心因赶路错过
住宿地点而着急"未晚先投宿"了,在以前认为"蛮夷荒陬,人迹罕至之区,现在
居然坐三五天汽车,就可以直达,也算很幸福了"。公路成为"国防要道,人运
货运以及军事上器械器材的运输,天天往来如织"。④ 公路运输的方便快捷,
使贵阳至周边省份只需几天(见表6-3-1),与传统的交通方式旅行的一日一站
相较而言,可谓是一个巨大的飞跃。

表 6-3-1　贵阳至周边城市路程情况表

线路	里程(公里)	乘车所需天数	票价
贵阳——长沙	1009	5	44.4 元
贵阳——柳州	632	3	27.8 元
贵阳——昆明	662	3	29.15 元
贵阳——重庆	488	2.5	21.5 元

资料来源:顾君毅:《贵阳杂写》,贵州省文史研究馆编:《民国贵州文献大系》(第7辑
上),贵阳:贵州人民出版社,2015 年,第 152~153 页。

2.食宿条件改善

公路取代了传统的驿道,驿站、驿馆也随之不复存在,代之而起的是新式

---

① 琛琦:《京滇公路完成》,《滇黔月刊》,1937 年第 3 卷第 1 期。

② 林冰:《西南公路——湘黔段》,施康强编:《征程与归程》,北京:中央编译出版社,2001
年,第 131 页。

③ 陈志雄:《湘黔滇旅行记》,《旅行杂志》,1938 年第 11 期。

④ 张琴南:《入川纪行》,贵州省文史研究馆编:《民国贵州文献大系》(第7辑上),贵阳:贵
州人民出版社,2015 年,第 74 页。

旅社。为方便旅客在旅途中有一"舒适之宿处",西南公路局在各路线上委托中国旅社舍办理食宿站点的各项事宜,供旅客宿歇(见表6-3-2)。中国旅行社在路线上或自办招待所,或与当地较好的旅社合作,改良一切设备,并派人指导改良事宜,以提高服务质量。在各线路上中国旅行社设立了桐梓、河池、安南三处招待所,其余的均为与当地旅社合作,成为中国旅行社特约招待所。在房型上有单间、双人间和统间。如桐梓招待所有单人间6间,价格为每日7角;双人间7间,价格为每日3元;统间有2间,设有铺位10个,每个铺位每日7角。在餐食上有中餐和西餐,中餐分3角和5角两种,西餐每客7角5分。此外还设有浴室,客人只需付2角便可沐浴。①

表 6-3-2　西南公路局指定各线食宿站情况表

路线	地点	类别	备注
贵阳至柳州	马场坪	食站	特约食堂
	独山	宿站	特约招待所(协安旅社)
	六寨	食站	
	河池	宿站	旅行社自办招待所
	宜山	食站	
贵阳至重庆	乌江渡	食站	特约食堂
	桐梓	宿站	旅行社自办招待所
	松坎	食站	
	綦江	宿站	特约招待所(迎宾旅馆)

① 潘泰封:《中国旅行社经办招待所概况》,《旅行杂志》,1939年第5期。

续表

路线	地点	类别	备注
贵阳至长沙	马场坪	食站	特约食堂
	黄平	宿站	特约招待所(兴华旅馆)
	镇远	食站	特约食堂
	晃县	宿站	特约招待所(西南旅社)
	怀化	食站	特约食堂
	沅陵	宿站	特约招待所(竹园旅社)
	官庄	食站	
贵阳至昆明	安顺	食站	后改在黄果树镇
	安南	宿站	旅行社自办招待所
	盘县	食站	
	平彝	宿站	特约招待所(平彝大旅社)
	曲靖	食站	

资料来源:潘泰封:《中国旅行社经办招待所概况》,《旅行杂志》,1939 年第 5 期;顾君毅:《贵阳杂写》,贵州省文史研究馆编:《民国贵州文献大系》(第 7 辑上),贵阳:贵州人民出版社,2015 年,第 152～153 页。

旅客经湘黔路入贵州,镇远为黔东第一重镇,因此镇远为湘黔路上一个重要站点。在镇远站的附近有中国旅行社的特约食堂,来往的旅客均在此处用午饭。此外,还有其他民营旅社,较大的旅馆有黔江、黔东等,房金最贵者不超过 6 角,饭菜也可口,每名客人 2 角。[1] 在黄平特约招待所提供膳食住宿,"宿舍餐堂,整齐清洁",招待人员也"颇有服务精神",招待殷勤。[2] 贵州公路局在

---

[1] 林冰:《西南公路——湘黔段》,施康强编:《征程与归程》,北京:中央编译出版社,2001 年,第 137 页。

[2] 宇周:《蜀黔湘之行》,贵州省文史研究馆编:《民国贵州文献大系》(第 7 辑上),贵阳:贵州人民出版社,2015 年,第 104 页。

川黔路上的遵义设有宿站,在遵义站附近有旅馆多家,"大街上有布置得漂亮的餐室酒家,有洋盆澡堂,并附有家庭浴室"。① 由西南公路管理局委托中国旅行社代办的桐梓招待所,"设备颇为周全,休息室有报纸杂志,有无线电收音机。在晚饭之后,听听报告时事新闻,可以忘却了旅途的劳顿",招待所不仅解决食住,还提供休闲娱乐场所,因此天天客满,生意很好。②

　　除了有官方提供的膳食宿站外,民营旅馆业也不断发展。西南地区是战时国民政府的所在地,贵州是战时西南地区交通中枢,受战争影响,逃难者增多,各路沿线人员往来络绎不绝,公路沿线的旅馆业也随之蓬勃兴起。在贵阳,旅馆业蓬勃发展,旅馆林立,有旧式客栈,也有设备俱全的新式旅社,总数在300家上下,营业均为旺盛。③ 尽管旅馆林立,但由于来往人员不断增多,要找到条件好的旅社也是不易的,人地生疏的外省人,就得慢慢分头去找,④"便宜的早就住满",⑤"比较整洁的,都碰了壁"。⑥ 小旅社的卫生条件较差,"蚊虫、臭虫、跳蚤是三大敌人,总是侵扰使人不能安睡",⑦"无论旅馆怎样居奇抬高,也还有许多人愿意出钱而进不了旅馆"。⑧ 人满为患是战时后方的普遍现象,旅行者只能将就住宿。

① 林冰:《筑渝纪行》,贵州省文史研究馆编:《民国贵州文献大系》(第7辑上),贵阳:贵州人民出版社,2015年,第13页。
② 林冰:《筑渝纪行》,贵州省文史研究馆编:《民国贵州文献大系》(第7辑上),贵阳:贵州人民出版社,2015年,第15页。
③ 陈恒安:《贵阳市的衣食住行》,贵州省文史研究馆编:《民国贵州文献大系》(第7辑上),贵阳:贵州人民出版社,2015年,第174页。
④ 林冰:《西南公路——湘黔段》,施康强编:《征程与归程》,北京:中央编译出版社,2001年,第140页。
⑤ 沙鸥:《贵阳一瞥》,贵州省文史研究馆编:《民国贵州文献大系》(第7辑上),贵阳:贵州人民出版社,2015年,第147页。
⑥ 张琴南:《入川纪行》,贵州省文史研究馆编:《民国贵州文献大系》(第7辑上),贵阳:贵州人民出版社,2015年,第71页。
⑦ 薛子中:《黔滇川旅行记》,沈阳:辽宁教育出版社,2013年,第11页。
⑧ 沙鸥:《贵阳一瞥》,贵州省文史研究馆编:《民国贵州文献大系》(第7辑上),贵阳:贵州人民出版社,2015年,第148页。

3.交通成本缩减

在传统社会中,人乘肩舆、货交驮马的传统交通方式增加了旅途的成本,在盗匪猖獗的路段,往往要成群结队前行,有时可能会等上好几天才能结伴而行,这样既要支付雇佣肩舆驮马的费用,也要支付额外的食宿费。据《黔游指南》记载,在铜仁委托船主雇挑夫,由铜仁至贵阳,"夫价每名自六千文至六千六百文(牙祭在内),轿须自购,每乘需钱三千至五千文……若节费不需轿,则出钱四五百文,扎华杠,系用竹扎篷,敷以油布或油绸,须另购……若旅客自带藤椅轿,可令夫头扎配,连竹杠橡柱,需钱一千五六百文"。[①] 可见,交通成本是比较高的。

在公路开通,汽车运输兴起后,这种问题可以得到有效解决。在公路未收归公营以前,遵义到贵阳车票为大洋 10 元左右,二三岁小孩免票,10 岁以下的半票,行李每人随身搭载 20 斤,有大批行李带运的每百斤每百里大约 3 元,"照此取费,较之他省运费虽觉略高,但如以乘肩舆用力夫和着途中宿店的费用来比较,那就省简了许多。加以在途时间的缩短,宿店的困苦减少,自然乘舆的就会慢慢地改乘车了"。[②] 根据《贵州省 1936 年汽车客运价目表》,贵阳至晃县里程共计为 390 公里,乘坐四座轿(蓬)车,运价为 0.32 元每公里,全程票价为 124.8 元。若乘坐十六座客车,运价为 0.72 元每公里,全程票价为 280.8 元。此外,旅客可以随身携带行李,每 5 公斤 4 厘。长沙到贵阳的车价是 35.4 元,每人可带 20 公斤行李,超过 20 公斤就要加价,每 10 公斤 4.5 元左右。[③]

虽然汽车的使用改变了出行方式,但是在旅途中仍存在行路艰难,最为明显的是购票问题,尤其是抗战时期,更是一票难求。乘客购票一般到车站购买或由旅行社代购,由于车少人多,购票时往往要先预约登记,至于什么时候能买到车票则是不能预计的。若有朋友数人帮忙,购票就会快一些。川黔路是

---

① 劳亦安编:《古今游记丛抄》(第 9 册),上海:中华书局,1924 年。

② 中国旅行社编:《黔游记略》,中国旅行社,1934 年,第 22 页。

③ 林冰:《西南公路——湘黔段》,施康强编:《征程与归程》,北京:中央编译出版社,2001 年,第 131 页。

旅客、车辆较多的路线,每天有四辆车对开,但是要买到车票却不是易事。

> 若是硬碰硬的老等,靠登记先后而乘车,在车站上登记,或是在中国旅行社登记,大概非一星期不可……或是托熟人想法——坐货车,或加进加班车里,也可以提早成行。①

战时内迁西南地区人员增多,贵阳又是西南公路交通中心,购票难是当时旅客乘车的制约因素,"交通虽便,旅客仍旧感到十分困苦"。②

二、邮政车辆与信息传递

鸦片战争后中国的邮政主权受到侵犯,且社会经济发展及信息来往速率要求的增加,促使清政府开始考虑建立新的邮传体系。1896 年张之洞建议举办邮政,上书受皇帝批准,全国开始设置邮政。1901 年在贵阳设立副邮政总局,成为贵州设置近代邮政的开始。1902 年,在遵义、郎岱、镇远成立邮政局及普安代办所,1907 年初,又将贵阳、遵义、郎岱、镇远 4 个邮局与普安、旧州、荔波、独山、安顺、镇宁 6 个代办所统合,成立贵州邮务区。1909 年,在清政府"新政"口号下,邮局再发展至 10 个,代办所增至 56 处,同时,开辟贵阳至遵义、镇远、安顺、郎岱、盘县、松坎、黄平 7 条专门班期邮路。③ 1918 年贵州设有43 个局,53 个代办所。民国成立后,邮政业务隶属于中央交通部。1931 年 10月 1 日,贵州邮务管理局改为贵州邮政管理局。1935 年有邮局、代办所共 352个,邮路 23030 里。④ 邮政传递业务的发展使贵州的邮政事业进入了一个新时代,建立的邮局及代办所,方便了物资的运输和信息的传递,使贵州的邮政

---

① 林冰:《筑渝纪行》,贵州省文史研究馆编:《民国贵州文献大系》(第 7 辑上),贵阳:贵州人民出版社,2015 年,第 12 页。

② 顾君毅:《贵阳杂写》,贵州省文史研究馆编:《民国贵州文献大系》(第 7 辑上),贵阳:贵州人民出版,2015 年,第 153 页。

③ 林辛:《贵州近代交通史略》,贵阳:贵州人民出版社,1985 年,第 67~68 页。

④ 张肖梅:《贵州经济》,中国国民经济研究所,1939 年,第 A2~A3 页。

水平得到了很大的提高,同时也对贵州的交通运输带来了新的挑战。

贵州邮传方式进入现代化是在公路兴筑后。1928 年修筑贵阳至安顺的公路,贵州邮务管理局委托载客班车运送邮件,路程 95 公里,当日到达,开启了贵州汽车邮路的时代。1936 年黔川路通车,贵阳至松坎往来的邮件交由贵州省政府建设厅车务总段汽车带运。在黔滇、黔湘两路通车后,黔滇路、黔湘路也改为汽车邮路。贵州与云南、湖南等省的邮件往来均可选用汽车运输,仍交由建设厅车务总段带运。[①]

邮局有自办车辆开始于 1938 年,交通部邮政总局调拨 6 辆汽车至贵阳,从 3 月 19 日起贵州邮政局开办贵阳至重庆的邮运业务,邮程 488 公里,每天一班,3 日到达。1939 年 4 月开辟贵阳至湖南晃县的汽车邮路,途径龙里、贵定、黄平、施秉、镇远、三穗、玉屏 7 县,隔日一班,邮程 395 公里,2 天到,途中宿黄平,每班运邮件近 2 吨。后由于汽油供应不足,是年 12 月 6 日起邮政汽车停驶,寄湘省邮件并装至黔桂线的邮政汽车运输。1939 年 6 月,开辟通往广西六寨的自办汽车邮路,途经龙里、贵定、都匀、独山,1.5 天到。7 月 15 日延伸,经南丹到河池,邮程 411 公里,2 天到。1941 年太平洋战争爆发,邮运繁忙,10 月 31 日起邮政总局开办川黔桂分段快邮班车,贵州负责贵阳至独山段,邮程 230 公里,1 天到达。贵西路汽车邮路在贵阳至安顺公路通车时已委托班车带运,1937 年初,云南邮政管理局始开昆明至贵阳自办汽车邮路,定期对开邮车。途径清镇、平坝、安顺、镇宁、关索岭、安南、普安、盘县,入云南境,3 天到昆明。1939 年上半年,贵州派邮车 5 辆协助运输该线邮件。8 月邮政总局开办滇黔川邮政快车分段联运。[②] 贵州汽车邮路随贵州公路交通发展而发展,至抗战前期,在贵州四大干线上已有汽车运输邮件,与传统的人背马驮的运输方式相比,无疑大大缩短了时间,节省了人力畜力消耗。

从表 6-3-3 可见,贵州汽车邮路里程数基本呈上升趋势,1945 年比 1928 年相比,里程数增加了约 40 倍,这与贵州公路建设密不可分。

---

① 贵州省文史研究馆编:《民国贵州文献大系》(第 3 辑上),贵阳:贵州人民出版社,2015 年,第 217 页。

② 贵州省地方志编纂委员会:《贵州省志·邮电志》,贵阳:贵州人民出版社,1992 年,第 101 页。

表 6-3-3　贵州邮区历年邮路长度统计表　　　　　单位:公里

年份	1928	1934	1935	1396	1937	1938	1939	1940	1941	1942	1943	1944	1945
长度	95	116	116	1540	1972	2289	2397	2397	2398	2403	2759	2714	3909

资料来源:贵州省人民政府财政经济委员会编:《贵州财经资料汇编》,出版单位不详, 1950 年,第 744 页;贵州省地方志编纂委员会:《贵州省志·邮电志》,贵阳:贵州人民出版社,1992 年,第 104 页。

表 6-3-4　1943—1945 年贵州邮区邮车运邮统计表

年度	邮车(辆)	邮路里程(公里)	载运邮件重量(公斤)	客运收入(元)
1943	162	1225	9482829	4574769
1944	127	1406	8135256	53535569
1945	91	2875	6810489	123585067

资料来源:贵州省人民政府财政经济委员会编:《贵州财经资料汇编》,出版单位不详, 1950 年,第 716 页。

　　贵州公路修筑之初,贵州邮政管理局无汽车,邮件运输委托班车带运。 1938 年自办汽车邮运时也只有 6 辆汽车,至 1943 年时邮车增加到了 162 辆, 在主要干线已由汽车邮运,大大提高了邮件传递效率,与其他邮运方式相比, 汽车邮运成为贵州邮运的主要方式之一。[①]

三、新兴行业出现

　　公路修筑带来运输方式的转变,也带动了相关行业的发展,出现了新兴行业,如汽车运输、汽车修理与配件制造等行业,同时改变了民众的职业结构。

1.汽车运输业出现与发展

　　在公路修筑前,贵州的物资运输主要依靠畜力,在沿江沿河地区利用水运

---

① 　参见贵州省人民政府财政经济委员会编:《贵州财经资料汇编》,出版单位不详,1950 年,第 744 页。

进行运输,这样的运输方式受自然条件的制约,且运输效力低下,延长了物资流通的时间,降低了流通效率。1927 年贵阳环城马路建成,周西成从香港购买的汽车运至贵阳,开启了贵州公路交通运输的新纪元。随后,省建设厅筹建转运公司,购置汽车办理客货运输,由于管理不善及战争影响,入不敷出,不久停办。民营运输此时兴起并迅速发展,成为贵州汽车运输的主要承运者。民营车辆从最初的 12 辆发展到 30 年代的 55 辆客货车辆,到 1935 年增至客货车辆 100 余辆,登记的车行有 50 余家。① 抗战爆发后,内迁的资本及商户增多,在人员及资本的刺激下,贵州汽车运输业呈繁荣景象,商车资本及总数大大增加,1940 年至 1945 年间,全省商车总数约为 1500 辆,②据西南公路运输局统计,1944 年 12 月份全省商车 1021 辆在各线路行驶。③ 许多商营汽车行除在贵阳办理业务外,在公路运输繁忙路线的重要县镇成立分行。根据 1944 年西南公路运输管理局对贵州运输商业的调查统计,在贵阳、独山两地的商车行达到了 22 家,资本总额为 190 余万元,拥有或代管车辆 150 余辆,比 1930 年的营运车辆多了近 3 倍。④

商营运输发展迅速,国营汽车运输在国民政府中央掌政贵州,特别是抗战时期也有很大发展。中央政府改组贵州省政府后,于 1935 年 7 月在渝、港购进 15 辆汽车,⑤改组省公路局,将川黔路收归公营,在息烽、遵义、松坎等地设立车站,每日按班开车。1936 年 12 月,又添购客车 16 辆,至 1937 年 6 月底,又陆续增加大小车辆 52 辆。⑥ 截至 1940 年 4 月,共购进 166 辆汽车,报废 26 辆,行驶 76 辆,修理 64 辆。⑦ 在营业收入方面,公路管理局时期"月有亏累",但

① 张肖梅:《贵州经济》,中国国民经济研究所,1939 年,第 E50 页。
② 贵州省人民政府财政经济委员会编:《贵州财经资料汇编》,出版单位不详,1950 年,第 656 页。
③ 《三十三年贵州省各月份公商车统计表》,贵州省档案馆:M12-4-4182。
④ 刘博杰:《民国时期贵州公路研究(1927—1935)》,广西师范大学硕士学位论文,2017 年,第 56 页。
⑤ "中央"党部国民经济计划委员会主编:《十年来之中国经济建设(1927—1937)》,台北:"中央"文物供应社,1976 年影印,第 12 章第 6 页。
⑥ 张肖梅:《贵州经济》,中国国民经济研究所,1939 年,第 E41～E42 页。
⑦ 贵州省公路管理局编:《抗战四年来之贵州公路·车务》,出版单位、时间不详,第 2 页。

将公路管理局改为贵北车务段后,减少固定开支,营业收入增加,"收支两抵,尚有剩余"。在将黔湘、黔滇路收归公营,贵北车务段改组为车务总段后,"营业收入激增"。1940 年贵州公路管理局营业收入为 2279571.47 元,其中客运收入(含旅客附属收入)1455443.48 元,货运收入(含货运附属收入)592686.55 元。①

抗战时期,国民政府中央为加强西南公路交通运输管理,先后成立了多个运输机关,如西南公路运输管理局、川桂公路运输局、中国运输公司、川滇东路运输局、西南进口物资督运委员会等,车辆共计 2000 余辆。② 他们不仅是西南公路交通运输的管理机关,也实际承运人员物资的转运。如川桂公路运输局在贵阳区配置的营运车辆达到 532 辆,占全局营运车辆的 60%。③

无论是商营汽车还是公营汽车,从业人员与汽车数量的增加都说明汽车运输业已成为贵州一个兴起并不断发展壮大的行业,这是公路修筑通车带来的直接结果。汽车运输业不仅承担了抗战时期大部分的人员物资运输,也带动了相关行业的发展。

2.汽车修理及配件制造行业的发展

因资金、设备、人才等因素的缺乏,加上时间紧迫,公路修筑的质量普遍不高,且因客货运输及军公物资运输繁忙,车辆损坏的情况时有发生。因此,汽车的保养与维护就非常重要,公营、私营的汽车修理及配件制造业随之出现,从事汽车修理的技术人员却一才难求。民营车辆的修理及所需零件、配件,大部分仰赖贵阳市的私营机器厂,而贵阳市的机器工业 80% 以上也依赖其维持。据 1950 年 7 月调查,贵阳市机器工业有 115 家,主要设备有车床 146 台、刨床 11 台、铣床 2 台,钻台 6 台、搪缸机 9 部、磨光机 6 部,可以制造活塞、活塞环、铜套、波斯、木炭炉等配件。④ 经营汽车材料及煤油的行店也不少,1941

---

① 贵州省公路管理局编:《抗战四年来之贵州公路·财务》,出版单位、时间不详,附表。
② 中国第二历史档案馆:《中华民国史档案资料汇编·第五辑第二编·财政经济(十)》,南京:江苏古籍出版社,1997 年,第 392 页。
③ 罗镜明主编:《贵州公路运输史》(第 1 册),贵阳:贵州人民出版社,1993 年,第 61 页。
④ 贵州省人民政府财政经济委员会编:《贵州财经资料汇编》,出版单位不详,1950 年,第 658~659 页。

年4月底登记的汽车材料零件公司和商行共60余家,修理厂20余家。[1]煤油业在抗战时期每月销售汽油不下2000桶,抗战胜利后也保持在1000桶左右。[2] 1950年贵阳市煤油商行有32家,资本12740万元,[3]经营汽车材料的商行有70户,资本16737万元。[4] 可见,私营汽车材料、配件已是商人的投资选择之一,并成为一个重要的行业,为私营汽车运输的商行提供汽车材料和维护上的保障。

　　这一时期对私营汽修厂的记录不多,但有关公营汽修厂及配件厂的规模、业务能力的记载却不少,可以从中窥见该行业发展状况。贵州第一个公营汽车修理厂是贵州车务总段于1936年在贵阳中山路成立的,同时在贵州各主要线路设立修理所,修理厂(所)一般配有厂长(所长)、工程师、机务员、运务员、事务员、助理员。汽修厂负责车辆的大修及小修,兼制一些简单的汽车零件。

表6-3-5　1937年7月贵州汽车修理厂(所)情况一览表

名称	地址	所在路线	设立时间
贵阳修理厂	贵阳		1936年
黄平修理厂	黄平	黔湘路	1936年5月
永宁修理所	永宁	黔滇路	1936年5月
遵义修理所	遵义	黔川路	1936年12月
黔西修理所	黔西	清毕路	1937年7月
独山修理所	独山	黔桂路	1937年7月

资料来源:张肖梅:《贵州经济》,中国国民经济研究所,1939年,第E46页。

---

[1]　贵州省公路管理局编:《抗战四年来之贵州公路·交通管理》,出版单位、时间不详,第6页。

[2]　贵州省人民政府财政经济委员会编:《贵州财经资料汇编》,出版单位不详,1950年,第659页。

[3]　李德芳、蒋德学编:《贵州近代经济史资料选辑》(上),成都:四川社会科学院出版社,1987年,第1013页。

[4]　李德芳、蒋德学编:《贵州近代经济史资料选辑》(上),成都:四川社会科学院出版社,1987年,第1014页。

战时汽车运输任务繁重,贵州省公路局战前建立的报修机构不能适应战时汽车修理的发展需要,1939 年 1 月,将各修理厂裁撤,在贵阳紫林庵设立保养场 1 所,在遵义、松坎、永宁、兴仁、黄平、马场坪、晃县、六寨、黔西、毕节、湄潭等处设修理站,专责保养车辆及部分小修。修理厂负责修造、大修及部分小修车辆。修理厂设有大修、小修、制造、修配、行车、保养场 6 组,每组又分为不同工种,有领班、正匠、副匠及艺徒,配备相应人数。① 修理厂的业务能力得到提升,拥有多种修理工具共计 215 件,②修理能力提升,对汽车的保养和修理次数也有增加。1940 年保养、修配各种汽车零件分别为 1516 件及 553 件,中途救济 52 次。③ 1941 年上半年,修理厂共大修、小修、检修各类车辆共 2129 辆次,④装制车身 37 部。⑤

抗战期间,西南公路运输管理局、中国运输公司、川滇公路局、川桂公路局等机构也在贵州设立修理厂,保证车辆在所管辖路段的保养维修。西南公路运输管理局 1939 年在贵州设有贵阳修理厂、贵阳第一修理所、黄平修理所、独山修理所、桐梓修理所、安南修理所等,其中贵阳修理厂每月能大修 15 辆车,小修 300 辆车,其他修理所修理能力小修在每月 60~80 辆。⑥贵阳修理厂另设机械厂,制造钢板配件、随车工具、车床、钻床、电讯机器等等,每月出品总值可达 6 万余元,是贵阳唯一设备完善的汽车配件制造厂。⑦ 在中国运输公司接办西南公路运输业务后,在贵州马王庙、龙洞堡、二桥分别设立了三个修车厂,另在贵阳设立三个保养场及马场坪保养场,在贵阳、安顺、关岭、普安、规定、镇远、都匀、遵义、乌江设立救济站,以救济各线路抛锚车辆。各修理厂(场)及保养站任务不同,职责不同,形成了立体式的多层次修理保养格局。

---

① 贵州省公路管理局编:《抗战四年来之贵州公路·机务》,出版单位、时间不详,第 5 页。
② 贵州省公路管理局编:《抗战四年来之贵州公路·机务》,出版单位、时间不详,第 3 页。
③ 贵州省公路管理局编:《抗战四年来之贵州公路·机务》,出版单位、时间不详,第 6 页。
④ 贵州省公路管理局编:《抗战四年来之贵州公路·机务》,出版单位、时间不详,第 8 页。
⑤ 贵州省公路管理局编:《抗战四年来之贵州公路·机务》,出版单位、时间不详,第 9 页。
⑥ 交通部西南公路管理处编:《三年之西南公路》,出版单位不详,1938 年,第 69 页。
⑦ 交通部西南公路管理处编:《三年来之西南公路》,出版单位不详,1938 年,第 60~61 页。

汽车运输业及各类汽车维修保养厂站的建立,为贵州就业群体带来了新的职业选择方向,产业结构的变化引起了职业结构的改变。

首先是司机群体。汽车开行非有司机不可,无论公营、私营汽车,司机都至为重要。1927 年第一辆汽车在贵州公路上开行时,司机从省外聘请,在建设厅创办转运司及商车运输行不断成立营业后,司机作为一个新兴的职业在贵州出现。随着商车行的增多及中央、贵州省政府自办运输机构的成立,司机数量不断增长。关于公、私机构司机的具体人数无详细资料记载,但能通过车辆数增加来估计司机人数。商营汽车行在最初兴办时只有 10 余户,到了1935 年,登记的车行有 50 余家,客货车辆 100 余辆。1940 年至 1945 年间,全省商车总数约为 1500 辆。随着汽车数量的增长,司机人数也在日益壮大,部分司机最初是雇佣于商行,后注资或自己创办商车行成为老板,毛铁桥就是如此,1932 年他在通达车行任驾驶员,1934 年夏购进汽车 2 辆,开办蜀通车行,新中国成立后他拥有汽车 18 辆。[①] 从官方对员工人数的统计中也可看出司机人数是员工数的重要组成部分,西南公路管理局在创设时由全国经济委员会及西北公路局调来 201 名司机,经考试有 170 余名合格。1938 年从长沙司机训练班结业的司机有 74 名。[②] 1940 年中国运输公司的工人人数(含技术工人与普通工人)为 5925 人,到 1945 年西南公路管理局时工人人数为 8069人,[③]其中就有相当部分是司机。1943—1945 年贵州公路管理局的统计数据中将技术人员与管理人员进行了区分,技术人员中就包含了司机、技工、道工等,职员则包括机务、运务及会计(见表 6-3-6)。

---

① 毛铁桥:《在旧中国经营汽车运输的回忆》,《贵州文史资料选辑》(第 6 辑),贵阳:贵州人民出版社,1980 年,第 35 页。
② 交通部西南公路管理处编:《三年来之西南公路》,出版单位不详,1938 年,第 175 页。
③ 贵州省人民政府财政经济委员会编:《贵州财经资料汇编》,出版单位不详,1950 年,第665 页。

表 6-3-6　1943—1945 年贵州公路管理局员工人数统计表

年度	职员		工人	
	技术人员	管理人员	技术工人	普通工人
1943	96	236	823	278
1944	79	196	340	157
1945	63	154	328	128

资料来源：贵州省人民政府财政经济委员会编：《贵州财经资料汇编》，出版单位不详，1950 年，第 665 页。

其次是修理保养厂站工人。这是一个数量较多的群体，如贵阳大修厂在成立时有职员 6 人，技工 40 余人，到 1939 年底，全厂有员工 160 余人，艺徒 37 人，杂工 20 余人，分任机器、钳工、锻工、冶铸、敲打、木工、翻砂、电焊、油漆等工种，[①]为贵阳唯一设备完善、工种较全的汽车配件制造厂。贵州公路管理局下辖修理厂的技工人数共 219 人，从下表中可以看出工种较为多样，机匠是所有工种中较为重要的技术人员，正匠和副匠所占比例较高（见表 6-3-7）。

表 6-3-7　贵州公路管理局修理厂技工分配表

分区	工种	领班	正匠	副匠	艺徒
大修	机匠	1	7	7	7
	钳工		2	2	1
小修	机匠	1	9	9	9
	钳工		2	1	1

---

① 交通部西南公路管理处编：《三年来之西南公路》，出版单位不详，1938 年，第 61 页。

续表

分区	工种	领班	正匠	副匠	艺徒
制造	机匠	1	1	1	1
	车工		4	2	
	钳工	1	8	2	3
	锻工	1	8	3	2
	铸工		1		1
	木工	1	5	1	2
修配	机匠	1	1	1	1
	电工		1	2	1
	胎工		1	1	1
	漆工		1	1	2
	缝工		1		
行车	机匠	1	2	3	2
	司机		14	10	
保养场	机匠	2	7	7	7
	胎工		2	2	
	钳工		2		1
	锻工		1		1
	加修			1	3
遵义	机匠	1	1	1	1
松坎	机匠		1		
永宁	机匠	1	1	1	1
兴仁	机匠			1	

续表

分区	工种	领班	正匠	副匠	艺徒
黄平	机匠	1	1	1	1
马场坪	机匠	1	1		
晃县	机匠			1	
六寨	机匠		1	1	
黔西	机匠	1	1	1	1
毕节	机匠			1	
湄潭	机匠		1		
合计		15	88	64	50

资料来源：贵州省公路管理局编：《抗战四年来之贵州公路·机务》，出版单位、时间不详，第 5 页。

第四节　公路建设与民众精神生活

一、车站世界与车厢里的生活

车站作为公路的起点和终点，每天迎送着来自四面八方的乘客，车站里时刻发生着不同的故事，也反射出世间的人情冷暖。

战时交通繁忙，车票难购，除到车站登记购票外（但这种方法等待时日很长），旅行者只能想尽各种办法托人购票，有熟识的人通融或可以尽快乘车前往目的地，否则何时能成行则未可知。无论是搭乘公路局的汽车还是其他单位的汽车，乘客只能"乖乖听话，委曲求全"。沧浪在一次坐车从永宁回筑时，搭乘某修理所救济车，车上还有公路局员工，其中一位工程师私自出卖汽油，沧浪颇觉不妥,被该工程师发觉,在途中该工程师借口查票欲将其赶下车,最后沧浪只好屈服道歉。[1] 原来该工程师为官家子弟,当时汽油紧张且为公物,该工程师盗卖汽油置国法、良心于不顾,此其一;其二,他倚仗自己有一定的权势,横行霸道,也可看出行驶路上的汽车成了权势者谋求利益的一种方式。如果在车站购票,要提前去守候,且要机警灵活,眼明脚快,因为购票人实在很多。

车站车少人多,买到车票后,抢座成了一个"技术活",如果两三人结伴而行,购买车票时可以互相照应,分工合作。

> 甲立在卖票处守候买票,乙可以手上提两个比较轻一点的包裹,站在车场门外或汽车第一排的旁边,一俟票子买到手,马上把包裹由窗口里塞在座位上,然后再挤进去,那第一或第二排的座位一定是你们的了。丙则看守行李,打行李票,如果是不打行李票或虽打行李票仍须旅客自行搬上客车里的话就得指挥役夫搬进车箱里去,既不能落后,还要点清件数。[2]

司机搭载"黄鱼"是他们获取额外收入的一种方法,当然这是违规的。根据公路局的要求,乘客只能到指定售票点购买车票,司机也不能私自搭客,但搭载"黄鱼"似乎是一种公开的秘密。艾芜记录了一次坐车看见司机带"黄鱼"的情形:"走不到四五里的地方,汽车便停下了,茅草盖的房子,和刚刚摆起摊子的店铺,以及一些背包打伞的旅客,都突然现在两侧。这是黄鱼登车的站口,司机跳下去,立刻和人攀谈起来。跟着就有人把口袋箩筐装的东西搬上车子",同时上车的还有穿着军服的人,因行李数量与司机商定的不一致,司机以行李过多过重拒载。结果司机与助手被打,司机逃跑。而穿军服的人似乎是检查站的工作人员,对上车的"黄鱼"询问登记姓名,扬言要抓住逃跑的司机。"黄鱼"们很有经验,见行凶的人走后,让司机助手去找司机赶紧开车。这样一场危机

---

① 沧浪:《黔西行》,刘磊主编:《抗战期间黔境印象》,贵阳:贵州人民出版社,2008 年,第 259 页。

② 莫艾:《沪渝别径附篇》,《旅行杂志》,1940 年第 14 卷第 3 期。

才得以过去。^① 政府虽明令禁止汽车私带旅客,沿途也设有关卡检查,同时还另设流动检查队,但"司机对于应付检查的经验是那样的丰富,妙计是那么的多",^②所以私带旅客或货物的事情可使司机获取数额不小的额外收益。

二、公路景观与文化意象

贵州多山,公路多盘山修筑,盘山公路成为贵州公路的突出特点,几乎每条公路都能看到公路盘山的险峻。如滇黔路上的"二十四道拐",湘黔路上的鹅翅膀,川黔公路上的花秋坪、钓丝岩等等。

> 长蛇般的公路忽而螺丝转地上山顶,忽而又螺丝转地落山谷,所转的弯不少如女人头发上的髻叉,转弯是一个整个的一百八十度,路既窄狭而车身又阔,这边是危岩欲坠的大石,那边的急流滚滚的山溪,车轮子如碰着石头则又歪一歪,仿佛要跌下山谷去的神气。^③

这些公路虽危险,但也很伟大,它在民族解放声中,负有重大的使命,它越过了大山,经过了层峦叠嶂,是国家的生命线和大动脉。^④

险峻的公路增加了行车危险,稍不注意就有可能车毁人亡。在往西进入云南的公路上,要经过"二十四拐,窄径回复,每一曲折,均须先使车逆行,方得过,否则覆矣。此亦黔滇公路中一险要也。……车折过一崖壁,司机者双目为阳光所乱,竟迷前路,车忽旁出,遂陷洿泥中,前隔绝壑,幸早抑制车轮,否则若再前行一尺,即下堕万丈,人车俱尽"。^⑤ 汽车在路中遇险需要多人帮助,甚至需要求助当地驻军。

---

① 艾芜:《旅途杂记——离开遵义的那一天》,刘磊主编:《抗战期间贵阳文学作品选》,贵阳:贵州人民出版社,2008 年,第 97~98 页。

② 孙济福:《贵阳十天》,《旅行杂志》,1943 年第 17 卷 9 月号。

③ 丁泽:《行行复行行》,《战国策》,1940 年第 5 期。

④ 孙济福:《贵阳十天》,《旅行杂志》,1943 年第 17 卷 9 月号。

⑤ 施蛰存:《西行日记》,施康强编:《征程与归程》,北京:中央编译出版社,2001 年,第 88 页。

图 6-4-1 川黔公路花秋坪

图片来源:《大美画报》,1938 年第 3 期。

图 6-4-2 滇黔路二十四道拐

图片来源:谢赤樱:《抗战中的贵州》,北京:三辰影库音像出版社,2015 年,第 131 页。

图 6-4-3　汽车过川黔公路凉风垭遇险，当时驻军协助救援

图片来源：《大美画报》，1938 年第 2 卷第 3 期。

　　贵州的公路除了盘山而筑外，渡口和桥梁也是公路的重要组成部分。如1928 年修筑的川黔公路，当时由于经费、技术均不足，未建汽车渡，南来车辆只能在老君关，北去的车辆只能到养龙槽，乘客、货物只能渡河后再换车接运。1935 年两岸修筑码头、渡船，始可渡车。车少时较为方便，如遇到车多等的时间就不好计算了。抗战爆发后，行车量增多，即使增加渡船、人工，加建浮桥仍不能适应需要。西南公路运输管理局接管黔省干线后，为提高行车效率，决定在乌江渡建钢桁构桥，并于 1941 年 10 月完成通车。黔滇公路通车初，对盘江桥旧有的铁链进行加固，暂时维持空车通行。后虽改建为钢索桥，仍不能维持，西南公路运输管理局遂于 1938 年 10 月将该桥改建为钢桁桥，并于 1939年 5 月通车。此外，省建设厅对湘黔公路上的重安江桥、施秉河桥进行改建。

　　全面抗战爆发后，西南成为大后方，在内迁的人群中不少是知识分子，公路交通是他们旅居贵州或取道贵州的重要选择，他们也以文字记录了在贵州公路上的旅行及所感。

首先,感慨于贵州公路的险峻及沿途山川风景。贵州素称山国,是典型的喀斯特地貌,公路的修筑多是盘山而筑,车子在山间盘旋而上。1937年施存蛰在《西行日记》中写道:

> 中国之山,皆在黔中,此昔人之言也。车入贵州境后,即终日行崇山峻岭中,迂回曲折,忽然在危崖之巅,俯瞰深溪,千寻莫止,忽焉在盘谷之中,瞻顾群峰,百计难出。嵚峨之状,心目交瘁。镇雄关、鹅翅膀,尤以险塞著闻,关轮疾驰以过,探首出车窗外,回顾其处,直疑在梦寐中矣。[①]

在川黔路上:

> 公路盘高山屈曲而上,有名之七十二道拐,及钓丝崖,均在松坎南。以雾重不能远视,惟经钓丝崖时,知车穿一悬崖而过,其下草木青隐,深远无底,路宽仅两车并行耳。车盘山愈高,雾愈重,小儿辈惊呼已入半天云上。至最高峰花秋坪,雾成密雨,三四丈外不见人,来往行车,均明灯放号,遥为呼应。[②]

在湘黔路上也是如此,陈志熊在《湘黔滇旅行记》中就记录了从晃县至黄平的公路上的情形:

> 有时车开至极高处,两旁俱无障碍物,俯视深山穷谷,俱系在千尺之下,车行其中,极须谨慎,转弯尤须格外留心。……山巅耸立云端,高出海面达数千尺之多,汽车左右盘旋大山中,人人危坐,不敢乱动,由窗外俯视,群山怒视,山下人物如蚁,几不可辨。过箱子岭后,即到镇远,又复上山,过迎仙寺,远眺千山万岭,群峰相望,山路崎岖。旋抵鹅翅膀,是为山

---

① 施蛰存:《西行日记》,施康强编:《征程与归程》,北京:中央编译出版社,2001年,第83页。

② 张恨水:《东行小简》,贵州省文史研究馆编:《民国贵州文献大系》(第7辑中),贵阳:贵州人民出版社,2015年,第449页。

之最高处,远望山水涓涓而下,车由峒门而入,登鹅翅膀,再蜿蜒而下山,风景可称奇绝。[①]

这种连绵不断的山头及行车的艰难危险"是久居北方那种大平原的人所想象不到的,你决想不到世界上会有'没有平地'的地方;你决想不到整日走,始终是在山里;你决想不到所见的完全是山岚青岩,而没有旷野"。[②]

在贵州公路上行驶虽多艰险,但能看到美丽景色。

　　(黄果树瀑布)水从高处下落,匹练飞流,轰雷卷雪,然是奇观,然仅遥立远观,确也无啥道理。试至坡下二十丈外,仰面谛观,则瀑布下垂,如烟如雾,使人目光眩乱,直疑此身与水同去,试再近前一步,则轻绡玉尘,珠屑琉丝,纷然而下,飞沐溅顶,若有若无,斯为美矣。[③]

车行山间,可以欣赏到沿海、平原地区看不见的景象。

　　山谷中一层层的梯田,里面满布着已成熟的稻,金黄色的稻穗上,蘸着点点滴滴的露珠。从梯田底层向上瞧去,直如珠帘倒挂,这种大自然地美妙景色,不到身临其境,亲自领略,实难以想象。[④]

1940 年林同济在川黔公路上则领略到了这样的景色:

　　要欣赏人间的各种颜色,各种形式的,不可不走一遭这条公路。一路尽是山。山形千百种,竞出争妍。圆锥的,尖塔的,断墙的,飞檐的,驼背

① 　陈志熊:《湘黔滇旅行记》,《旅行杂志》,1938 年第 12 卷第 11 期。

② 　李长之:《西南纪行》,施康强编:《征程与归程》,北京:中央编译出版社,2001 年,第 102 页。

③ 　沧浪:《黔西行》,刘磊主编:《抗战期间黔境印象》,贵阳:贵州人民出版社,2008 年,第 250 页。

④ 　王越三:《黔西忆行》,《旅行杂志》,1943 年第 17 卷 6 月号。

的,狮头的,卧虎的,睡牛的。……山色也不一,鲜绿的,深青的,菜黄的,淡紫的,海蓝的,枫红的……在日光掩映与云块飞行之下,颜色可一刻百变。行将到花秋坪时,天空忽两分,东雨西晴。西方的群峰,妩媚莹朗,曲线清明。东方的诸岭,乃包裹于层云之中,凄凄迷迷,若隐若现,竟是醉汉入睡的神气了。东西对称,俨然阿波罗与狄阿尼刹斯,两派之分立,妙极神极![1]

山多路险是贵州公路质量不高的原因之一,公路崎岖不平,对汽车机件损坏很大。吴传钧从广西进入贵州时就感受到"黔省公路崎岖不平,颠簸极烈,未几后轮一胎,果为乱石所损,即停车换胎,经一小时始修复继续前进"。[2]

除了欣赏到自然风光外,少数民族风情也给艰苦的旅程带来了新奇。莫艾乘车从湖南进入贵州,"沿途发现了许多苗子,白苗家富饰奢,作东洋装,体健,面白,形颇美观"。[3] 林冰因工作需要多次往来于湘黔之间,在湘黔路上也经常看见少数民族。

> 山路崎岖,车行甚慢,渐渐的看见许多"苗家"了。男苗们有许多已着普通人的短衣长裤,乡间仍有不少的还穿着如道士式的苗装。女苗们则完全未改,头戴一土耳其式的高软帽,两耳下端各有一大孔,大概是戴过重量的大耳环所致。衣领亦如道袍式,配以宽阔花边,腰围一裙,长与膝盖齐,褶子向两边摆动。[4]

西南联大三百多名师生组成的"湘黔滇步行团",从湖南长沙徒步三千多里经

---

[1] 林同济:《千山万岭我归来》,施康强编:《征程与归程》,北京:中央编译出版社,2001年,第224页。

[2] 吴传钧:《赴川历程》,施康强编:《征程与归程》,北京:中央编译出版社,2001年,第19页。

[3] 莫艾:《沪渝的别径》,施康强编:《征程与归程》,北京:中央编译出版社,2001年,第48页。

[4] 林冰:《西南公路——湘黔段》,施康强编:《征程与归程》,北京:中央编译出版社,2001年,第138页。

贵州到达昆明,一路上饱览了贵州的山水风光和民俗风情,缓解了路途上的辛苦。茅盾先生在贵阳时,见贵阳"常见有苗民与彝民。多褶裙、赤脚、打裹腿的他们,和旗袍、高跟鞋出现在一条马路上,便叫人想起中国问题之复杂与广深"。① 战争迫使这些文化人西迁,在西迁过程中直观感受到了贵州的新奇与落后,更加深了他们对中国国情的认识和对民族国家的认同。

其次,购票困难是公路旅行中经常遇到的难题。战时内迁人员多,运力有限,无论是公营汽车还是私营汽车都难以满足需求,一票难求成为常态。运气好或有熟人的,购票较易,若运气不佳或无熟人就不知要等多久才能成行。如川黔路每天有四辆对开客车,相对其他路线开行车辆多,即便如此,购票也"实在不是一件容易的事,若是硬碰硬的老等,靠登记先后而乘车,在车站上登记,或是在中国旅行社登记,大概非一星期不可。……或是托熟人想法——坐货车,或加进班车里,也可以提早成行。若既无熟人可找,又等不着退票,去是一定要去的,那就非傻等不可"。② 金陵大学学生屠柄恒在从上海到重庆的路上,经贵州入川,在从广西到贵州时等不到客车,"乃托旅馆探询去筑的货车,结果寻到了一辆装乌砂的车子,每人要一百七十元,但行李可不必花钱"。经三日到达贵阳后又等了五天才搭上经济部运输站的货车前往重庆,只能坐在车尾,且没有遮盖物,一路上只能遭受风吹雨打。③ 因为购票难,各家旅馆每天都是客满,"因为是被等车的旅客及留下来而没有找到适当住屋的人占满了,以致当天通车到的客人,常抱'向隅之虞'。乃打地铺住堂屋,睡走廊,弄得'满坑满谷'的都是人"。④ 丰子恺先生带着一家人由广西到贵州时,难以购到车票,"为了交换一辆汽车",尽管不情愿,也不得不"勉力执行",挥笔作画。⑤

① 茅盾:《如是我见我闻》,施康强编:《浪迹滇黔桂》,北京:中央编译出版社,2001年,第211页。
② 林冰:《筑渝纪行》,施康强编:《征程与归程》,北京:中央编译出版社,2001年,第154页。
③ 屠柄恒:《从上海到重庆》,施康强编:《征程与归程》,北京:中央编译出版社,2001年,第67页。
④ 林冰:《西南公路——湘黔段》,施康强编:《征程与归程》,北京:中央编译出版社,2001年,第134～135页。
⑤ 丰子恺:《艺术的逃难》,施康强编:《征程与归程》,北京:中央编译出版社,2001年,第254页。

先生一家是幸运和幸福的,"可是幸福的人每天只有少数。住在旅店里和亲友家中焦急地等车的人不知道还有若干"。[1]

三、文化智识与社会风气

由于地理条件限制及政治因素影响,贵州的文化教育远不如其他省区。1930 年贵州籍高等学校学生仅为 12 人,[2]远远落后于其他省市。职业教育方面,1930 年全省有农工学生 92 人,社会教育、幼儿教育也处于落后状态。[3]

民众补习教育对于提高民众文化知识具有重要作用,因其周期短,方式灵活,是政府对民众进行教育的重要手段。欧元怀任贵州省教育厅厅长时就曾提出利用公路的方便对公路沿线民众办理补习教育,计划从 1939 年开始办理,先由省会推及沿公路各县,1940 年指定沿公路线贵阳等 30 县办理,"沿公路线外围各县分三期办理,第一期于二月初旬开学,四月初旬结业,第二期于五月初旬开学,七月初旬结业,第三期于十月初旬开学,十二月初旬结业,共拟办足二千班,以谋渐次普及全省"。[4]

公路建成后将先进的科学思想带入了贵州山区。如京滇公路周览团到达镇远后,于 4 月 20 日放映电影和播放广播,"民众闻所未闻,见所未见,惊为奇数,而不知世界科学一日千里"。[5] 贵州被称为"瘴疠之区",疟疾严重,"八月谷子黄,摆子鬼上床;十有九人病,无人送药汤"的民谣,是当时贵州农村无医无药的真实写照。4 月 26 日,周览团到安南县(今晴隆)时,团员向当地民众解释瘴气是一种恶性疟疾,由蚊虫叮咬传播,并不像传闻那样可怕,要坚持讲

---

① 巴金:《旅途杂记》,施康强编:《征程与归程》,北京:中央编译出版社,2001 年,第 268 页。

② 孔令中主编:《贵州教育史》,贵阳:贵州教育出版社,2004 年,第 288 页。

③ 孔令中主编:《贵州教育史》,贵阳:贵州教育出版社,2004 年,第 291 页。

④ 《民国三十年贵州教育之展望》,汤涛主编:《欧元怀校长与大夏大学》,上海:上海书店,2017 年,第 100 页。

⑤ 胡士铨:《京滇公路周览团随征记》(三),《旅行杂志》,1937 年第 11 卷第 8 号。

究卫生,加强锻炼。[1] 省教育厅利用巡回施教车在沿公路线的各县镇进行巡回施教,向民众普及科学、医疗卫生常识等,将教育送上门,改变民众教育的方式,使不处于中心城镇的民众也能了解到先进的科学和思想。

公路修通后,带动了当地经济发展,改变了民众生活环境。公路的修通加速了物与人的流通,来往人员物资增加,社会经济也随之发展起来。贵阳"过去街道狭隘,商业萧条,自公路开通,中央军进驻贵境后,在军民努力之下,气象焕然一新,街市开辟宽广,中山路格外整洁壮观,市面亦渐繁荣"。[2] 1939年动工兴建的安(龙)八(渡)公路带动了当地经济发展,1936年,册亨油茶输出3200余斤,茶油输出3万余斤,桐油输出4万余斤,全靠人挑马驮运出县境。1940年春公路通车至1942年,茶油输出30余万斤,是6年前的9倍。桐油输出约40万斤,是6年前的10倍。1947年外销桐油约80万斤,是11年前的20倍。公路通车后,农村土特产通过汽车运输,加快了物资的交流,增强了经济的活力,即使是公路因故不能通车,人挑马驮,走在平坦的大道上,亦方便许多。[3]

第五节　公路建设与国家认同、革命运动

一、开工通车典礼的技术政治意涵

公路作为承载政府政治权力向地方延伸的一种工具,从计划修筑到建成通车都体现着政府的意志。无论是在军阀时期还是国民政府主政时期,政府当局都力图通过公路修筑实现对地方社会的掌控。

---

[1]　无我:《京滇公路沿线新运情况素描(第四信)》,《新运导报》,1937年6月,第9期。
[2]　无我:《京滇公路沿线新运情况素描(第四信)》,《新运导报》,1937年6月,第9期。
[3]　袁仁华:《修建安八公路》,中国政治协商会议黔西南州委员会文史资料委员会编:《黔西南州文史资料》(第12辑),出版单位不详,1995年,第40页。

　　1926 年周西成修筑公路的原因之一就是巩固其对贵州的掌控，[1]因此他首先改组路政局，召集省城各界人士及各校师生在紫林庵开筑路动员大会，并组织动员贵阳中学和师范学校师生、士兵及部分市民修筑了贵州第一条公路。次年，周西成将路政局扩大，改组为公路局，并令各县设公路分局，县长担任各分局长，要求全省筑路。周西成时期修筑的公路均未与外界连通，这与他极力独霸贵州反对邻省势力及中央势力进入密切相关。他的继任者毛光翔也萧规曹随，修筑的公路也未到省际。

　　王家烈接任贵州省主席后，为联合两广的李宗仁、白崇禧和陈济棠共同对抗中央势力，修通了贵州与广西的省际公路线——黔桂路。该路修通后，黔桂双方举行通车典礼，计划请两省主席、建设厅厅长、公路局局长及沿途各县公路局局长和民众代表参加。[2] 1933 年 12 月，王家烈派他的夫人万淑芬从贵阳乘车出发参加通车典礼，并代表他与两广的李宗仁、白崇禧、陈济棠联络。[3] 1934 年 1 月 20 日，通车典礼在广西六寨举行，黔桂两省均派人参加。黔省由王家烈夫人万淑芬、教育厅督学胡伯谦、公路局周炳骥、保商总队长莫凤楼、都匀民众代表徐行舒、独山县政府科长李超、征收局局长杨少鼎等二十多人。广西方面也很重视黔桂公路的通车，参加通车典礼的有李宗仁夫人郭德洁、财政厅厅长黄子敬、建设厅厅长黄荣华、公路局局长苏诚、工程师陈庆澍、柳庆区民团指挥官尹承纲、丹池公路局局长莫树杰、南丹河池两县县长及民工组长等数十人。由广西建设厅厅长黄荣华主持，到会人数三千余人，由丹池公路局股长萧劲华报告建筑丹池路经过，贵州公路局工程主任周炳骥报告建筑贵南路经过，郭德洁代表李宗仁训话，尹承纲、苏诚、胡伯谦、徐行舒等相继演说。至下午三时举行通车剪彩，正式通车。[4] 黔桂两省对黔桂公路修筑通车都极为重视，该路通车不仅可以方便两省物资的交换来往，更重要的是加强了两省掌权

① 林辛：《贵州近代交通史略》，贵阳：贵州人民出版社，1985 年，第 99 页。

② 《黔桂路通车典礼第一次会议（1933 年 12 月）》，贵州省档案馆：M86-1-322。

③ 毛铁桥：《在旧中国经营汽车运输业》，中国人民政治协商会议贵州省委员会：《贵州文史资料选辑》（第 6 辑），贵阳：贵州人民出版社，1980 年，第 51 页。

④ 《黔桂公路举行通车典礼》，《平汉铁路月刊》，1934 年第 46 期；叶鸣平：《黔桂公路联合通车典礼及感想》，《道路月刊》，1934 年第 43 卷第 1 期。

势力的沟通和联络,从地方保护主义来看,黔省与两广可以形成犄角,互相支持。

为"围剿"红军,国民政府对军阀时期修筑的贵州公路进行了整理修筑,修通了湘黔路、黔川路和滇黔路。黔滇路是京滇公路最后一段,该段路线通车将西南与中东部连接起来。国民政府为展示对该路的重视,组织了京滇公路周览团对沿线各省进行了历时约 50 天的考察。"京滇公路通车及周览团的考察活动,是南京政府'统一化'政策的重要内容,也是其抗战战略及国防建设的组成部分。"①

贵州省政府对县乡道的修筑也很重视,不仅发动了筑路竞赛,部分县乡道通车时,省政府官员也积极参加通车典礼。贵开路是连接贵阳至开阳的重要公路,开阳具有较为丰富的矿产资源且距贵阳较近,因此贵开公路的建成通车可以为贵阳提供一定的资源。1943 年 11 月 23 日贵开路举行通车典礼,省政府主席吴鼎昌及各界代表均前往参加,而且吴利用这一机会召集所到乡镇保长及中小学校长垂询征兵征粮、县政建设及教育等情况。② 黄旧公路(黄平至旧州)是黔东一重要县道,黄平修有军用机场,在抗战时期是重要的人员物资的中转站,而黄旧公路举行通车典礼由省主席吴鼎昌亲自主持。③ 吴鼎昌作为贵州地方大员,亲自参加县乡道的通车典礼,足见省政府对道路修筑的重视,吴对沿线乡镇的视察不仅可以了解当地情况,而且也展示了当局对地方社会的关注。

二、京滇公路周览团的宣传与考察

京滇公路是当时连接东部与西部唯一一条交通干线,也是当时全国公路中最长的一条干线,横贯苏、皖、赣、湘、黔、滇 6 省,全长 2974 公里,1937 年 3

① 潘先林、张黎波:《连通中央与边陲——1937 年京滇公路周览团述论》,《中国边疆史地研究》,2012 年第 3 期。

② 《黔完成贵开公路,吴主席参加通车典礼并视察沿途乡镇情形》,《大公报》(桂林),1943年 12 月 6 日第 2 版。

③ 《黄旧公路通车黔省吴主席亲往主持典礼》,《公路月报》,1944 年第 15 期。

月全线贯通,该线路通车"开中国交通的新纪元",①"关系于政治、国防、军事、经济、文化、交通等,良匪浅鲜".② 京滇公路的建成通车是国民政府一项重要的成绩,中央政府对此特别重视,在该公路线通车后,国民政府中央组织了以褚民谊为团长的京滇公路周览团,团员包括各院部各级员司、学术团体代表、报社特派记者等社会各界精英,③共 108 人,加上职员、司机、勤务等 72 人,计 180 人,于 1937 年 4 月 5 日从南京出发沿京滇公路西行,途经江苏、安徽、江西、湖南、贵州、云南、广西、四川、湖北 9 省,历时约 50 天,行程万余里。 中央希望京滇公路周览团能"实现宣扬中央德意,慰问民生疾苦,开发边疆实业,及发展交通之目的",④"希望增进中央与地方关系的连络,人民与政府情义的了解",⑤周览团的组织其象征意义比实际意义更大。

1.贵州省政府对京滇公路及京滇公路周览团的宣传

根据国民中央政府的要求,途经各省须成立京滇公路周览团筹备分会,省政府组织京滇公路周览会贵州分会。 为宣传京滇公路及周览团,贵州分会发表了《欢迎京滇公路周览团莅黔宣言》及《贵州分会宣传大纲》。 宣言与大纲都表达了京滇公路建成后对西南及贵州的影响,京滇公路将成为"民族复兴基地与国防的大动脉,是民族的生命线",同时希望京滇公路周览团能对贵州的特殊环境有一定认识并能援助贵州的一切建设。⑥ 此外,贵州分会宣传部编写了《今日之贵州》与《贵州沿公路各线概况》。《今日之贵州》共 15 册,分为贵州党务概况、贵州施政概况、贵州剿匪军事与国防建设、贵州教育概况、贵州经济概况、贵州农业概况、贵州矿产纪要、贵州民俗概况、贵州公路交通近况及前途展望、贵州农村合作及农村金融救济、贵州邮政概况、贵州新闻事业概况、贵州名胜古迹概况、贵阳市素描、贵州司法概况。 此书记载了当时贵州各方面的发

---

① 琛琦:《京滇公路完成》,《滇黔月刊》,1937 年第 3 卷第 1 期。

② 袁著:《公路建设与京滇公路周览会之意义》,《地理教育》,1937 年第 2 卷第 4 期。

③ 参见潘先林、张黎波:《连通中央与边陲:1937 年京滇公路周览团述论》,《中国边疆史地研究》,2012 年第 3 期。

④ 《京滇公路周览蒋极为重视》,《申报》,1937 年 3 月 10 日第 4 版。

⑤ 严德一:《京滇公路周览之行》,《地理教育》,1937 年第 2 卷第 7 期。

⑥ 《欢迎京滇公路周览团莅黔宣言(1937 年)》,贵州省档案馆:M60-1-3008-1。

展情况,且多为当时档案、调查、统计等原始资料,为研究当时贵州社会经济状况难得的资料。《贵州沿公路各线概况》分东、西、南、北四路,介绍了各路线经过主要市县的沿革、物产、名胜、人口等,但该书只是简单的记录了各线路主要市县的情况,只能给读者一般性的感受,无深入的介绍和解释。

2.京滇公路周览团在贵州的活动

1937 年 4 月 5 日上午 9 时,京滇公路周览团从南京中华门出发,先后经皖、赣、湘、黔、滇等省,行程万余里,其中在贵州行程为 786 公里,经过的主要市县有玉屏、镇远、炉山、贵定、贵阳、安顺、安南、盘县等县,[①]周览团经过各县皆受到热烈欢迎。于 4 月 19 日达到玉屏、三穗,三穗县政府组织由学生及"苗民"组成的欢迎队伍,男女列队吹芦笙表示欢迎,下午六时到达镇远县城,欢迎者"鹄候已久,苗民尤众,芦笙如竹林,上飘五色彩绣,迎风展招,节奏悠扬"。[②]周览团在镇远休息一日,县府举行欢迎大会。4 月 23 日周览团抵达贵阳。在贵阳城外,滇黔绥靖公署副主任薛岳率领众人欢迎,"欢迎尤烈,学生几全体出动,男女万余,虽微雨淋漓,精神充满,制服整齐,礼帽端重,自北门至东门,相距四公里……入东门,经过大街,市容整肃,国旗展招,标语新颖,市民欢腾,万人空巷"。[③] 24 日军政要员与各界民众两万多人在贵州民众教育馆举行欢迎大会,褚民谊致词,称赞贵州进步极大,民众秩序良好,称到贵州后"方知外传种种之谬误"。[④] 下午参观中央社贵阳分社,游览东山。26 日,周览团从贵阳出发,贵州派出五位代表随团考察。周览团途经盘县,于当时的车站露天放映有声黑白电影以及该团从南京出发时国民政府官员欢送场面的纪录片,观看者拥挤如潮,传为神奇。[⑤]

3.京滇公路周览团的影响

第一,京滇公路建成通车加强了西南国防建设。京滇公路的修筑是在国

---

①　王世圻:《京滇公路周览纪要》,《交通月刊》,1937 年第 1 卷第 1 期。

②　胡士铨:《京滇公路周览团随征记》,《旅行杂志》,1937 年第 11 卷第 8 期。

③　胡士铨:《京滇公路周览团随征记》,《旅行杂志》,1937 年第 11 卷第 8 期。

④　《黔各界在民教馆欢迎京滇周览团》,《申报》,1937 年 4 月 25 日第 4 版。

⑤　六盘水市地方志编纂委员会:《六盘水市志·文化志》,贵阳:贵州人民出版社,2007年,第 393 页。

民政府中央力量进入西南各省时,督促西南各省加紧修筑,中央政府"知道京滇公路在经济上、国防上的重要",①因此,必须完成该路的修筑。为此,蒋介石电令薛岳、王家烈,为促进湘黔公路加紧建设,特意从浙江、安徽、江西、福建等省选派最有筑路经验的技术人员前往湘西及贵州省沿途实地勘察,详密设计。② 同时,在筑路费用上给予支持。如 1935 年至 1936 年国民政府先后拨款共计 118 万元清修黔湘公路。③ 京滇公路的中西段地处湘、黔、滇境内,各省政治上处于半独立状态,国民中央政府加紧京滇公路中西段的修筑,无疑加速了中央政府对以上各省的掌控,加强了国家力量在各省的渗入。京滇公路的建成通车沟通了川黔公路、黔桂公路、川滇东路等纵向公路干线,使西南地区纵向与横向的公路交通连接起来,从而初步形成西南国防交通网,在整个抗战时期成为后方军队、物资输送前线和前线物资、单位、人员向后方内迁的交通要道。④ 中央与西南通过京滇公路一脉相通,特别是黔滇路成为重要交通通道,大量战略物资经过黔滇路运送到前线,土特产品也经过该路线出口,换取外汇。

　　第二,京滇公路周览团对贵州的记录介绍改变了社会各界对贵州的认识。贵州在历史上被认为是蛮荒地区,是被贬谪人员的流放之地。辛亥革命至1935 年,贵州一度处于军阀统治下,政治上是半独立状态。各界人士包括周览团成员对贵州的认识存在严重误解,通过周览团的沿途考察,团员们对贵州的政治、物产、民族、教育等都有了直观感受,改变了贵州是蛮荒之地、瘴疠之乡的认识。京滇公路周览团成员在考察结束后,以不同的方式记录、报告了此次考察的感受,其中就不乏介绍贵州的。大夏大学的吴泽霖教授返沪后,将沿途各地风光习俗照片百余幅及搜集到的文物公开展览。严德一在南京钟英中学演讲时介绍了京滇公路周览的所见所闻,在介绍贵州时,称贵州虽山多地

① 褚民谊:《京滇周览经过》,《广播周报》,1937 年 6 月 19 日,第 142 期。
② 高明芳编注:《蒋中正"总统"档案事略稿本》(第 29 卷),台北:"国史馆"印行,2007 年,第 364 页。
③ 张肖梅:《贵州经济》,中国国民经济研究所,1939 年,第 E4 页;贵州省公路管理局编:《抗战四年来之贵州公路·工程》,出版单位、时间不详,第 11 页。
④ 张黎波:《抗战生命线:京滇公路与战时运输》,《民国档案》,2015 年第 4 期。

少,苗多汉少,但是"苗民固也为中华民族之一,他们不过因为僻处山间,与外间鲜少接触之机会,因之文化落后,智识幼稚,生活简单"。^① "苗民"落后是因为地处偏僻之处,文化落后,但他们的体格强健,这是在艰苦的自然环境中奋斗出来的。在政府推行普及教育的政策下,"种族畛域,逐渐化除",识字的少数民族人数增多,其知识分子在政府任官职及军官者"数见不鲜"。^② 在不同刊物发表的文章,使未到贵州的民众对贵州有了认识和了解,可以解除他们对贵州的错误认识,消除民族间的隔阂。

第三,京滇公路周览团的考察宣传加强了西南地区民众的国家认同意识。民众对国家的认同程度是国家凝聚力大小的一个重要问题,近代中国遭受列强的侵略,政府和知识阶层都在思考如何加强各族民众对国家及中华民族的认同。京滇公路周览团近 50 天的长途考察,"是国民政府对京滇公路所经各地尤其是西南各省的一次宣慰、笼络和动员"。^③ 国民政府中央组织周览团的目的是"宣扬中央德意",增进中央与地方的联络、政府与人民的情义。周览团设有宣传组,负责沿途的宣传工作,周览团在所经各市县播放电影、广播,并将携带的蒋介石照片赠送给当地民众,以加强民众对领导人的认知和对国家的认同感。周览团团长褚民谊 1937 年 5 月 31 日在行政院报告京滇公路周览的经过时说:沿途各省市县政府组织各界民众欢迎,在他们的热烈欢迎情况之中,"可以看得出他们的训练与组织,已有相当成功,民众确是已经唤起了……大家心心相印,一种精诚团结共赴国难的意志,救亡图存的决心,都可以在他们面上看出来"。周览团与当地少数民族近距离接触,"把中央精诚团结的意思告诉他们,大家来努力恢复我们民族的地位,他们也很明了中央德意,对于我们的话非常接受"。^④ 周览团对当地民众的宣传和讲演,"使若辈对中央之仁政德意,中心向往,与吾人通力合作,共负自强图存之重任"。^⑤ 少数民族群

---

① 严德一:《京滇公路周览之行》,《地理教育》,1937 年第 2 卷第 7 期。

② 无我:《京滇公路沿线新运情况素描(第四信)》,《新运导报》,1937 年第 9 期。

③ 潘先林、张黎波:《连通中央与边陲:1937 年京滇公路周览团述论》,《中国边疆史地研究》,2012 年第 3 期。

④ 褚民谊:《京滇周览观感》,《中央党务月报》,1937 年第 106 期。

⑤ 袁著:《公路建设与京滇公路周览会之意义》,《地理教育》,1937 年第 2 卷第 4 期。

众国家意识的培养和加强,无疑对国民政府的治理起到了裨益作用,为团结包括贵州民众在内的西南各民族保家卫国,坚持抗战,形成坚实稳定的大后方奠定了基础。

三、巡回施教车与公民教育

民众教育一直是国民政府教育体系中的重要内容,教育的主要场所是民众教育馆,而"民教馆往往是要民众上门受教,而不能使教育送到民众门上去",[①]巡回施教车就弥补了这一不足,"它是巡回的、流动的,把教育送上门去",[②]从而激发民众的求知兴趣。巡回施教车的使用,首要条件是须有公路和汽车,战时贵州公路交通网络逐渐完善,为巡回施教车向偏远地区民众进行施教提供了基础。施教车以公路为依托,沿各干支公路线开展施教活动。

1.贵州省巡回施教车的民众宣传教育活动

教育部巡回施教车在贵州进行施教后,省教育厅仿照教育部的做法,于1938 年 5 月,制定"民众教育巡回施教车实施教学计划",并购买施教车 2 辆,拟对沿公路线各县镇开展巡回施教。车上配备发电机、电影机、扩声机、幻灯机、留声机、收音机、照相机、移交影片、幻灯片等器材,配备主任、干事、司车、工役等人员,在沿公路区域,对民众施教,进行抗日救亡宣传,成为民众教育的"利器"。[③] 1939 年至 1940 年底,施教车沿滇黔路、贵番路、黔桂路、湘黔路、川黔路在沿线 24 县 25 镇展开施教活动。1941 年又按计划在黔桂路、黔湘路、黔滇路、黔川路、清毕公路及川滇公路各线及支线可达地区分别进行施教,预计施教时间累计七个半月。[④] 又如省民教馆利用巡回施教车设置的电影机分赴黔桂、黔湘、黔川、清毕等公路沿线施教,并组织电化教育巡回施教队两队。

---

① 贵州省临参会秘书处编印:《贵州省临参会第三次大会记录》,1940 年 5 月,第 87 页。
② 顾龙生:《抗战中的教育部巡回施教车》,《教育学月刊》,1940 年第 5 卷第 4 期。
③ 贵州省地方志编纂委员会编:《贵州省志·教育志》,贵阳:贵州人民出版社,1990 年,第 638 页。
④ 《贵州省政府教育厅民众教育巡回施教车二十八年实施概况》,贵州省档案馆:M102-1-1080。

第一队在省立贵阳民教馆内即贵阳近郊施教;第二队则巡回各县施教。①

图 6-5-1　贵州省政府教育厅民众教育巡回施教车(1942 年 6 月)

　　巡回施教车的服务项目较多,包括讲演、书报阅览、电影放映、卫生教育、话剧歌咏、调查访问、医疗等等。由教育厅制定施教目标及施教内容,主要包括抗日救亡、文化识字、卫生教育、科学教育、讲解政府法令等。省教育厅对施教车监督管理较为严格,要求巡回施教车遵照规定呈报工作计划及工作报告,按计划开赴黔湘、黔桂、黔滇、清毕、黔川等沿公路各县,及其支线可达各县,分期施教,务使沿公路及支线之各县均能收到巡回施教车所实施的各种教育。②

---

① 李家濛:《抗战期间本省推行国民教育及社会教育情况简介》,《贵阳文史资料选辑》(第16 辑),出版单位不详,1985 年,第 124 页。

② 《民国三十年贵州教育之展望》,汤涛主编:《欧元怀校长与大夏大学》,上海:上海书店,2017 年,第 100 页。

省教育厅制定下达了《民众教育巡回施教车参加施教暂行办法》,通知计划施教沿途各县。《暂行办法》指出"参加施教以实施电化教育,统一国民思想,灌输民众智识,加强抗战力量为目标",并规定"各县社会教育机关、学校、团体教职员、学生于本车到达时均须参加施教(小学五年级以下学生得免参加)"。①教育厅对巡回施教车的施教目标有明确要求。如1941年教育厅规定巡回施教车的目标为:

> 一、坚定国民三民主义之信仰,并切实陶冶其忠孝仁爱信义和平之国民道德。二、推行国民精神总动员,讲解国民精神总动员纲领第五章暨国民公约。三、讲解政府法令,如讲解兵役法令等。四、阐明建国节约的储蓄之意义及利益,使民众知节约之益,蔚成储蓄之风气。五、坚定国民抗战必胜之信念,以增加人民同仇敌忾之决心,叙述敌寇之暴行,解说我愈战愈强、敌愈战愈弱之原因。六、倡导推行国民优待抗属之公约。七、提倡生产劳军运动。八、加强卫生教育,促进国民健康。九、实施科学教育,破除民间迷信。十、推行识字运动,提倡休闲教育。②

从教育厅规定的教育目标可以看出,国家意识的宣传是其工作的重要内容,同时配合抗战需要,将抗日宣传与国家认同意识结合起来,利用施教车安装、携带的设备及资料进行宣传,提高民众认知水平。

由于施教车利用电教化方式宣传施教,方式新颖,携带的资料丰富,受到民众认可与接受,民众教育所取得的成果也是前所未有的。施教车开始施教的一年内,全省合计"受教人员49.23万人,所至各地,民众无不热烈欢迎"。③

---

① 贵州省镇远县文化局编:《镇远县文化志》,出版单位不详,1989年,第21~22页。
② 《贵州省政府教育厅民众教育巡回施教车三十年度事业计划》,贵州省档案馆:M102-1-1080。
③ 《贵州省政府教育厅民众教育巡回施教车二十八年实施概况》,贵州省档案馆:M102-1-1080。

1944 年上半年在黔东该车"行程 789 公里,施教 451 小时,施教人数达 81 万人"。①

2.教育部巡回施教车的宣传教育活动

1934 年江苏镇江民众教育馆利用巡回施教车进行民众教育后,这种新兴的民众教育方式被教育部所重视。教育部组织巡回施教车分赴湘、黔、川、滇各省巡回施教,并制定《教育部民众教育巡回施教车实施办法》,设主任 1 人,干事 3 名。同时咨请施教车所到各公路线军警机关给予保护,予以协助。教育部的巡回施教车从 1938 年 2 月起开始在湖南长沙准备,3 月 7 日由长沙出发,沿京滇公路西进,于 4 月底到达贵阳。施教车在贵州工作的地方是三穗、镇远、黄平、重安江、炉山(今凯里)、贵定、贵阳、息烽、遵义、桐梓、松坎等处,这些县市分布在公路沿线,镇远、炉山、贵定、贵阳、遵义、桐梓、松坎等处是公路要冲,商业经济较为繁盛。到达贵阳后,因黔滇公路盘江铁索桥损坏,将原定循黔滇公路入滇的计划改为北进,沿川黔公路进入四川,到四川后创建巡回施教船,从乐山沿岷江转入长江,东下直到川省边境巫山县。

> (施教车船)水陆路程走了七千多公里,工作的地域遍及湘、黔、川、滇四省六市六十二县二十一乡镇,每处都举行展览、讲演、歌咏、戏剧、电影等等活动,受教民众统计在一百八十万人以上。②

在一切服务于抗战的条件下,教育部利用施教车灵活方便的特点广泛开展民众教育,并结合抗战需要,开展抗日宣传,唤起民众"抗战建国"意识。当施教车到达一个县城或乡镇的时候,就开始在广场、公园、茶坊、庙宇、民教馆或者街头布置抗敌图画展览会,用麻线贯串一套一套的彩色布挂图用洋钉钉在墙壁、木桩、门窗、树干间。图画有防空防毒图、国难地图、打杀汉奸图、日寇暴行图、"抗战建国"纲领挂图等。歌咏方面,有《义勇军进行曲》《战歌》《打倒

---

① 贵州省临参会秘书处编:《贵州省临参会第二届第一次大会记录》,1943 年 4 月,第 62 页。

② 顾龙生:《抗战中的教育部巡回施教车》,《教育学月刊》,1940 年第 5 卷第 4 期。

日本歌》等歌曲,用幻灯片映出歌词,再用扩音机广播。大众看着听着和着歌唱,情绪异常热烈。教育影片有《上海抗战》《防空》《防毒》《总理暨总裁格言》《抗战中的上海童子军》《壮丁入伍》《航空救国》以及自行剪接的《国光》等数种,还有卡通片《新生活运动》《抵抗》《飞来祸》《国货年》等。此外,还有自制的教育灯片,如《蒋委员长格言》《国民防空须知》《飞机种类与标识》《抗敌格言》《抗日问答》《抗战知识》《全民抗战》《抗战到底》等十数套。讲演的材料用简短扼要通俗的语言,采取地方小调,改编为抗建歌曲,用扩音器播放。施教车到各省后,请车外人员参与到施教中,施教车到贵州后,参加施教的讲演人数 11人,歌咏 54 人,共 65 人。①

"施教车是一个活动的大众学校、乡村民众的幸福车;在抗战建国时期它是一辆机械的先锋宣传车。"②施教车的使用以公路交通发展为依托,国民政府在抗战时期利用不断建设的公路交通开展民众教育,对民众进行抗日宣传,利用施教车将国家意识、抗建思想宣传到农村,激发广大民众的"复兴民族思想,灌输抗战建国知能"。③ 当然,在其宣传施教的内容中也有倡导国民党独裁统治的一面,以"教化"的姿态进行民众教育,必然会引起民众的不满。

四、沿线公路的族群关系改变和文化形塑

贵州是一个多民族省份,有 17 个世居的少数民族群体,形成了一个多元的族群文化,中央权威和意识进入贵州后,将贵州多元的社会文化形态纳入中央的"一体"之中。④ 明清时期的驿道发挥着这样的载体作用,而抗战时期贵州修筑的公路在特殊的时代背景下也将中央权威与国家意识注入到了当地民

---

① 《社教情报·教育部民众教育巡回施教车第一期施教情况》,《社教与抗战》,1938 年第 1 卷第 7 期。
② 顾龙生:《抗战中的教育部巡回施教车》,《教育学月刊》,1940 年第 5 卷第 4 期。
③ 《社教情报·教育部民众教育巡回施教车第一期施教情况》,《社教与抗战》,1938 年第 1 卷第 7 期。
④ 参见赵旭东、周恩宇:《道路、发展与族群关系的"一体多元":黔滇驿道的社会、文化与族群关系的形塑》,《北方民族大学学报(哲学社会科学版)》,2013 年第 6 期。

众的生活中。有所不同的是,明清时期封建中央王权推行的驿道与卫所将贵州原本自我封闭的空间更加碎片化和边缘化,以更小单元的弱势,附着在通道中轴的边缘。国家修筑驿道是便于管理,避免各族群间的联合,在修筑国家道路的同时也将当地少数民族之间互通的道路阻隔了。[①] 抗战时期贵州的公路建设并不是将各民族分割成更小的单元,相反是将各地连接起来,打破各民族之间封闭的状态,在抗战救国的主旋律下加强各民族之间的交流,使民众的国家认同意识不断提高。

军阀统治时期贵州开始修筑公路,军阀修筑公路的目的是巩固统治,[②]因此,在公路的修筑上并未与邻近省区相连接,[③]统治者并未认识到修筑公路的营运价值和经济价值,[④]更遑论公路给沿线民众带来的影响。国民政府中央制定的"公路协剿"政策,要求各省政府加紧公路的修筑,贵州公路才得以与邻近省份公路接通,在 1935 年修通了由贵阳经甘粑哨、鲇鱼铺至湖南晃县的湘黔公路和贵阳经遵义、桐梓至四川重庆的川黔公路。在抗战前夕,修通了贵阳至昆明的黔滇公路,至此,打通了贵州与周边省区的公路线。抗战爆发后,国民政府西迁,西南成为抗战大后方,为适应战时军运需求,改善贵州公路通行情况,国民政府中央一方面对原有道路进行修缮,另一方面新修多条支线公路。此外贵州省政府发起修筑县道,使各县道与主要干线相连接。在抗战的时代背景下,贵州省公路网不断完善,大量的人员、机构及物资经公路向大后方转移,对原有的社会产生了潜移默化的影响,迁入的人群对贵州少数民族也有了新的认知,族群之间有了融合,国家认同得到强化。

在道路空间疏通的基础上,民国贵州社会迎来了一场国家认同意识的洗礼。首先是国民政府将国家认同意识通过教育逐渐输入到各族群的观念里。据 1930 年统计,贵州每千人中受过高等教育的仅有 5 人,学龄儿童受义务教

---

① 周恩宇:《道路、发展与权力——中国西南的黔滇古驿道及其功能转变的人类学研究》,中国农业大学博士学位论文,2014 年,第 65 页。

② 王璟:《民国时期贵州交通路网建设研究》,云南大学硕士学位论文,2016 年,第 57 页。

③ 军阀时期修筑的主要干线以贵阳为中心,分别向东西南北延伸,当时的贵州公路,东至甘粑哨,南至下司,西至黄果树,北至桐梓,皆在贵州省境内。

④ 林辛:《贵州近代交通史略》,贵阳:贵州人民出版社,1985 年,第 105～106 页。

育的比例仅为 5.53%，平均每万人中受中等教育的人数仅为 3.99 人，而全国平均数为 11.7 人，①省内无高等院校。在 1937—1945 年期间，贵州的教育得到很大发展，儿童受教育数在 1945 年达到了 623983 人，中学生人数为 38961人。② 在迁黔人员帮助下，贵州也创设了 3 所高等院校。同时，通过图书馆、民众教育馆、科学实验馆、巡回施教车等对民众进行教育，提高民众的文化智识，灌输国家概念，宣传救亡图存思想，为民众国家观念的培养奠定教育基础。"三民主义""蒋介石""中华民国"等国家象征通过教育在少数民族地区得以宣传，以培养少数民族民众的国家意识。其次是内迁人员特别是知识分子对民众的影响。如大夏大学迁黔后，参加、组织了多种抗日宣传活动，其中著名的如大夏歌咏队，师生走向贵阳街头与农村，以自己的热情演唱鼓舞人心的爱国歌曲，以歌声向每一位民众进行抗日宣传，激发民众的抗日热情和爱国情操，当地聚居的少数民族群众相告到演出场地，给予歌咏队热烈支持。③ 大夏大学成立"社会研究部"，对贵州多个少数民族地区进行实地调查，获得众多关于少数民族社会文化的第一手资料，指出在"大中华民族生存之民族抗战中，苗夷族也应和其他各族一般地位，当无轩轾之分，与全国各族，同调同步，共策共励，齐站在一条阵线上抗敌御侮"。④ 希望政府和社会人士关注少数民族，团结他们，促进他们社会文化的发展，改变他们的生活状况，也希望少数民族同胞，"应知吾全民族共同利害与共同之大敌，惟有起来抗敌御侮，才有真正自由的一天到临"。⑤ 内迁的人员以他们的思想和行动影响着贵州人民，这些"来自遥远地方的人和遥远地方的信息，拓宽了贵州人的视野和想象空间，一个全

① 张羽琼、郭树高、安尊华：《贵州：教育发展的轨迹》，贵阳：贵州人民出版社，2009 年，第 236 页。
② 谭刚：《动荡中的社会转型——大后方城市社会生活变迁(1937—1945)》，北京：科学出版社，2017 年，第 27、28 页。
③ 楚林：《记大夏歌咏队》，中国人民政治协商会议贵州省委员会文史资料研究会：《贵州文史资料选辑》(第 9 辑)，贵阳：贵州人民出版社，1981 年，第 208 页。
④ 陈国钧：《贵州苗夷社会概况》，吴泽霖、陈国钧：《贵州苗夷社会研究》，北京：民族出版社，2004 年，第 2 页。
⑤ 陈国钧：《贵州苗夷社会概况》，吴泽霖、陈国钧：《贵州苗夷社会研究》，北京：民族出版社，2004 年，第 13 页。

新的'大地域'即'国家意识'就这样充满诗意地萌生在中国边地小城年轻一代的心中,这意义是不可低估的"。①

公路的修筑促进了贵州经济发展,同时也影响和改变着人们的生计方式。公路的修筑加强了贵州与外地的沟通,主要干线连通了贵州与中央、贵州与周边省份,省内的县道则使内部区域的联系得到加强,贵州的物资及人员可以通过不断完善的公路交通网向外流动,内地商人和移民也可以深入贵州腹地。贵州的桐油、猪鬃、五倍子、皮革、特矿和其他土特产品都可以通过公路运销出省,促进贵州农村经济的发展。沿线的各城镇因公路的修筑得以发展。川黔路上的高坪是一个小地方,居民只有数十户,由于公路线经过,附近的民众"陆续迁来,以便营业"。② 公路沿线城镇旅馆业发展迅速,成为城镇经济的一个增长点。据《贵阳市工商业调查录》记载,1943 年贵阳的旅馆业经营家数达到415 家;③遵义的旅栈业公会在 1935 年成立时有会员 155 人。④ 旅馆业在较小的县镇也有发展。松坎是川黔路上一个小镇,为黔北入川门户,在川黔公路通车后,松坎被定为重庆—贵阳间之宿站,汽车之运输货物比小船迅速便利得多,来往的人员川流不息,各类商业店铺增多,在 20 世纪 30 年代就组织有商会、旅栈业公会、布业公会等。

贵州因战局发展和公路修筑不再是西南一隅,其格局区位使之成为战时西南公路交通运输的奥区,与全国大环境相连,闭塞的社会和经济状态被打开,国家层面的影响不断深入和加强。国民政府中央在贵州建立统治后,"贵州不仅成为西南诸省中唯一彻底实现中央化的省份,而且也是全国边疆诸省中中央化最为彻底的省份。因此,国民政府的民族政策只有在贵州才得到了真正的落实"。⑤

---

① 钱理群:《一个人的安顺·序言》,戴明贤:《一个人的安顺》,北京:人民文学出版社,2004 年,第 4 页。

② 中国旅行社编:《黔游记略》,中国旅行社,1934 年,第 15 页。

③ 贵阳市志编纂委员会:《贵阳市志·商业志》,贵阳:贵州人民出版社,1994 年,第 5 页。

④ 张子正:《遵义商会》,《遵义民国工商金融》,遵义市政协科教文卫体委员会发行,2008 年,第 179 页。

⑤ 娄贵品:《杨森主黔时期贵州民族政策的制定》,《贵州民族研究》,2009 年第 3 期。

五、公路交通与贵州革命运动

抗战爆发后,西南成为抗战大后方,贵州四大公路干线与邻省相通,贵州成为中共联系华南、华东、西南与延安的重要枢纽,也成为内地经滇缅、滇越公路与境外联系的咽喉要地。为保持大后方与延安的联系,1938 年 12 月中共中央南方军决定在贵阳设立八路军贵阳交通站。八路军贵阳交通站作为中共在贵阳公开设立的机构,利用合法身份,在存在的两年多时间里做了大量工作,宣传中共全面抗战路线,转运军需物资,转送中共领导人、各界人士、革命干部和进步青年等。

1.八路军贵阳交通站组建及交通运输工作

1938 年底中共中央派原八路军武汉办事处副官袁超俊赴贵阳筹备组建贵阳交通站,他首先与黄齐生和达德学校校长曾俊侯取得联系,并找到贵州省工委的负责同志邓止戈、秦天真,与贵州地下党建立了联系,[①]在他们的协助下,1939 年 1 月 3 日八路军贵阳交通站正式成立,暂借达德学校男中部教室办公,寒假结束前搬走,后租借熊逸民家房子办公。1939 年 2 月 4 日遭日军轰炸后,为找到较为安全的地方存放物资和停放汽车,租威清门宋鹤轩家房子作为车库和城外接待站。交通站成立后,袁超俊任站长,站内有电报收发员、司机、公务员、警卫员、押车副官等二十余人。1941 年 1 月 22 日,交通站被国民党查封。

交通站的运输工作主要是转运军需物资,转送中共领导人、各界人士、革命干部和进步青年。

(1)转运军需物资。1939 年上半年交通站的主要任务是转运从武汉、长沙经衡阳、桂林撤退下来的人员、物资及档案资料。1939 年夏,在军需署黄平弹药库领取的 10 吨弹药及 TNT 炸药转运到重庆办事处。7、8 月间,从香港购买到的大批汽油、机油和 5 辆道奇卡车,由南方局、八路军重庆办事处、西安

---

① 秦天真:《贵州地下党和八路军贵阳交通站的联系情况》,《贵州党史通讯》,1990 年第 2 期。

办事处派员去越南海防接运回来,经贵阳交通站抢运到重庆、延安。与此同时,有华侨捐赠及自购的9辆新卡车也由越南河内登陆再转运回国,随车运来捐赠的新旧衣物、鞋袜、被单、无线电器材及其他物资。7、8月间经贵阳转运的各种物资约计150车。此外,还转运了宋庆龄、何香凝、廖承志等在香港和国外的华人华侨捐赠的大批药品、医疗器械、通信器材、救济难民的衣物,以及无线电通信器材等物资。①

　　(2)接待、转送来往人员。战时贵阳是南来北往的交通枢纽,不少革命干部和进步青年都由交通站接待转送。新四军的张云逸、张鼎丞、古大存等领导同志,从新四军经重庆转往延安,都曾经在贵阳交通站停留。1940年10月,新四军军长叶挺和政治部主任袁国平、军医处长沈其震以及饶漱石、陆璀夫妇等一大批新四军干部和警卫人员由重庆途经贵阳去新四军总部。越南胡志明同志经常搭乘八路军的军车来往于重庆、桂林、昆明之间,并曾多次委托交通站帮助解决一些越南同志去昆明、重庆等地的交通、汇款等问题。贵阳交通站还转送地下党撤退的同志。乘坐交通站的军车到新四军的地下党员和进步青年有黄刚培、王启霖、刘家祥、尹克恂、伍于炜、方士新等,赴重庆转延安的则更多。同时还转送一些文化人士、华侨、港澳同胞和干部家属,如严朴妻女,何理良的母亲和他的姐妹,高文华的父母及女儿等等。从国民党部队战地服务团撤下来的郇冷秋、卢爱林、孔祥桂等以及各个演剧队的一些同志,也是经过贵阳交通站送重庆转延安的。②

　　贵阳交通站在组织转运人员物资的过程中,将归国华侨司机组织起来,对转运任务的完成起到了很大作用。1939年至1940年来往于八路军贵阳交通站的国内司机有王应絮、沈宝贵、刘德坤、陈兆玉(陈健)、端乐毅、于邦英、姚进全、段廷英、卞心福、陶同士、叶铁涛等;华侨司机有林琼秀、袁再生、余枝、唐瑞龙、袁颂民、郭嘉、李德富、孙水旺、陈振清、于安、陈俊伟等。后来又在国民党西南运输处吸收了黄润生、温其芳、叶修清(叶秀清)等华侨司机参加交通站的

---

① 中共中央党史研究室科研管理部:《见证红岩——回忆南方局》(上),重庆:重庆出版社,2004年,第45~46页;尹克恂:《述往思故录》,出版单位不详,1993年,第112页。

② 尹克恂:《述往思故录》,出版单位不详,1993年,第115页。

运输、修理工作。① 这些华侨司机和国内司机"技术都不错,大多数表现很好,有的同志后来为国捐躯,有的同志成为了我们今天某些部门的领导和骨干"。②

皖南事变后,贵阳交通站被国民党查封。在两年多的时间里,贵阳交通站利用合法身份,宣传中共全面抗战路线,转送人员,运输各种物资支援敌后,配合地方党组织开展工作做出了应有的贡献。

2.公路网络与革命思想传播

三联书店是抗战时期著名的进步书店,也是抗日宣传的强劲堡垒,为了进一步扩大党的宣传,生活书店总店决定在国统区开设书店。1938 年 4 月 1 日,生活书店贵阳分店正式营业。经理为邵公文,会计张子旼。贵阳读新书店是读书出版社和新知书店在贵阳联合经营的书店,1939 年 2 月在贵阳创办,设在贵阳中华南路,沈静芷、孙家林为正副经理。1941 年 2 月两家书店被国民党贵州当局查封。

书店开设后,积极宣传革命思想和抗日主张。生活书店贵阳分店开业后,在贵州省工委的指导下,在书店楼上召开由大专院校的教授和重点中学的知名教师参加的会议,决定成立一个学术组织,取名为贵阳战时社会科学座谈会,指定王启霖、蒋蔼如、武纡生组成党小组来领导活动。该组织坚持活动了两年多,经常座谈的中上层知识分子多达四五十人。③

当时读新书店与新知书店总店以中国出版社的名义在国民党统治区发行《解放》《中国青年》《中国妇女》等刊物,以方便国民党统治区的读者及时了解中共的政策及陕甘宁边区的情况。同时还发行马列著作,如《共产党宣言》、《资本论》、《帝国主义论》(增订本)、《共产主义运动中的"左派"幼稚病》、《联共(布)党史简明教程》等。毛泽东同志的《论持久战》和《论新阶段》也曾公开发行。艾思奇同志著的《大众哲学》和胡绳同志著的《辩证法唯物论入门》,通俗

---

① 尹克恂:《述往思故录》,出版单位不详,1993 年,第 113 页。
② 中共中央党史研究室科研管理部:《见证红岩——回忆南方局》(上),重庆:重庆出版社,2004 年,第 46 页。
③ 尹克恂:《韬奋精神和贵阳"三联"》,《朝晖晚霞集》,出版单位不详,1997 年,第 235 页。

易懂,深受读者欢迎。此外还发行《动员纲领与动员法令》和《支部工作纲要》,宣传中共的政治纲领和团结抗日的政策,介绍党的性质、纲领、任务、纪律等,为要求进步的读者提供了了解中共的素材,并指出奋斗的目标。

读新书店还为读者开辟了邮购业务,戴琇虹、孙家林回忆:

> 邮购对象有本来认识的,也有不认识的;邮购书刊有的由读者指名要的,也有的由我们根据读者的性别、年龄、职业、文化水平和爱好,向读者推荐;读者信任地把钱汇来,我们认真地选寄书刊,分文不差地结算书款,同时想出许多办法,使书刊能够比较稳妥地到达读者手里,记得当时我们的邮购读者多达 1000 多户。遍及贵州各县和云南、湖南、四川等省。[1]

读新书店发行的书刊及为读者开辟的邮购业务经常通过公路运输,红十字汽车队、西南运输处和公路局的进步司机、八路军贵阳交通站以及搞运输的一对华侨夫妇,免费帮书店带货。[2] 西南公路局贵阳车站行李包裹房的行李员为避过特务私自没收从重庆、桂林、昆明等地运给我们的书刊包裹,他卸车后先把包裹藏在隐蔽的地方,然后在约定的时间,让书店人员去领回包裹。[3] 这在一个时期内既保证了书店赖以生存的货源,又避免了革命书报的大量损失。

三联书店在贵州经营的时间虽不长,但出版出售的革命书籍给贵阳乃至贵州知识界学习马克思主义和了解中共抗日主张提供了有利条件。当时贵阳的省立高中、贵中、贵师、女中、达德、毅成等中学,以及大夏大学、湘雅医学院等高等院校的进步师生与书店联系密切,通过书店阅读到了进步书刊,书店门市经常被挤满。在特殊的环境和历史时期,生活书店和读新书店为宣传党的

---

① 戴琇虹、孙家林:《回忆贵阳读新书店》,《新知书店的战斗历程》编辑委员会:《新知书店的战斗历程》,北京:生活·读书·新知三联书店,1994 年,第 246 页。

② 孙家林:《贵阳读新书店的战斗经历》,《生活·读书·新知三联书店文献史料集》(上),北京:生活·读书·新知三联书店,2004 年,第 473 页。

③ 孙家林:《贵阳读新书店的战斗经历》,《生活·读书·新知三联书店文献史料集》(上),北京:生活·读书·新知三联书店,2004 年,第 474 页。

抗战主张发挥了积极作用。

3.公路运输工会与劳工运动

19 世纪 20 年代末至 30 年代,贵州相继修筑了四大干线,公路建成通车后,汽车数量逐渐增加,司机、汽车修理、汽车配件生产等工种出现,与船运工人等组成了贵州早期交通运输产业工人队伍。

随着司机群体的不断扩大,有必要组织团体保护群体利益。1931 年,在一星车行开车的严金超(即袁超俊)倡议组织汽车运输工会,在贵阳三元宫召开成立大会,工会会址设在紫林庵。[①] 因资料有限,不能对该组织的具体情况作准确的分析,只能对其有大致的了解。当时由于汽车工人的工资收入远较其他行业职工高,而且一般是分散工作,流动性较大,所以对工会的作用认识有限。后严金超离开贵阳,由杨再祥继任工会主席。此时的工会在国民党控制之下,因此,没有起到实质作用。

红军进入贵州并建立革命根据地,促进了贵州工人运动的发展。1930 年至 1936 年,红军先后六次转战贵州,足迹几乎遍及全省,所到之处宣传反帝反封建和团结抗日的主张,对贵州革命和工人运动产生了重大影响。在抗战时期,国民政府迁都重庆,贵州作为川、滇、桂、湘四省连接枢纽和内迁机构人员的接收地之一,在工商业、交通运输业等方面都得到了很大发展,从而促使工人队伍随之发展壮大。

抗战爆发后,在贵州省工委的领导下,1939 年 4 月建立了中共贵州公路运输支部,陈济民任书记,组织公路运输工人与社会各界一起,积极投入到抗日救亡运动中。公路运输支部成立后,在公路运输系统中开展活动,向群众宣传革命道路和党的抗日主张。首先是发展进步工人加入党组织。其次是配合八路军贵阳交通站、红十字会救护总队护送转移物资、爱国人士和干部。

国民党交通部公路运输局第十运输处是驻贵阳的一个大企业,全处有职工 2400 人。国民党对工人严加控制,对职工进行监视。进步司机陆永忠、黄厚文等坚持革命活动,在工人中宣传党的主张,组织工人参加西南公路运输系

---

① 　钟大亨:《贵阳的汽车运输业》,中国人民政治协商会议贵州省贵阳市委员会文史资料研究会:《贵阳文史资料选辑》(第 6 辑),出版单位不详,1982 年,第 27 页。

统汽车司机要求改善生活待遇、取消铺保等斗争。1949 年 10 月,中统特务机关川滇黔公路调查处先后以"异党嫌疑"逮捕了徐绍敏、陆永忠等人,并在贵阳解放前夕,将他们集体杀害。

　　贵州公路运输工人在党的领导和指挥下,发挥了特有的优势,积极配合地下党组织的活动,支援抗战救国,团结工人争取合法合理利益,是贵州工人运动史上的重要篇章。

小　结

　　贵州的公路建设改变了民众的生活,使民众能走得更远,交流更加通畅快捷,同时也改变了民众的从业观念,出现了服务于公路交通运输的新行业。民众出行虽可选择乘车,但在战争年代一票难求是常事,在旅途中为购得车票也常常各显神通,表现出了车站中独有的人情世故。险峻、盘山而筑是贵州公路的特点,这从旅行者的记录和老照片中可以看出。旅行者的文字中,记录了贵州公路的险峻、战时交通的艰难与不易、沿途的山川风情,同时还表现了对国家的认同,就像巴金先生在河池看到"丹池公路殉职工友纪念塔"时,感受到它"抓住了我的心,它是伟大的牺牲精神的象征"。①

　　公路的建成通车更加有利于政府对民众的宣传和施教,民众的文化知识、社会风气和国家认同感得到提高。连接西南边陲与中央的京滇公路建成通车后,国民政府中央派出京滇公路周览团"宣扬中央德意,慰问民生疾苦,开发边疆实业"。民众教育馆以公路为依托,利用巡回施教车对民众进行宣传教育活动,巡回施教车服务项目多,既有一般医疗卫生、文化识字、科学教育,也开展抗日宣传,唤起民众"抗战建国"意识,激发广大民众的"复兴民族思想,灌输抗战建国知能"。公路交通网络承载物资、人员的流通,还是政府宣传的通道,成

---

① 巴金:《旅途杂记》,施康强编:《征程与归程》,北京:中央编译出版社,2001 年,第 261 页。

千上万的人口和军公物资在公路上频繁流通，在贵州的各条公路上宣传着国家形象，使沿途的少数民族群众获得"民族一体"的体验，逐渐完善的公路交通网成为贵州各民族交流的桥梁，在抗战救国的主旋律下，民众的国家认同意识不断提高。但是，民众对国家的认同度因政府政策实施方式与效果及民众利益的维护而有所不同。如在土地征收、房屋拆迁、征集民工等过程中，政府官员行为将直接影响到民众对国家的认同度。

公路交通建设还推动了贵州共产主义运动的发展。抗战期间，贵州成为中共联系华南、华东、西南与延安的重要枢纽，中共中央南方局在贵阳建立了八路军贵阳交通站，转运军需物资，转送中共领导人、各界人士、革命干部和进步青年。在贵阳开办的生活书店和读新书店为贵州带来了新思想，书店购销的书籍报刊经常通过红十字汽车队、西南运输处和公路局的进步司机、八路军贵阳交通站运输。在国民党贵州当局查封书店后，书店考虑在公路沿线的重要城市开辟新的供应站。随着公路运输兴起与发展，运输工人队伍也逐渐形成，1939年4月成立中共贵州公路运输支部后，组织公路运输工人与社会各界一起，积极投入到抗日救亡运动中。总之，贵州公路交通的发展对贵州社会的变革起到了积极的推动作用。

结　语

　　贵州公路建设发端于 1927 年,军阀时期贵州公路的发展从无到有,虽然公路修筑的里程和质量均十分有限,但开启了贵州公路交通近代化的序幕。1935 年国民党中央政府以"围剿"红军为由将贵州纳入中央政府的治理之下,同时以"公路协剿"政策推进贵州公路修筑。抗战爆发后,贵州作为西南地区公路交通的枢纽,缩毂西南交通,成为南来北往、东进西出的交通要道。抗战时期是贵州公路建设的一个发展高峰期,贯穿全省及西南的交通运输网络逐渐形成和完善。此时期贵州公路发展不仅为抗战胜利发挥了巨大作用,也加速了贵州社会的近代化。

一、公路作为国家权力向地方延伸的空间

　　空间是一个抽象的概念,是可以被想象和生产出来的。福柯认为空间是权力的眼睛,是一切权力实现其功能的载体。列斐伏尔将空间看作是某种权力或某个统治阶级的工具或手段,具有功能性与工具性。[①] 军阀统治时期贵州修筑道路是为了巩固自己的统治,国民政府主黔时期修筑公路,是政治和军事的需要。无论哪个时期,贵州的公路修筑与管理都是一种政府行为,在政府的主导下进行。

　　首先,道路建设与管理是国家权力实施的体现。公路修筑的本身就已是

---

① 　[法]列斐伏尔著,李春译:《空间与政治》,上海:上海人民出版社,2015 年,第 24 页。

国家权力的一种体现,且统一的交通是现代国家建构中的重要组成部分。国民政府利用"围剿"红军之机,实行"公路协剿",将贵州纳入国民政府中央的治理之下,从某种程度上讲,修筑公路是中央政府进入贵州的一种手段和方式。国民政府中央对贵州公路局的改组,从行政组织上将路政管理权限集中到中央政府手中,以实现对公路交通行政管理权的掌控。抗战爆发后,国民政府为适应战时需要,保证大后方与前线人员、物资的往来与输送,掀起了一波公路修筑的浪潮。贵州作为西南腹地,连接着云、桂、湘、川等省的往来,整理和新修的公路提高了贵州公路的运输能力,公路交通网逐渐形成,贵州成为西南公路交通的枢纽。同时国民政府加强西南交通输运管理,实施交通统制政策,成立管制机构,并通过一系列交通管理法规颁布施行,使贵州公路交通管理逐渐与中央保持一致,无论从法律层面还是具体行政实施上都将贵州的公路交通纳入国民政府的管辖之内。

其次,道路建设宣传是国家意识的体现。"道路的修筑,常常会与意识形态联系起来宣传,要把一个国家的意志、核心价值推广开去。"[①]抗战时期,民族生存与"抗战建国"是国家的首要任务,怎样将民众团结起来实现"抗战建国"是国民政府需要思考和完成的。对民众进行宣传教育,培养民众的国家认同意识,动员民众支持抗战,从思想文化观念上提高民众的国家认同。在京滇公路建成通车后,国民政府组织了京滇公路考察团,浩浩荡荡的车队通过对沿线各地的考察参观,将"中央德意"带给沿线民众,这无疑是一次将国家的意志和核心价值带给普通民众的有效尝试。教育部和民众教育馆也以公路为依托,利用巡回施教车对公路所及之地的民众进行施教。施教目标及内容主要是抗日救亡、文化识字、卫生教育、科学教育、政府法令等,利用施教车对公路沿线及支线可达各县分区施教,务使沿公路及支线之各县均能收到巡回施教车所实施的各种教育。[②] 政府利用施教车灵活方便的特点广泛开展民众教育,结合抗战需要,开展抗日宣传,唤起民众的"抗战建国"意识。

---

① 周大鸣:《道路研究的意义与途经》,《吉林师范大学学报(人文社会科学版)》,2019 年第 47 卷第 4 期。

② 《民国三十年贵州教育之展望》,汤涛主编:《欧元怀校长与大夏大学》,上海:上海书店出版社,2017 年,第 100 页。

道路工程技术的进步和四通八达的公路交通网使"国家"的力量更加深入贵州腹地,从政治中心延伸出来的公路将居住于深山的族群纳入到治理范围内。公路作为国家与地方互动的区域,各种物资的运输、人员的流动以及礼仪教化、国家观念的渗入等都与公路交通网络的不断完善密不可分。

二、公路建设的军事优先性

贵州的公路建设始于军阀时期,在国民政府"公路协剿"与"抗战建国"政策共同作用下逐渐发展,具有强烈的政治军事性质。抗战前,公路建设是中央政府统合贵州的基础,抗战爆发后,"公路建设实为充实国防能力之要途"。[①]

蒋介石对红军的"围剿"采取的是"公路协剿"和碉堡政策,中央红军在第五次反"围剿"失败后,退出江西,开始长征,蒋介石一路"围剿",哪里有红军,就把公路修到哪里。蒋对此非常重视,表现为:第一,亲自询问筑路进展情况。1935 年 2 月 13 日蒋致电薛岳、王家烈称,促进湘黔公路加紧建设,特意把时任浙江省建设厅厅长的曾养甫派去指挥湘黔公路的建设,同时抽调专门技术人员随曾一同前往,对湘西及黔省沿途进行"实地勘察,详密设计"。[②] 4 月蒋电询第五十四军军长川黔路筑路情形,并要求派军队参加修筑,加快筑路进度。[③] 第二,设立公路修筑指挥机构,负责公路修筑事宜。在整修湘黔路时,由第二路军总指挥部设立湘黔路贵东段工程处及督察处负责道路修筑,并以军工、民工、特工三工种同时施工。1935 年春整修川黔路时,由行营参谋团派参谋陈克明主持修筑事宜,但险峻路段及工程并未完全修好,"影响军事交通,至为重大",故于 1935 年冬整修川黔路重点工程,仍由陈克明监修。黔滇路的

---

① 中国第二历史档案馆:《中华民国史档案资料汇编·第五辑第一编·财政经济(九)》,南京:江苏古籍出版社,1994 年,第 145 页。
② 高明芳编注:《蒋中正"总统"档案事略稿本》(第 29 卷),台北:"国史馆"印行,2007 年,第 364 页。
③ 高明芳编注:《蒋中正"总统"档案事略稿本》(第 29 卷),台北:"国史馆"印行,2007 年,第 437 页。

修筑也是由行营公路处主办。① 第三,在筑路经费上,蒋给予大力支持。整修湘黔路时委员长行营与省政府先后拨款共计 118 万元;川黔线的整修,委员长行营及省府先后拨款共 327204 元;黔滇线的整修费用共计 125 万余元。② 行营公路监理处督导完成的川黔滇湘鄂五省干线公路长达 2696 公里。③ 可见,国民政府中央对贵州公路的修筑并不是由于经济发展和市场需求而修,而是在"军事及政治因素的驱动下的'应激'行为",④其目的是方便军事运输。

抗战爆发后,贵州的战略地位凸显,公路运输繁忙,为适应战时需要,贵州的路网建设进一步完善。此时除了四大干线成为连接东西南北的主要交通运输枢纽外,国民政府清楚"非整顿后方公路交通与国际路线,不足以持久抗战"。⑤ 日军封锁沿海水陆交通后,打通国际通道,保持西北、西南与国际联系刻不容缓。川滇东路由重庆经隆昌、泸州、叙永、赤水河、毕节、威宁达昆明,该线修通后往来川、滇的人员物资不用绕道贵阳,可缩短 233 公里的行程,直接与滇越铁路和滇缅公路相接,是西南地区国际运输的一条重要国际通道。黔桂西路是连接广西至云南的另一条国防运输干线,该路修通后从滇缅公路运来的战略物资可不必经贵阳、柳州而直接经安龙、册亨到广西百色,大大缩短了路程。除了运输战略物资外,该线在 1944 年中日两军的交战中的作用也不可小觑。"要是没有这条公路,或是需要临时勘测抢修的话,现在的广西以及这黔西南的广大区域,将要成为一个与外界隔绝的落伍的区域。"⑥抗战期间,总计修筑干线公路 749.53 公里,加上改善与整修干线共计 2158.66 公里。⑦

贵州公路的修筑体现了军事优先性,特别是国民政府进入贵州时期和抗战时期贵州的公路修筑更是如此,军事优先性的特点使公路对沿途社会经济

① 张肖梅:《贵州经济》,中国国民经济研究所,1939 年,第 E4～E5 页。
② 张肖梅:《贵州经济》,中国国民经济研究所,1939 年,第 E4～E5 页。
③ 那邵彬、赵守仁:《抗战前南京国民政府公路建设及其军事性质述论》,《社会科学辑刊》,1994 年第 2 期。
④ 王凯:《民国时期江西公路修筑及路网研究(1911—1936)》,南昌大学硕士学位论文,2017 年,第 41 页。
⑤ 薛次莘、莫衡:《抗战以来之西南公路》,《抗战与交通》,1940 年第 33 期。
⑥ 潘世征:《战时西南》,上海:华夏文化事业社,1946 年,第 102 页。
⑦ 熊大宽:《贵州抗战时期经济史》,贵阳:贵州人民出版社,1996 年,第 73 页。

和文化的促进显得不那么突出。从国民政府修筑公路修筑的出发点和目的上来看,其政治军事的目的性更加明显和强烈。

三、公路对贵州的社会价值

现在人们与外界的交流有了更多元化的选择,速度也大为提高。回顾公路对贵州的意义,不仅是国家权力通过公路的修筑延伸到了贵州,同时也使贵州板块化的文化分布格局融通起来,呈现了贵州多彩的民族文化,也使外界对贵州的认识逐步加深。

在公路修筑之前,行旅视贵州为畏途,对贵州知之甚少,省内民众对外界了解也很有限,民众知识水平低,思想观念落后。公路的修通加强了贵州与其他省区的联系,随着道路空间的疏通,文化交流也日益频繁。特别是抗战时期大量人口的内迁,一方面是让贵州民众对外界有了更多更新的认识;另一方面,内迁人员也改变了对贵州的看法。抗战时期国道、省道、县道、乡道的修筑,建立和完善了贵州公路网,汽车运输的增加,使地区之间的交流更加快捷有效,原本自我封闭的地理空间被连接起来,打破了各民族之间的封闭状态。

国家的认同不仅仅是政府将国家意识强加给民众,更重要的是自下而上的认同,相较于国家政体、制度、主权、领土,民众的认同、价值感等更接近于家国情怀的认同感和归属感。在抗战时期,面临着外敌入侵与民族存亡,自下而上的认同更为重要。[①]怎样建立自下而上的认同?兴办推广教育和文化事业,向民众进行教育宣传是有效手段。畅达的交通条件,不仅是知识信息畅通的有效途径,也是政府推行国民教育与文化工作人员深入各地的基础。在教育上,1937年至1945年是贵州教育大发展时期,高等、中等、小学及社会教育均有很大发展。高等教育从无到有,不仅有内迁高校,在内迁人员帮助下还创建了3所高等学府。到1944年,中等学校比1937年增长近4倍,与1934年相比,学校数为5.33倍,教职员数为4.4倍,学生数为3.45倍。[②]私立中学发

---

① 　韦兵:《认同与建构:20世纪的西北边疆与现代国家》,《学术月刊》,2014年第8期。

② 　孔令中主编:《贵州教育史》,贵阳:贵州教育出版社,2004年,第330页。

展到 80 多所,比抗战初期增长 6 倍多。全省乡中心国民小学 1500 余所,保国民小学 8000 多所。① 军阀统治时期虽办过一些社会教育,但规模小,时间不长。1935 年后,省政府将社会教育作为施政的重要内容,在全省各地设立民众教育馆。1936 年建立省立贵阳、安顺、遵义 3 所民教馆及省立青岩社会教育实验区,以后民教馆逐年增加。到 1944 年,共建立省立民教馆 7 所,县立民教馆 93 所。② 加强对少数民族的教育,增强抗建力量,发展民族教育,使他们"同负兴亡之责",③成立边疆教育专门机构,制定边疆教育推行方案,教学上除按国家教材进行教学外,对他们进行"同族同源"教育,提高国家观念及中华民族意识,教授防疫疾病常识及农业经济生产知识等。

　　教育对民众的国家、民族意识的培养和提高是重要的,而更直接促进他们群体认同的是习见的故事和直观的感受。京滇公路的通车是政府向民众宣传"中央德意""统一救国"的有利机会,京滇公路周览团的考察活动,"是国民政府对京滇公路所经各地尤其是西南各省的一次宣慰、笼络和动员"。④ 教育部和省教育厅巡回施教车穿梭于各公路线,以巡回、流动的特点和优势将"教育送上门去",以讲演、书报阅览、电影放映、卫生教育、话剧歌咏、调查访问、医疗等方式将抗日宣传与国家认同意识传递给普通民众,激发广大民众的"复兴民族思想,灌输抗战建国知能"。⑤ 面向大众的教育和宣传使国家、民族意识从精英阶层转向普通民众,使民众切身体会国家存亡与个人生死是密切相连的,这种自下而上的认同成为"抗战建国"的基础。

　　公路的开通促进了贵州社会发展,但有时却成为影响社会安定的负面因素。公路查缉是政府打击走私的重要手段,缉查人员在查缉时,时常会用旗子示意过往车辆停靠接受检查,一些土匪进行效仿,拦路抢劫,威胁到来往车辆

---

①　孔令中主编:《贵州教育史》,贵阳:贵州教育出版社,2004 年,第 17 页。

②　孔令中主编:《贵州教育史》,贵阳:贵州教育出版社,2004 年,第 367 页。

③　徐鉴莹:《实施苗民教育之重要》,《贵州教育》,1938 年第 1 卷第 6 期。

④　潘先林、张黎波:《连通中央和边陲:1937 年京滇公路周览团述论》,《中国边疆史地研究》,2012 年第 3 期。

⑤　《社教情报·教育部民众教育巡回施教车第一期施教情况》,《社教与抗战》,1938 年第 1 卷第 7 期。

及乘客的安全。贵州省政府为此专令"缉私员兵施行检查时,应佩戴证章符号,出示检查证暨长官手令,会同当地岗警或甲长和平处事,不得稍涉骚扰,如携带枪弹,并应携枪证"进行检查,以杜纠纷。①

对于边疆社会的治理,长期以来都是国家政治治理中不变的主题,贵州作为一个"三不靠"省份,在经济文化上长期落后,但凭借其地理区位成为国家治理西南的关键省区,不仅是王朝时期沟通中原和边疆的咽喉和锁钥,也是抗战时期"复兴建国的基地"。从国民政府对贵州的治理可见,加强交通建设和管理于国家治理与国家安全尤为关键。首先,交通建设是国家政权向地方延伸的有效路径,拓展了国家对地方治理的空间。其次,交通建设是保障战略物资运输、人员往来和后方物资流通的基础,是"抗战建国"的生命线。再次,交通建设促进地方政治、经济、文化和民众思想观念的发展,促进各民族之间的文化交流与融合,成为国家一体化进程的重要基础。

回顾民国贵州公路发展历程,更多体现的是国家统一和生存的需要,不像现在国家修筑公路需承担发展地方经济和社会的目的。就今天而言,贵州的交通建设发展迅速,现代性的交通系统为贵州经济发展和社会变革提供了强大助力,探究和总结贵州公路交通发展的历史,希望能够为今天贵州建设提供借鉴。

---

① 《贵州省政府训令(1938 年 7 月 4 日)》,《贵州省政府公报》,1938 年第 16 期。

参考文献

一、档案资料

[1]贵州省民政厅,全宗号 M8,贵州省档案馆藏。

[2]公路机构全宗汇集,全宗号 M12,贵州省档案馆藏。

[3]督办贵州省肃清私存烟土公署,全宗号 M19,贵州省档案馆藏。

[4]财政部贵州盐务管理局,全宗号 M41,贵州省档案馆藏。

[5]贵州省建设厅,全宗号 M60,贵州省档案馆藏。

[6]贵州省政府建设厅工程测量队,全宗号 M61,贵州省档案馆藏。

[7]贵州省桐油运销委员会,全宗号 M70,贵州省档案馆藏。

[8]贵州省公路局,全宗号 M86,贵州省档案馆藏。

[9]贵州省教育厅,全宗号 M102,贵州省档案馆藏。

[10]中国红十字会总会救护总队,全宗号 M116,贵州省档案馆藏。

[11]资源委员会汞业管理处,全宗号 M120,贵州省档案馆藏。

[12]救护总队档案,全宗号 40,贵阳市档案馆藏。

[13]贵阳市商会,全宗号 43,贵阳市档案馆藏。

二、民国报刊

[1]《贵州省全省公路计划》,《贵州省政府公报》,1931 年第 81 期。

［2］韦以拔:《西南交通建设与长期抗战》,《抗战与交通》,1939 年第 1 期。

［3］蔡次薛:《开发西南与交通建设》,《东方杂志》,1940 年第 37 期第 3 号。

［4］《教育部民众教育巡回施教车第一期施教情况》,《社教与抗战》,1938 年第 1 卷第 7 期。

［5］徐鉴莹:《实施苗民教育之重要》,《贵州教育》,1938 年第 1 卷第 6 期。

［6］薛次莘、莫衡:《抗战以来之西南公路》,《抗战与交通》,1940 年第 33 期。

［7］顾龙生:《抗战中的教育部巡回施教车》,《教育学月刊》,1940 年第 5 卷第 4 期。

［8］王伯群:《抗战建国与西南交通》,《东方杂志》,1938 年第 35 卷第 16 期。

［9］祝世康:《建设西南与抗战前途》,《血路》,1938 年第 31 期。

［10］郑鹤声:《中华民族之复兴与西南》,《西南导报》,1939 年第 2 卷第 2、3 期合刊。

［11］袁国荫:《建设西南应以建设贵阳为先》,《贵阳市政》,1941 年第 1 卷第 6 期。

［12］袁著:《公路建设与京滇公路周览会之意义》,《地理教育》,1937 年第 2 卷第 4 期。

［13］严德一:《京滇公路周览之行》,《地理教育》,1937 年第 2 卷第 7 期。

［14］无我:《京滇公路沿线新运情况素描(第四信)》,《新运导报》,1937 年 6 月第 9 期。

［15］褚民谊:《京滇周览观感》,《中央党务月报》,1937 年第 106 期。

［16］杨文琏:《贵州兵役军训概述》,《贵州征训月刊》,1940 年创刊号。

［17］吴鼎昌:《建国在建军,建军在兵役——二十九年十月二日在贵州军管区司令部兵役训练班开学典礼讲》,《贵州征训月刊》,1940 年第 2 期。

［18］褚民谊:《京滇周览经过》,《广播周报》,1937 年 6 月 19 日,第 142 期。

［19］王世坼:《京滇公路周览纪要》,《交通月刊》,1937 年第 1 卷第 1 期。

[20]胡士铨:《京滇公路周览团随征记(三)》,《旅行杂志》,1937年第11卷第8号。

[21]《黔各界在民教馆欢迎京滇周览团》,《申报》,1937年4月25日第4版。

[22]《国民政府迁重庆》,《申报》,1937年11月21日第2版。

[23]《京滇公路周览,蒋极为重视》,《申报》,1937年3月10日第4版。

[24]琛琦:《京滇公路完成》,《滇黔月刊》,1937年第3卷第1期。

[25]于曙峦:《贵阳社会的状况》,《东方杂志》,1924年第21卷第6期。

[26]陈志雄:《湘黔滇旅行记》,《旅行杂志》,1938年第12卷第11期。

[27]孙济福:《贵阳十天》,《旅行杂志》,1943年第17卷9月号。

[28]丁泽:《行行复行行》,《战国策》,1940年第5期。

[29]莫艾:《沪渝别径附篇》,《旅行杂志》,1940年第14卷第3期。

[30]周健民:《川滇东路之管理与运输》,《交通建设》,1943年第1卷第11期。

[31]《制定贵州省政府补助县道特工经费暂行办法公布实施》,《贵州省政府公报》,1938年第7期。

[32]《贵州道路经费一览》,《贵州省政府公报》,1931年第60期。

[33]潘泰封:《中国旅行社经办招待所概况》,《旅行杂志》,1939年第5期。

[34]《黔桂公路举行通车典礼》,《平汉铁路月刊》,1934年第46期。

[35]叶鸣平:《黔桂公路联合通车典礼及感想》,《道路月刊》,1934年第43卷第1期。

[36]《黔完成贵开公路,吴主席参加通车典礼并视察沿途乡镇情形》,《大公报》(桂林),1943年12月6日第2版。

[37]《黄旧公路通车黔省吴主席亲往主持典礼》,《公路月报》,1944年第15期。

[38]《汽车伤害人畜办法》,《贵州省政府公报》,1931年第64期。

[39]《车运同业公会呈请建设厅重申前令禁放牲畜以维交通》,《贵州省政府公报》,1932年第104期。

[40]《建设厅检验车运司机人员暂行规则》,《贵州省政府公报》,1930年第40期。

[41]《公路征收汽车养路费规则》,《西南公路》,1939年第59期。

[42]《呈省政府更令据贵阳县商会暨车运业同业公会先后呈转各车行亦商车凋敝恳予救济一案令仰并案办理等因遵将处理办法呈祈核示文》,《贵州省政府公报》,1935年第43期。

[43]《管理民办车运暂行条例》,《贵州省政府公报》,1930年第38期。

[44]《民办车运营业收费暂行规则》,《贵州省政府公报》,1931年第66期。

[45]《战时公路军事运输实施规则》,《交通公报》,1940年第3卷第5期。

[46]《交通部公路总局公商车辆调配所组织规程(1943年9月21日部令公布)》,《交通公报》,1943年第6卷第11期。

[47]《商车指导委员会成立》,《交通建设》,1943年第1卷第4期。

[48]曾养甫:《公路商车指导委员会之任务》,《交通建设》,1943年第1卷第4期。

[49]《军事委员会运输统制局贵阳办事处联络调度公商车辆暂行办法》,《西南公路》,1941年第138期。

[50]《非常时期人民团体组织办法(民国三十一年二月十日公布)》,《社会通讯月刊》,1942年第1期。

[51]《军事委员会运输统制局管制商车办法(1942年3月4日第一次修正公布)》,《陕西省政府公报》,1943年第832期。

[52]《贵州省建设厅与港黔公司订购汽车合同》,《贵州省建设厅公报》,1935年第47期。

[53]《管理民办车运暂行条例》,《贵州省政府公报》,1930年第38期。

[54]《民办车运营业收费暂行守则》,《贵州省政府公报》,1931年第66期。

[55]《抽收全省长途单行汽车通过捐暂行办法》,《贵州省政府公报》,1932年第105期。

[56]《公路交通管理条例》,《公路》,1936年第3~4期。

[57]《交通部西南公路运输管理局行车肇事处理章程》,《西南公路》,1938年第2期。

[58]《奉令发汽车肇事报告实施办法》,《川滇公路》,1940年第10～11期。

[59]《全国公路行车通则》,《广东省政府公报》,1943年第918期。

[60]《三年来本会运输工作概况》,《中国红十字会会务通讯》,1941年第3期。

[61]《财政厅财力委员会遵令实行裁撤厘金举办特税》,《贵州财政月刊》,1931年第51期。

[62]《军事委员会运输统制局暂行组织条例》,《浙江省政府公报》,1940年第3240期。

[63]胡兰生:《中华民国红十字会历史与工作概述》,《红十字月刊》,1947年6月第18期。

[64]《水陆交通统一检查所设置地点表》,《西南公路》,1943年第8期。

[65]欧元怀:《大夏大学的西迁与复员》,《中华教育界》,1947年复刊1第12期。

[66]苏从周:《最近三年来之川滇东路概况》,《交通建设》,1943年第1卷第3期。

[67]丁道谦:《贵州桐油产销概况》,《中农月刊》,1943年第2期。

[68]《缉私处破获走私案极多》,《贵州日报》,1943年9月13日第3版。

[69]陈宗镇:《我国对外统制贸易方式的检讨》,《国是公论》,1939年第25期。

[70]《宋相臣宋世荣贩运烟土处死刑》,《贵州日报》,1942年6月28日第3版。

[71]《贵州省政府训令各县政府、省税局据旅梧黔商恒记等电呈特货走私情形请严拿防止一案饬认真协缉》,《贵州省财政月刊》,1936年第9～10期。

[72]《训令安顺、遵义、独山、松坎、镇宁、毕节、下司、大关、镇远、黄平各统税局据贵阳县呈请通令沿马路各局对于汽车装运货物应严密稽查各情饬遵照办理》,《贵州省财政月刊》,1935年新1第1～3期。

[73]《建设厅为据贵阳统税局转呈美竹箐检查所呈报过往汽车不服检查咨请核办见复》,《贵州财政月刊》,1935 年新 1 第 1~3 期。

[74]《准贸易委员会函令各站协助稽查私运桐油》,《西南公路》,1939 年第 12 期。

[75]《经济简讯·财部令禁朱砂出口》,《商业月报》,1939 年第 1 期。

[76]陈大受:《贵州矿产概述》,《建设(南京)》,1932 年第 3 期。

[77]王越三:《黔西忆行》,《旅行杂志》,1943 年第 17 卷 6 月号。

[78]《省府严禁各县以水银锑矿售敌》,《贵州日报》,1938 年 5 月 15 日第 3 版。

[79]《军车走私巨案缉私处破获详情》,《贵州日报》,1943 年 2 月 12 日第 3 版。

[80]《军车运带私盐全案业经解决》,《贵州日报》,1943 年 12 月 1 日第 3 版。

[81]《贵州建设厅公路处勘测规程》,《贵州省政府公报》,1930 年第 39 期。

[82]《贵州省人民服工役实施办法大纲》,《军政月刊》,1936 年第 4 期。

[83]《川黔两省义务征工实施方案》,《四川省政府公报》,1936 年第 55 期。

[84]《运输统制局军品期间管制商车暂行办法》,《浙江省政府公报》,1942 年第 3339 期。

[85]张子孚:《实施公路交通安全运动刍议》,《公路月报》,1943 年第 3 期。

[86]《营业汽车投保第三者险暂行办法》,《四川公路月刊》,1936 年第 12 期。

[87]《公路交通管理草案》,《道路月刊》,1936 年第 52 卷第 2 期。

[88]《公路交通违章处罚规则草案》,《四川公路月刊》,1936 年第 12 期。

[89]《汽车肇事伤毙行人各站管理人员应协同缉查》,《西南公路》,1940 年第 90 期。

[90]《水银严禁出口》,《商业月报》,1938 年第 18 卷第 12 号。

[91]《非常时期人民团体组织办法(民国三十一年二月十日公布)》,《社会通讯月刊》,1942 年第 1 期。

[92]《省政府更令据贵阳县商会暨车运业同业公会先后呈转各车行亦商车凋敝恳予救济一案令仰并案办理等因遵将处理办法呈祈核示文》,《贵州省建设厅公报》,1935 年第 43 期。

三、民国著作

[1]叶恭绰:《交通救国论》,上海:商务印书馆,1924 年。

[2]凌鸿勋:《中国对日抗战八年的交通艰苦建设》,出版单位、出版时间不详。

[3]李灵芝:《战时公路交通》,国防书店,1938 年。

[4]张肖梅:《贵州经济》,中国国民经济研究所,1939 年。

[5]中国旅行社编:《黔游记略》,中国旅行社,1934 年。

[6]国民出版社编:《飞跃中的西南建设》,金华:国民出版社,1939 年。

[7]中国航空建设协会贵州分会《航建旬刊》编辑部:《贵阳指南》,贵阳:文通书局,1938 年。

[8]何毓昌:《黔南之战》,贵阳:独山黔南文艺社,1945 年。

[9]吴鼎昌:《黔政五年》,出版单位不详,1943 年。

[10]交通部秘书厅:《十五年来之交通概况》,出版单位不详,1946 年。

[11]交通部西南公路管理处编:《三年来之西南公路》,出版单位不详,1941 年。

[12]贵州省公路管理局编:《抗战四年来之贵州公路》,出版单位、时间不详。

[13]贵州省政府秘书处法制室:《贵州省单行法规汇编·第三辑》,贵阳:文通书局,1938 年。

[14]交通部参事厅编:《交通法规汇编补刊(上册)》,大东新兴印书馆,1940 年。

[15]南京市政府法规编纂委员会:《南京市政府法规汇编(三)》,出版单位

不详,1937 年。

[16]丁道谦:《贵州地方财政状况》,《贵州民意月刊》出版发行,1949 年。

[17]蒋君章:《西南经济地理》,重庆:商务印书馆,1945 年。

[18]财政部直接税处编:《十年之缉私》,中央信托局印制处,1943 年。

[19]黄育西:《汽车运输管理》,上海:商务印书馆,1935 年。

[20]陈国钧:《贵州苗夷社会研究》,贵阳:文通书局,时间不详。

[21]黄嗣崇:《战时工役制度》,上海:汗血书店,1936 年。

[22]程清舫:《非常时期之国防建设》,上海:中华书局,1937 年。

[23]陈正祥:《开发西南与抗战建国》,重庆:独立出版社,1939 年。

[24]梁桢:《国民工役》,重庆:商务印书馆,1941 年。

[25]周日朝:《征工筑路实施方案》,南京:正中书局,1945 年。

[26]龚学遂:《中国战时交通史》,上海:商务印书馆,1947 年。

[27]贵州省政府秘书处编:《贵州省单行法规汇编·第一辑》,出版单位不详,1935 年。

[28]贵州省政府秘书处法制室编:《贵州省单行法规汇编·第二辑(下)》,出版单位不详,1936 年。

[29]西南导报社:《西南交通要览》,重庆:西南导报社,1938 年。

[30]交通部公路总局西南公路工务局编:《西南公路史料》,出版单位不详,1944 年。

[31]交通部公路总局西南公路工务局编:《西南公路业务概况》,出版单位不详,1945 年。

[32]谭启栋编:《贵州省统计年鉴·胜利纪念特辑》,贵阳:贵州省政府统计室,1947 年。

[33]中国工程师学会编:《三十年来之中国工程》,南京:京华印书馆南京厂,1948 年。

[34]经济部主计处编:《大后方第二次工况统计概要》,出版单位不详,1943 年。

[35]张肖梅:《云南经济》,中国国民经济研究所,1942 年。

[36]社会部劳动局编:《人力动员法规汇编》,出版单位不详,1943 年。

[37]陈传钢编:《动员纲领与动员法令》,武汉:新知书店,1938年。

[38]《大夏大学概况》,出版单位不详,1941年。

四、志书与文史资料

[1]贵州省地方志编纂委员会:《贵州省志·交通志》,贵阳:贵州人民出版社,1991年。

[2]贵州省地方志编纂委员会:《贵州省志·公安志》,贵阳:贵州人民出版社,2003年。

[3]贵州省地方志编纂委员会:《贵州省志·教育志》,贵阳:贵州人民出版社,1990年。

[4]贵州省地方志编纂委员会:《贵州省志·商业志》,贵阳:贵州人民出版社,1990年。

[5]贵州省地方志编纂委员会:《贵州省志·邮电志》,贵阳:贵州人民出版社,1992年。

[6]贵州省地方志编纂委员会:《贵州省志·财政志》,贵阳:贵州人民出版社,1992年。

[7]贵州省地方志编纂委员会:《贵州省志·粮食志》,贵阳:贵州人民出版社,1993年。

[8]贵州省地方志编纂委员会:《贵州省志·海关检疫检验》,贵阳:贵州人民出版社,2017年。

[9]贵阳市地方志编纂委员会:《贵阳市志·交通志》,贵阳:贵州人民出版社,1994年。

[10]贵阳市志编纂委员会:《贵阳市志·人口与计划生育志》,贵阳:贵州人民出版社,1992年。

[11]贵阳市志编纂委员会:《贵阳市志·城市建设志》,贵阳:贵州人民出版社,1990年。

[12]贵阳市志编纂委员会:《贵阳市志·商业志》,贵阳:贵州人民出版社,1994年。

[13]贵阳市工商业联合会:《贵阳市工商联商会志》,贵阳:贵州人民出版社,2012年。

[14]遵义县商业志编纂委员会:《遵义县商业志》,出版单位不详,1992年。

[15]安顺市地方志编纂委员会:《安顺市志》,贵阳:贵州人民出版社,1995年。

[16]都匀市史志编纂委员会:《都匀市志(下)》,贵阳:贵州人民出版社,1999年。

[17]六盘水市地方志编纂委员会:《六盘水市志·文化志》,贵阳:贵州人民出版社,2007年。

[18]毛铁桥:《在旧中国经营汽车运输的回忆》,《贵州文史资料选辑》(第6辑),贵阳:贵州人民出版社,1980年。

[19]谢根梅、孟慰苍:《贵州烟毒流行回忆录》,《贵州文史资料选辑》(第7辑),贵阳:贵州人民出版社,1981年。

[20]楚林:《记大夏歌咏队》,《贵州文史资料选辑》(第9辑),贵阳:贵州人民出版社,1981年。

[21]钟大亨:《贵阳的汽车运输业》,《贵阳文史资料选辑》(第6辑),出版单位不详,1982年。

[22]李家濛:《抗战期间本省推行国民教育及社会教育情况简介》,《贵阳文史资料选辑》(第16辑),出版单位不详,1985年。

[23]朱崇演、张建军:《荣独山教授谈红会救护总队》,《贵阳文史资料选辑》(第22辑),出版单位不详,1987年。

[24]王化棠:《红会救护总队的组织简况》,《贵阳文史资料选辑》(第22辑),出版单位不详,1987年。

[25]薛庆煜:《在贵阳图云关的红会救护总队》,《贵阳文史资料选辑》(第22辑),出版单位不详,1987年。

[26]张祖谋:《抗战时期贵阳汽车运输业的见闻》,《贵阳文史资料选辑》(第25辑),出版单位不详,1988年。

[27]尹大模:《万山道路交通发展状况》,《万山特区文史资料》(第4辑),

出版单位、时间不详。

　　[28]李祖明:《第140师在贵州募兵扩编部队参加抗日》,《独山文史资料选辑》(第10辑),出版单位不详,1991年。

　　[29]张兴智:《四万兵员上前线》,《黔西南州文史资料》(第12辑),出版单位不详,1995年。

　　[30]袁华仁:《修建安八公路》,《黔西南州文史资料》(第12辑),出版单位不详,1995年。

　　[31]童相:《布依族与油桐经济》,《黔西南州文史资料》(第9辑),出版单位不详,1990年。

　　[32]裴遐昌:《抗日战争时期的遵务师管区》,《遵义文史资料》(第18辑),出版单位不详,1991年。

　　[33]遵义市委员会文史资料委员会编:《遵义文史资料》(第13辑),出版单位不详,1988年。

　　[34]铜仁县政协文史资料研究委员会编:《铜仁文史资料》(第1辑),出版单位不详,1991年。

　　[35]中国人民政治协商会议云南省委员会文史资料委员会等编:《云南文史资料选辑》(第42辑),昆明:云南人民出版社,1993年。

　　[36]中国人民政治协商会议贵州省大方县委员会文史资料研究委员会编:《大方文史资料选辑》(第6辑),出版单位不详,1991年。

　　[37]政协贵阳市云岩区委员会文史资料研究委员会编:《云岩文史资料选辑》(第4辑),出版单位不详,1986年。

五、当代著作

　　[1]严耕望:《唐代交通图考》,上海:上海古籍出版社,2007年。

　　[2]朱从兵:《铁路与社会经济——广西铁路研究(1885—1965)》,桂林:广西师范大学出版社,1999年。

　　[3]丁贤勇:《新式交通与社会变迁——以民国浙江为中心》,北京:中国社会科学出版社,2007年。

[4]谭刚:《抗战时期大后方交通与西部经济开发》,北京:中国社会科学出版社,2013年。

[5]何一民:《抗战时期西南大后方城市发展变迁研究》,重庆:重庆出版社,2015年。

[6]林辛:《贵州近代交通史略》,贵阳:贵州人民出版社,1985年。

[7]贵州省社会科学院历史研究所编:《近代黔中经济发展研究·贵州经济发展历史论证讨论文集一》,出版单位不详,1986年。

[8]杨奎松主编:《抗日战争战时报告·初编·战区记闻之十二》,上海:上海三联书店,2015年。

[9]熊大宽:《贵州抗战时期经济史》,贵阳:贵州人民出版社,1996年。

[10]周永明:《路学:道路、空间与文化》,重庆:重庆大学出版社,2016年。

[11]汤涛主编:《欧元怀校长与大夏大学》,上海:上海书店,2017年。

[12]中国第二历史档案馆编:《中华民国史档案资料汇编·第五辑第一编·财政经济(九)》,南京:江苏古籍出版社,1994年。

[13]唐凌:《开发与掠夺:抗战时期的中国矿业》,桂林:广西师范大学出版社,2000年。

[14]林国忠:《贵州近代矿业发展史(1940—1949)》,贵阳:贵州省社会科学院印刷厂,1994年。

[15][美]詹姆斯·C.斯科特著,王晓毅译:《国家的视角:那些试图改善人类状况的项目是如何失败的》,北京:社会科学文献出版社,2004年。

[16]施康强编:《征程与归程》,北京:中央编译出版社,2001年。

[17]本书编辑委员会:《生活书店史稿》,北京:生活·读书·新知三联书店,1995年。

[18]仲秋元主编:《生活·读书·新知三联书店文献史料集(上)》,北京:生活·读书·新知三联书店,2004年。

[19]张幼琪、史继忠、王斋幸子:《贵州:开发引出的考量》,贵阳:贵州人民出版社,2008年。

[20]《贵州通史》编委会编:《贵州通史》,北京:当代中国出版社,2003年。

[21]周春元:《贵州古代史》,贵阳:贵州人民出版社,1982年。

[22]方铁:《方略与施治:历朝对西南边疆的经营》,北京:社会科学文献出版社,2015 年。

[23]杨永福:《中国西南边疆古代交通格局变迁研究——以滇川黔毗邻地区为中心》,昆明:云南教育出版社,2014 年。

[24]张羽琼、郭树高、安尊华:《贵州:教育发展的轨迹》,贵阳:贵州人民出版社,2009 年。

[25]谭刚:《动荡中的社会转型——大后方城市社会生活变迁(1937—1945)》,北京:科学出版社,2017 年。

[26]郑珍:《巢经巢诗文集》,上海:上海古籍出版社,2016 年。

[27]敖以深:《外力植入与内生发展:抗战时期贵阳城市早期现代化研究》,北京:中国知识出版社,2014 年。

[28]何辑五:《贵州政坛忆往》,台北:中外图书出版社,1982 年。

[29]薛光前:《八年对日抗战中之国民政府》,台北:商务印书馆,1978 年。

[30]孔令中主编:《贵州教育史》,贵阳:贵州教育出版社,2004 年。

[31]贵州省人民政府财经委员会编:《贵州财经资料汇编》,出版单位不详,1950 年。

[32]史继忠:《文化西迁到贵州》,贵阳:贵州人民出版社,2017 年。

[33]何长凤:《吴鼎昌与贵州》,贵阳:贵州人民出版社,2010 年。

[34]贵州省文史研究馆编:《民国贵州文献大系》(第 7 辑),贵阳:贵州人民出版社,2015 年。

[35]贵州省文史研究馆编:《民国贵州文献大系》(第 3 辑),贵阳:贵州人民出版社,2015 年。

[36]贵州省遵义地区地方志编纂委员会编:《浙江大学在遵义》,杭州:浙江大学出版社,1990 年。

[37]贵州省民族研究所编:《明实录贵州资料辑录》,贵阳:贵州人民出版社,1983 年。

[38]马骏骐:《贵州文化六百年》,贵阳:贵州人民出版社,2014 年。

[39]李占才、张劲:《超载——抗战与交通》,桂林:广西师范大学出版社,1996 年。

[40]刘磊主编:《抗战期间贵阳文学作品选》,贵阳:贵州人民出版社,2008 年。

[41]李松:《天堑通途:中缅印抗战生命线》,哈尔滨:北方文艺出版社,2015 年。

[42]杨实主编:《抗战时期西南的交通》,昆明:云南人民出版社,1992 年。

[43]广西壮族自治区公路运输管理局:《广西公路运输史》,南宁:广西人民出版社,1990 年。

[44]刘磊主编:《抗战期间黔境印象》,贵阳:贵州人民出版社,2008 年。

[45]蒋德学、李德芳:《贵州近代经济史资料选辑》,成都:四川社会科学院出版社,1987 年。

[46]林兴黔:《贵州工业发展史略》,成都:四川社会科学院出版社,1989 年。

[47]夏润泉主编:《贵州公路史》(第 1 册),北京:人民交通出版社,1989 年。

[48]罗镜明主编:《贵州公路运输史》(第 1 册),贵阳:贵州人民出版社,1993 年。

[49]王立显:《四川公路交通史(上)》,成都:四川人民出版社,1989 年。

[50]陆士井主编:《中国公路运输史》(第 1 册),北京:人民交通出版社,1990 年。

[51]马敏主编:《中国近代商会通史》(第四卷),北京:社会科学文献出版社,2015 年。

[52]秦孝仪主编:《革命文献第九十七辑抗战建国史料:社会建设(二)》,台北:裕台公司"中华印刷厂",1983 年。

[53]唐承德:《贵州近现代人物资料》,出版单位不详,1997 年。

[54]刘磊主编:《战地红十字会:中国红十字会救护总队抗战实录》,贵阳:贵州人民出版社,2009 年。

[55]罗玉东:《中国厘金史》,北京:商务印书馆,2017 年。

[56]孙宝根:《抗战时期国民政府缉私研究(1931—1945)》,北京:中国档案馆出版社,2006 年。

[57]惠世如:《抗战时期内迁西南的高等院校》,贵阳:贵州民族出版社,1988年。

[58]江苏省中华民国工商税收史编写组:《中华民国工商税收史料选编》(第3辑货物税下),南京:南京大学出版社,1996年。

[59]竺可桢:《竺可桢日记》(第1册),北京:人民出版社,1984年。

[60]贵州省档案馆编:《贵州社会组织概览》,贵阳:贵州人民出版社,1996年。

[61]重庆市档案馆:《抗日战争时期国民政府经济法规》(下),北京:档案出版社,1987年。

[62]侯德础:《抗日战争时期中国高校内迁史略》,成都:四川教育出版社,2001年。

[63]黄家服主编:《中国地方志集成·贵州府县志辑》(第11册),成都:巴蜀书社,2016年。

[64]中国第二历史档案馆编:《中华民国史档案资料汇编·第五辑第二编·教育(一)》,南京:江苏古籍出版社,1997年。

[65]李浩:《国民政府主黔时期贵州盐政研究》,北京:中国经济出版社,2012年。

[66]贵州省编写组:《侗族社会历史调查》,贵阳:贵州民族出版社,1988年。

[67]汪文学主编,陈亭竹编校整理:《中国乌江流域民国档案丛刊·沿河卷·县政府档案》(第3卷),贵阳:贵州人民出版社,2018年。

[68]章伯峰、庄建平主编:《国民政府与大后方经济》,成都:四川大学出版社,1997年。

[69]齐春风:《中日经济战中的走私活动(1937—1945)》,北京:人民出版社,2002年。

[70]李杰:《贵州汞矿史料》,昆明:云南人民出版社,2012年。

[71]陈明、王正、谷继明注释,陈明审校:《王阳明全集(诗赋·墓志·祭文)》,武汉:华中科技大学出版社,2015年。

[72]周勇主编:《西南抗战史》,重庆:重庆出版社,2006年。

[73]时事问题研究会编:《抗战中的中国经济》,北京:中国现代史资料编辑委员会,1957年。

[74]周天豹、凌承学主编:《抗日战争时期西南经济发展概述》,重庆:西南师范大学出版社,1988年。

[75]徐万民:《战争生命线——国际交通与八年抗战》,桂林:广西师范大学出版社,1995年。

[76]中国人民政治协商会议西南地区文史资料协作会议编:《西南民众对抗战的贡献》,贵阳:贵州人民出版社,1992年。

[77]黄立人:《抗战时期大后方经济史研究(1937—1945)》,北京:中国档案出版社,1998年。

[78]苏智良编:《中国抗战内迁实录》,上海:上海人民出版社,2015年。

[79]贵州省社会科学院历史研究所、贵州省档案馆编印:《贵州军阀史资料选辑》,1980年。

[80]吴景平、朱荫贵、戴鞍钢:《近代中国:经济与社会研究》,上海:复旦大学出版社,2006年。

[81]《贵州六百年经济史》编辑委员会:《贵州六百年经济史》,贵阳:贵州人民出版社,1998年。

[82]何福伟:《制度变迁与清代贵州经济研究》,北京:中国时代经济出版社,2008年。

[83][法]列斐伏尔著,李春译:《空间与政治》,上海:上海人民出版社,2015年。

[84]中国政治协商会议西南地区文史资料协作会议:《抗战时期内迁西南的工商企业》,昆明:云南人民出版社,1989年。

[85]贵州金融学会、贵州钱币学会编:《贵州金融货币史论丛》,贵州中国人民银行金融研究所《银行与经济》编辑部发行,1989年。

[86]李松:《天堑通途:中缅印抗战生命线》,哈尔滨:北方文艺出版社,2015年。

[87]贵州省文史研究馆:《民国贵州文献大系·新修支那省别全志》,贵阳:贵州人民出版社,2016年。

[88]《文史精华》编辑部编：《近代中国烟毒写真》，石家庄：河北人民出版社，1997年。

[89]戴斌武：《抗战时期中国红十字会救护总队研究》，天津：天津古籍出版社，2012年。

[90]李筑宁主编：《抗战时期的中国红十字总会救护总队》，出版单位不详，1995年。

[91]邵雍：《中国近代贩毒史》，福州：福建人民出版社，2004年。

[92]李德生：《抗战时期贵州民政研究》，北京：中国言实出版社，2016年。

[93]冯静：《中间团体与中国现代民族国家的构建（1901—1937）》，上海：复旦大学出版社，2012年。

[94]常云平等主编：《中国战时首都档案文献·战时交通》，重庆：西南师范大学出版社，2015年。

[95]郑会欣：《国民政府战时统制经济与贸易研究（1937—1945）》，上海：上海社会科学院出版社，2009年。

六、研究论文

[1]马长伟、马陵合：《中国近代交通体系构建与社会经济变迁——第四届中国近代交通社会史学术研讨会综述》，《民国研究》，2017年春季号，总第31辑。

[2]王子今：《中国交通史研究一百年》，《历史研究》，2002年第2期。

[3]胡霖峰：《民国至建国初期南昌地区公路建设与社会变迁》，南昌大学硕士学位论文，2007年。

[4]王煜：《民国时期安徽公路建设研究（1920—1949）》，安徽大学硕士学位论文，2012年。

[5]王凯：《民国时期江西公路修筑及路网研究（1911—1936）》，南昌大学硕士学位论文，2007年。

[6]刘常凡：《公路建设、汽车运输与社会变迁——以1927—1937年河南省为中心的研究》，河南大学硕士学位论文，2009年。

[7]邱丛强:《抗战前西北公路建设》,《青海社会科学》,2002 年第 4 期。

[8]余晓峰:《论民国时期(1913—1934)四川的公路建设》,《西南交通大学学报(社会科学版)》,2006 年第 5 期。

[9]谭刚:《抗战时期国民政府的交通立法与交通管理》,《抗日战争研究》,2007 年第 3 期。

[10]贾国雄:《论国民政府抗战时期的交通运输管理体制》,《西南师范大学学报(人文社会科学版)》,2005 年第 4 期。

[11]赖伟:《论抗战时期四川的公路运输管理》,《内江师范学院学报》,2014 年第 1 期。

[12]张黎波:《连通中心与边陲:京滇公路与京滇公路周览团研究》,云南大学博士学位论文,2012 年。

[13]韦丹凤:《滇缅公路研究(1937—1942)——基于战时公路工程史的视角》,北京科技大学博士学位论文,2018 年。

[14]尚晴:《国家建设与民族融合——以 1930 年代湘川公路为例》,《民族论坛》,2017 年第 1 期。

[15]赵峥:《国民政府对西南少数民族政策之转变:以抗战时期动员西康彝族修筑乐西公路为中心点的讨论》,《抗日战争研究》,2014 年第 1 期。

[16]顾文栋:《解放前贵州的公路运输》,《贵州文史丛刊》,1982 年第 5 期。

[17]廖光珍:《抗战时期贵州公路建设对经济发展的推动作用》,《贵州大学学报(社会科学版)》,2010 年第 6 期。

[18]韩继伟:《贵州公路运输在抗战中的"转接"作用》,《曲靖师范学院学报》,2013 年第 1 期。

[19]韩继伟:《"二战"期间滇缅战场贵州作用探析》,《贵阳学院学报(社会科学版)》,2012 年第 5 期。

[20]刘博杰:《民国时期贵州公路交通研究(1927—1945)》,广西师范大学硕士学位论文,2017 年。

[21]王璟:《民国时期贵州交通路网建设研究》,云南大学硕士学位论文,2016 年。

[22]那绍彬、赵守仁:《抗战前南京国民政府公路建设及其军事性质述论》,《社会科学辑刊》,1994年第12期。

[23]周恩宇:《道路、发展与权力——中国西南的黔滇古驿道及其功能转变的人类学研究》,中国农业大学博士学位论文,2014年。

[24]胡倩:《道路、互动与认同——基于云南藏区奔子栏村的研究》,云南大学硕士学位论文,2018年。

[25]周恩宇:《道路研究的人类学框架》,《北方民族大学学报(哲学社会科学版)》,2016年第3期。

[26]周平:《民族国家认同构建的逻辑》,《政治学研究》,2017年第2期。

[27]高永久、朱军:《论多民族国家中的民族认同与国家认同》,《民族研究》,2010年第2期。

[28]范同寿:《清末贵州交通的发展》,《贵州文史丛刊》,1997年第4期。

[29]张黎波:《抗战生命线:京滇公路与战时运输》,《民国档案》,2015年第4期。

[30]广东省档案馆:《西南运输总处战时运输史》,《档案与史学》,1996年第5期。

[31]韩继伟:《从滇缅公路运输的三个阶段看中美英日等国际关系》,《广西社会科学》,2012年第5期。

[32]徐国利:《浅析抗战时期高校内迁的作用和意义》,《安徽史学》,1996年第4期。

[33]谢晓博:《迁黔大夏大学研究》,东华大学硕士学位论文,2013年。

[34]徐国利:《关于抗战时期高校内迁的几个问题》,《抗日战争研究》,1998年第2期。

[35]杨开宇:《近代贵州的鸦片流毒》,《贵阳师院学报(社会科学版)》,1984年第1期。

[36]杨福林:《国民政府战时贸易统制政策研究》,江西财经大学博士学位论文,2010年。

[37]高晓波:《抗战时期西南"省际互助缉私"述论——以川滇黔三省为考察中心》,《青海民族研究》,2019年第3期。

[38]肖良武:《民国时期贵州桐油市场研究》,《贵阳学院学报(哲学社会科学版)》,2009年第1期。

[39]张应强、周凯:《驿道开发与空间生产:明清黔东南区域社会结构的过程探析》,《贵州民族研究》,2021年第2期。

[40]黄俊:《传播是观念的交通:查尔斯·库利被忽视的运输理论及其当代启示》,《新闻与传播研究》,2021年第3期。

[41]吴志华:《试析战时大后方动力酒精工业与国民政府的互动关系》,《抗战史料研究》,2015年第1期。

[42]李佳佳:《抗战时期新疆交通问题研究》,《民国研究》,2019年春季号,总第35辑。

[43]斯信强:《七百年滇黔道考》,《贵阳文史丛刊》,2009年第4期。

[44]谢娣:《1935—1945年四川公路汽车肇事案件处理研究》,四川师范大学硕士学位论文,2009年。

[45]周钟瑾:《贵州工人运动史简述》,《贵州文史丛刊》,1996年第5期。

[46]李竣:《论抗战初期国民政府的民众动员》,《南京社会科学》,1995年第4期。

[47]张皓、张福记:《论西南大后方抗战战略地位的确定》,《山东师范大学学报》,1995年第4期。

[48]龚泽琪:《抗日战争时期大后方的战时交通建设与军事运输》,《党史研究与教学》,1995年第3期。

[49]姜从山:《试论国民政府大西南大后方战略的确立》,《扬州大学学报(人文社会科学版)》,1997年第4期。

[50]赵守仁、陈艳军:《抗战时期国民政府的公路建设及其历史作用》,《辽宁师范大学学报(社会科学版)》,1995年第5期。

[51]孙海涛:《论抗战时期中华民族凝聚力的形成》,《辽宁大学学报(哲学社会科学版)》,2002年第2期。

[52]董长芝:《抗战时期大后方的交通建设》,《抗日战争研究》,1993年第1期。

[53]唐润明:《国府迁渝与西南经济开发》,《档案史料与研究》,1997年第

3 期。

[54]重庆市档案馆,郑永明、胡懿、冯丽霞编选:《抗战时期国民党政府对中国西部的开发(1939—1945)》,《档案史料与研究》,2000 年第 2~3 期。

[55]林建曾:《国民政府西南大后方基地战略思想的产生及其结果》,《贵州社会科学》,1995 年第 4 期。

[56]张莉:《抗战时期四川国防工程建设征用民工情况探析》,《西南交通大学学报(社会科学版)》,2008 年第 2 期。

[57]张莉:《抗战时期四川国防工程建设征用民工的经费》,《重庆工商大学学报(社会科学版)》,2008 年第 6 期。

[58]张莉:《抗战时期四川地方建设征用民工》,《重庆工商大学学报(社会科学版)》,2009 年第 5 期。

[59]张莉:《抗战前期国民政府征调民工机制研究——以构筑四川国防工程为视角》,《求索》,2011 年第 3 期。

[60]张莉:《国民政府的工役研究(1935—1945 年)——以四川地区为中心》,厦门大学博士学位论文,2011 年。

[61]王肇磊:《抗战时期贵州城市发展特点》,《贵州文史丛刊》,2013 年第 1 期。

[62]夏兆营:《论抗战时期的西南运输总处》,《抗日战争研究》,2003 年第 3 期。

[63]杨永福:《元代西南边疆地区交通格局变迁的原因及影响——以滇川黔相邻地区为中心》,《文山学院学报》,2011 年第 5 期。

[64]张连松:《抗日战争时期中国西南反封锁作战的实践及启示》,《军事历史研究》,2002 年第 4 期。

[65]闵廷均:《刍议抗战时期动力酒精工业在贵州的发展》,《东方企业文化》,2012 年第 10 期。

[66]刘春:《抗战时期的四川酒精工业》,四川师范大学硕士学位论文,2004 年。

[67]李海霞:《抗战时期贵州工业化进程研究》,贵州财经大学硕士学位论文,2014 年。

[68]黄沛骊:《抗战时期贵阳市工业资本发展的特点及其原因》,《贵州社会科学》,2007 年第 1 期。

[69]莫子刚:《贵州企业公司(1939—1949)》,《近代史研究》,2005 年第 1 期。

[70]肖向龙:《抗战时期的后方民营工业》,《西南师范大学学报(人文社会科学版)》,2000 年第 3 期。

[71]孔玲:《抗战时期贵州工业的发展》,《贵州师范大学学报(社会科学版)》,1998 年第 4 期。

[72]王涛:《空间与政治:两种空间概念的政治意义》,《理论导刊》,2018 年第 4 期。

[73]施雷响:《抗日战争后四川酒精业的出路与发展——以资中酒精厂为例》,《社会科学前沿》,2020 年第 6 期。

[74]陆丽雯:《明代贵州田野景观的分析》,复旦大学硕士学位论文,2010 年。

[75]黄才贵:《日本学者鸟居龙藏对我国西南民族的调查研究》,《贵州民族研究》,1993 年第 4 期。

[76]王哲、刘雅媛:《近代中国邮政空间研究——基于多版本邮政舆图的分析》,《中国经济史研究》,2019 年第 2 期。